U0453339

区域文化旅游发展战略研究

四川绵阳文化旅游考察报告

丁国旗　主编

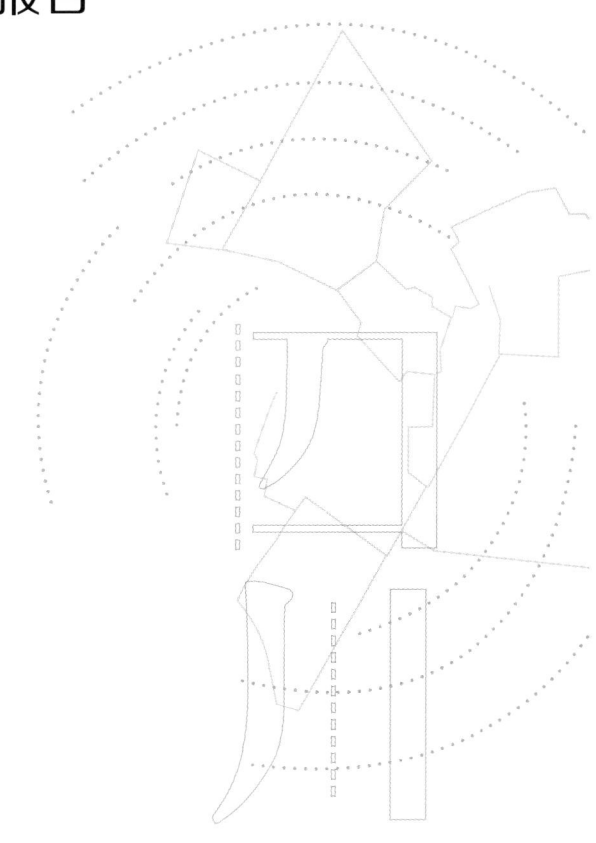

中国社会科学出版社

图书在版编目（CIP）数据

区域文化旅游发展战略研究：四川绵阳文化旅游考察报告／丁国旗主编．—北京：中国社会科学出版社，2023.4

ISBN 978-7-5227-2069-2

Ⅰ.①区… Ⅱ.①丁… Ⅲ.①旅游文化—旅游业发展—研究—绵阳 Ⅳ.①F592.771.3

中国国家版本馆 CIP 数据核字（2023）第 106960 号

出 版 人	赵剑英
责任编辑	张　潜
责任校对	贾森茸
责任印制	王　超

出　　版	中国社会科学出版社
社　　址	北京鼓楼西大街甲 158 号
邮　　编	100720
网　　址	http://www.csspw.cn
发 行 部	010-84083685
门 市 部	010-84029450
经　　销	新华书店及其他书店
印　　刷	北京君升印刷有限公司
装　　订	廊坊市广阳区广增装订厂
版　　次	2023 年 4 月第 1 版
印　　次	2023 年 4 月第 1 次印刷
开　　本	710×1000　1/16
印　　张	16
字　　数	258 千字
定　　价	88.00 元

凡购买中国社会科学出版社图书，如有质量问题请与本社营销中心联系调换
电话：010-84083683
版权所有　侵权必究

目 录

第一章 中国文化旅游发展现状及其存在的问题 …………… (1)
  一 对文化旅游的基本认识 ……………………………… (1)
  二 中国文化旅游发展现状 ……………………………… (12)
  三 中国文化旅游发展存在的不足与问题 ……………… (43)
  四 绵阳市文化旅游的对策性建议 ……………………… (44)

第二章 绵阳市文旅产业发展现状与问题研究 …………… (46)
  一 绵阳市文化旅游发展优势 …………………………… (46)
  二 绵阳市文旅发展现状态势 …………………………… (52)
  三 绵阳市文旅发展思路与战略 ………………………… (73)
  四 绵阳市文化旅游发展亟待解决的问题 ……………… (80)
  五 推动绵阳文旅进一步发展的建议 …………………… (87)

第三章 国内典型文旅案例研究与启示 …………………… (90)
  一 县域文旅案例研究与启示 …………………………… (91)
  二 特色历史文化旅游案例研究与启示 ………………… (104)
  三 特色民族文化旅游案例研究与启示 ………………… (107)
  四 红色文化旅游案例研究与启示 ……………………… (113)
  五 特色小镇文化旅游案例研究与启示 ………………… (119)
  六 文旅企业品牌案例研究与启示 ……………………… (133)
  七 国内典型文旅案例的绵阳启示 ……………………… (142)

第四章 国外典型文旅案例及其启示 (145)
    一 地域文旅经典案例研究与启示 (145)
    二 特色历史文化旅游案例与启示 (148)
    三 特色民族文化旅游案例研究与启示 (153)
    四 工业旅游经典案例研究与启示 (157)
    五 特色影视与主题公园文化旅游案例研究与启示 (164)
    六 国外典型文旅案例的绵阳启示 (170)

第五章 绵阳文化旅游品牌塑造与资源整合路径研究 (173)
    一 文旅品牌塑造对旅游业发展的重要意义 (173)
    二 绵阳市文旅融合及文旅品牌塑造的现状与问题 (177)
    三 绵阳市文旅融合及品牌塑造发展不足的原因 (182)
    四 绵阳市文旅品牌塑造思路与资源整合路径 (189)

第六章 中国区域文化旅游品牌发展和资源整合现状、问题及对策 (196)
    一 以区域文化为基础的中国文化旅游发展模式及困境 (196)
    二 中国区域文旅品牌发展和资源整合的对策 (204)
    三 区域文旅发展视角下的绵阳市文旅发展机遇与对策 (215)

附录 旅游资源类型划分 (224)

参考文献 (235)

后 记 (251)

第一章

中国文化旅游发展现状及其存在的问题

文化旅游资源开发与旅游经济之间的联系一直是学术界,乃至社会各界关注的热点问题。在旅游经济高速发展的今天,"旅游"一词已然从单纯强调"观赏性"的走马观花转化为身心受益的一种体验方式,因此,文化输出就成了旅游业和谐发展的一大突破点。

本章主要对文化旅游进行基本界定,概述中国文化旅游发展现状并分析中国文化旅游发展呈现出来的问题,并基于中国文化旅游发展现状的概要分析,针对绵阳文化旅游发展现状提出一些结构性措施。

一 对文化旅游的基本认识

文化旅游是近年来中国旅游业的重头戏,许多省市都在加码发展文化旅游,但文化旅游开发好坏、发展成功与否都与对文化旅游的理解定位有直接关系。可以说,只有对文化旅游的界定、核心价值、特征、类型等具备清晰的认识,才能在开发和发展文化旅游上实现高效运行以及利益保障。然而,现在无论是学术界还是文化旅游业项目开发者,对文化旅游都没有形成十分清晰和深入的认识。具体表现为,不仅在学术上存在不同的理解和界定,而且在现实文化旅游的开发中也存在文化旅游与传统旅游没有明显区分的现象。基于此,本章首先对文化旅游的内涵、核心价值和类型进行概述,以期能对文化旅游形成一个比较明晰的认识。

(一) 文化旅游的内涵

1. 国外关于文化旅游的界定

文化旅游是个热词,但不是新词。据学界考证,早在20世纪50年代,美国和加拿大的学者就开启了文化旅游方面的研究。1977年,夏希肯特·格波特与罗伯特·麦金托什在《旅游学——要素·实践·基本原理》中提出了"文化旅游"这个概念,将文化视作文化旅游的关键,是贯穿始终的一条主线。旅游只是一种形式,游客在旅游中可以加深彼此的了解,而文化正是加深了解的纽带。"文化旅游"作为一个独立章节出现在书中。1985年,世界旅游组织以人们通过旅游所得为视角将文化旅游的定义分为广义和狭义两种。从广义上讲是"为了满足个体的各种需求而参与的增长见识、扩展视野、改进所处环境的一切活动";从狭义上讲是"人们为了满足基本的文化需求而开展的活动,包括民俗旅游、古迹旅游、节庆旅游、演艺旅游、朝圣旅游等"。此外,1999年,在国际古迹遗址理事会上通过的《国际文化旅游宪章》也对文化旅游进行了一定的阐述,它将文化自身和所处环境看作文化旅游的核心。这里所指的文化环境,既包括旅游目的地的自然景观资源、历史文化景观资源,也包括当地居民的风俗习惯、生活方式。[①]

这样看来,国外学界关于文化旅游的界定主要集中在文化上,把文化视作文化旅游的出发点和原动力,同时也把文化视作文化旅游的目的。其实,国内学界也持相似的观点。

2. 国内关于文化旅游的界定

据学界考证,国内最早提到"文化旅游"这个概念的是魏小安,但他在《旅游文化与文化旅游》中也并没有对"文化旅游"进行明确的概念界定,这也是国内学界对于"文化旅游"概念理解的共性问题。可以说,国内并没有形成关于"文化旅游"的统一概念,存在各种解释,但也都没有否认彼此关于"文化旅游"内涵的界定。尽管如此,学界关于

---

① 徐涛:《文化旅游概念辨识》,《企业技术开发》2014年第35期。

"文化旅游"内涵的界定也形成了具有代表性的认识，主要表现为以下四种[①]。

第一，文化旅游是一种活动。把文化旅游界定为一种活动的学者认为，文化旅游是一种比较特殊的活动，一种可以获取文化信息或体验文化信息的活动。也有一部分学者提出，文化旅游就是将旅游文化作为消费产品，是旅游者利用自己的艺术鉴赏能力和历史知识来感受其中的文化意蕴，得到精神满足的旅游行为，包括建筑文化、风俗文化、历史文化、宗教文化、园艺文化、饮食文化这几种文化旅游。[②] 还有人认为通过旅游或者在旅游的整个过程中获得知识、经历以及感受就是文化旅游。[③] 同样，有学者认为文化旅游就是在旅行中进行历史、文化或自然科学的考察、交流、学习等活动。这种活动主要以文化旅游资源为支撑，以增加感受和文化旅游产品为目的。[④]

第二，文化旅游是一种产品。有学者认为文化旅游是一种特殊的旅游产品，而这种产品主要指文化旅游经营者向旅游者提供的以学习、考察旅游地的文化、风俗为目的的旅游产品，如民俗文化旅游、历史文化旅游等。[⑤]

第三，文化旅游是一种意识。有学者认为"文化旅游是旅游经营者在设计旅游产品时的一种创新思维，是一种观念意识的反映，同时也是旅游者从事旅游活动的一种方法"[⑥]。也有人认为文化旅游是通过旅游实现感知、了解、体察人类文化具体内容之目的的行为过程。站在旅游经营者的角度，文化旅游是一种产品设计的战略思路，是一种创意；站在旅游者的角度，文化旅游是一种旅游方法，是一种意识。[⑦] 还有人认为文化旅游是旅游者为达到对新奇文化的认识、理解及感受，而对旅游目的

[①] 魏代俊、方润生：《文化旅游概念研究综述》，《河南商业高等专科学校学报》2012年第2期。

[②] 马勇、舒伯阳：《区域旅游规划》，南开大学出版社1999年版，第1页。

[③] 陶汉军：《旅游文化与文化旅游》，《旅游文化》1990年第6期。

[④] 黄郁成：《新概念旅游开发》，对外经济贸易大学出版社2002年版，第173页。

[⑤] 蒙吉军、崔凤军：《北京市文化旅游开发研究》，《北京联合大学学报》2001年第1期；黄克：《文化旅游与旅游文化》，《山东旅游》1992年第2期。

[⑥] 丁丽英：《浅谈中国的文化旅游》，《湖北社会科学》2002年第12期。

[⑦] 马静：《文化旅游目的地品牌的打造》，《内蒙古科技与经济》2011年第18期。

地进行了解、探索，以此获取精神享受的一种旅游方式。①

第四，所有的旅游都是文化旅游。这种观点基本上坚持了国外对于文化和旅游关系的观点，认为文化和旅游是不可拆分的整体，文化是旅游的灵魂，旅游是文化的载体，任何旅游活动都伴随着文化的产生，文化则是为了更好地吸引游客来完成旅游，因而任何旅游都有文化存在，旅游和文化旅游是同一概念。如有的学者认为，旅游活动是以文化娱乐为中心向游客提供旅游产品的，在这个过程中又会形成新的文化，从这个角度看，旅游活动本身就是文化旅游。②

以上是学界关于"文化旅游"内涵的主流界定。不难发现，不论是国内还是国外，"文化旅游"都没有形成统一的概念，但形成了几种具有代表性的理解方式。也正是由于没有关于"文化旅游"的统一界定，大众往往容易混淆"文化旅游"和"旅游文化"的概念。这种混淆的存在，无疑会给大众参与文化旅游的具体活动和文化旅游业的开发造成较大影响。因此，对二者的区分又是"文化旅游"内涵界定的重要组成部分。

3. "文化旅游"与"旅游文化"的关联与区别

国内关于"旅游文化"的研究比较多，但是在"旅游文化"内涵的认知上和"文化旅游"一样，都没有统一的界定。到目前为止，国内对于"旅游文化"内涵的界定主要有以下八种。第一，旅游文化是人类过去和现在所创造的与旅游有关的物质财富和精神财富的总和。第二，旅游文化是旅游主体、旅游客体和旅游媒体相互作用所产生的物质和精神成果。第三，旅游文化是以一般文化的内在价值因素为依据，以旅游诸要素为依托，作用于旅游生活过程的一种特殊文化形态。第四，旅游文化是通过旅游这一特殊的生活方式，满足旅游者求新、求知、求乐、求美的欲望而形成的综合性现代文化现象。第五，从广义上说，旅游文化学是一门研究人类旅游活动发展规律的学问；从狭义上说，它是一门研究商品经济运行环境下如何合理开发利用过去时代所创造的旅游文化遗产，如何立足

---

① 许春华：《武威市文化旅游开发与思考》，《重庆科技学院学报》（社会科学版）2010年第8期。

② 李顺：《对我国文化旅游开发的几点思考》，《天津市职工现代企业管理学院学报》2004年第4期。

本国本地创造有时代精神和地域特色的旅游文化的学问。第六，旅游文化是旅游者和旅游经营者在旅游消费或旅游经营服务过程中所反映、创造出来的观念形态及其外在表现的总和，是旅游客源地和旅游接待地社会文化通过旅游者这个特殊媒介相互碰撞的过程和结果。第七，旅游文化是以旅游活动为核心而形成的文化现象和文化关系的总和。第八，旅游文化是以旅游行为为核心、旅游产品为依托、旅游环境为背景的系统性的场景文化。旅游消费与旅游服务行为文化、旅游资源文化、旅游产品文化、旅游环境文化共同组成了这一场景文化体系。[①]

通过透视上述"文化旅游"与"旅游文化"的概念界定不难发现，"文化旅游"与"旅游文化"二者既有联系又有区别。它们都是"文化"与"旅游"的结合，是关于二者融合的研究。它们的区别则主要体现在以下三个方面。

首先是侧重点不同。"旅游文化"是以"旅游"为限定词、"文化"为核心词，侧重点在"文化"上，是文化范畴的一部分。广义的旅游文化包括文化在旅游中各方面、各层次的体现，也指旅游与文化的所有关系，这是一个非常广泛的概念，类似于"旅游与文化的关系"。我国目前对于旅游文化的理解和西方对旅游社会学、文化人类学等的研究都属于此类。狭义的旅游文化是指由旅游活动而引起的文化现象；而"文化旅游"是以"文化"为限定词、"旅游"为核心词，侧重点在"旅游"上，是旅游活动和旅游产品中的一个重要类别，是广泛旅游文化概念系统中的一部分。如"湄洲中华妈祖文化旅游节""闽东太姥山母亲文化旅游节""畲族三月三节""屏南鸳鸯溪爱情文化之旅"以及各种形式的宗教朝圣旅游等就是具体的文化旅游活动。

其次是研究重点不同。"旅游文化"的研究，在广义层面上关注的是旅游活动的基础理论，诸如旅游活动的属性、特征、影响等问题，在狭义层面上关注旅游业和旅游活动中的文化；而"文化旅游"研究的重心，则是旅游活动的对象物——旅游产品的开发和经营管理问题，以及文化旅游活动的特点、管理体制、文化旅游市场的需求特征等问题。

---

① 吴光玲：《关于文化旅游与旅游文化若干问题研究》，《经济与社会发展》2006年第11期。

最后是学科归属不同。按照我国目前的学科划分体系，"旅游文化"主体属于旅游社会学、心理学、伦理学的研究范畴，部分属于管理学范畴；而"文化旅游"主体则属于旅游管理学和旅游开发规划学共同的研究范畴，从西方学术界对于学科的划分体系来看，"旅游文化"属于基础学科，而"文化旅游"属于应用学科。[①]

综上，通过关于"文化旅游"内涵的界定以及与"旅游文化"的区分，不难发现，"文化旅游"是以文化为灵魂和原动力的旅游，它是通过旅游实现感知、了解、体察人类文化具体内容之目的的行为过程，泛指以鉴赏异国异地传统文化、追寻文化名人遗踪或参加当地举办的各种文化活动为目的的旅游。

（二）文化旅游的核心内容

1. 文化资源

通过对文化旅游内涵的解读，可以明确文化旅游与传统旅游不同，文化旅游以文化为灵魂，旅游只不过是载体。因此，文化旅游就要求它必须要有文化内涵，突出旅游载体的文化性。也就是说，文化旅游是依托文化资源，为旅游者提供文化感知与体察的活动。所以，文化资源是文化旅游的第一个核心内容。如果没有文化资源那这种旅游将不属于文化旅游。

正是因为文化资源是文化旅游的核心内容，要发展文化旅游就必须深度挖掘文化内涵，突出旅游的文化灵魂。我国国土广袤，民族众多，形成了丰富多元的文化。这些文化资源如同巨大的矿藏，在对游客展现巨大吸引力的同时，也需要我们对其进行精准的把握、挖掘、开发和宣传。灵活运用和创新旅游的文化灵魂可在很大程度上增强文化内涵的表现效果，文化内涵表达与旅游主体行为的良好融合不仅可以吸引和激发旅游增长潜力，还可以转化为传承和弘扬优秀历史民俗文化的有效形式。比如将特色风俗、民间艺术等开发成各种类型的演出、比赛等活动，既可以弥补文化观光形式单一、趣味性不足等缺陷，又可以激发游客的好

[①] 吴光玲：《关于文化旅游与旅游文化若干问题研究》，《经济与社会发展》2006年第11期。

奇心，提高兴趣度，实现特色文化的有效传播。①

文化资源是文化旅游的核心内容，它保障了文化旅游的生存和发展。因此，在强调文化资源挖掘和开发的过程中，文化资源的保护也同样重要。可以说，文化资源是不可再生资源，是社会历史沉淀下来的文化成果。它具有可利用价值的同时也具有不可再生性，一旦被破坏，将无法再生，文化旅游也就失去了文化这一灵魂。

2. 文化旅游创意

通过对文化旅游内涵的理解，文化旅游的第二个核心内容可界定为文化旅游创意。创意的本质在于寻求特色和差异，与旅游的本质一致。一般旅游主要是从资源的角度出发寻找差异和特色，无论其挖掘过程是否考虑了市场需求和竞争关系，着眼点都不能脱离资源。文化旅游则在一定程度上摆脱了资源的束缚，它能够综合各种因素，在包括资源、环境、市场、社会背景等诸多方面进行创造，亦即创意。离开了创意，文化旅游亦将失去生命力。

实际上，随着社会的发展，创意产业在世界各地已经兴起。其中英国、美国、日本、韩国等国家较为典型，由政府亲自出面来推动创意产业。创意产业涉及领域十分广泛，包括广播、影视、文学艺术、新闻出版、印刷、建筑设计等众多方面，以及与文化旅游较为密切的创意产业如演艺娱乐、民间工艺品生产销售、会议展览、文化节庆等。这样，文化旅游其实也在创意产业范畴之内。创意产业也称文化创意产业或文化产业。文化产业与旅游产业的命名角度不同，所以不能笼统地谈论二者的区别和联系。但文化旅游业可以划入文化产业范畴，一方面在于它们都以创意为核心；另一方面在于它们的概念都是从经营者角度出发界定的。文化产业源自创意，并以创意、创新为动力，文化旅游业亦是如此。

3. 文化旅游产业

文化旅游的核心内容除了文化旅游资源、文化旅游创意，还包括文化旅游产业。如果只是具备文化旅游资源和文化旅游创意，没有将文化旅游产业化，那么文化旅游本身的价值也将得不到体现。因此，文化旅

---

① 陈琳：《如何深入开发文化旅游资源》，《人民论坛》2019年第3期。

游的开发和发展需要形成文化旅游产业，通过文化旅游产业体现文化旅游的价值。

文化产业是工业文明、物质文明发展到一定程度的产物。随着我国经济快速发展，发展文化产业的要求也越来越强烈。近年来，国家出台了众多文化产业的利好政策，推动文化产业快速发展，希望通过文化产业的振兴，迅速提高国家软实力，实现经济实力和国民素质的并速腾飞。2009 年，国务院审议通过中国第一部文化产业专项规划——《文化产业振兴规划》，正式将文化体制改革和大力发展文化产业上升到国家战略层面。2010 年，党的十七届五中全会明确提出推动文化产业成为国民经济支柱性产业的建议，再一次把文化产业提升到社会发展和国民经济的战略地位。2011 年，十七届六中全会审议通过了《中共中央关于深化文化体制改革、推动社会主义文化大发展大繁荣若干重大问题的决定》。文化产业的产业地位提升后，大量的资金与政策都导向了文化产业项目。而文化与旅游有着天然的紧密联系，文化是旅游的灵魂，旅游是文化的重要载体。国家对文化产业和旅游业的政策导向需要具有高品质的大项目的带动。文化、旅游联姻的产物文化旅游产业园应运而生。

文化产业和旅游产业紧密关联，同时又具备强大的与其他产业的耦合性，文化旅游产业园区就是以某种文化为主线，以文化创意产业和旅游业为支柱产业，从产业、商业、旅游、地产、景观等多种维度打造具备旅游、产业、城市多重功能的文化产业空间。文化旅游产业园从本质上来讲是一种旅游地产在政策导向下的新模式，是"文化+旅游+地产"三位一体的联动开发模式。文化是统领，是整个园区发展方向的灵魂，旅游是拉动，能够促进产业发展，提升城市形象，实现人气聚集，而地产则是园区开发建设的重要保障。这种"三位一体"的开发模式，实现了产业间的相互补充和支撑，可以有效平衡园区近期投资和远期发展之间的关系。

综上，文化旅游的核心内容体现在三个方面，即文化旅游资源、文化旅游创意和文化旅游产业。文化旅游资源是文化旅游的内容，文化旅游创意是文化旅游的形式，文化旅游产业是文化旅游的目的，三者紧密关联，没有文化旅游资源也就没有文化旅游创意，更形成不了文化旅游产业；没有文化旅游创意，只有文化旅游资源，形成不了文化旅游，更形成不了文化旅游产业；没有文化旅游产业，只有文化旅游资源和文化旅游创意，文化旅游的价值得不到最大化，也就不能充分体现文化旅游的价值。

（三）文化旅游的类型

国内关于文化旅游类型并没有明确统一的划分，多数以《国家旅游及相关产业统计分类（2018）》《文化及相关产业分类（2018）》和由国家质量监督检验检疫总局发布的《旅游资源分类》三个国标为参照。国家统计局发布的《国家旅游及相关产业统计分类（2018）》将旅游及相关产业划分为三层。第一层为大类，共9个；第二层为中类，共27个；第三层为小类，共65个。《文化及相关产业分类（2018）》将文化及相关产业划分为三层。第一层为大类，共有9个；第二层为中类，共有43个；第三层为小类，共有146个。由国家质量监督检验检疫总局发布的《旅游资源分类》则按"主类""亚类""基本类型"三个层次来划分（见附录）。

尽管有三个国标作为参照，但国内关于文化旅游资源的分类依然存在多种不同意见，比如按文化旅游产品开发类型进行划分。这种划分把文化旅游分成如下五个类型。

第一，文化遗址遗迹类旅游产品。这类产品的开发主要建立在文物、遗址两类旅游资源上，重点突出普遍价值，满足体验传统文化、了解历史演变及古代科学艺术等方面的需求。第二，文化历史建筑群类旅游产品。这类产品主要包括历史文化名城、历史街区、古镇古村、少数民族聚落等，其开发关键是保持物质载体的真实性和空间载体的完整性，突出与物质载体相关的非物质文化遗产的继承性。第三，文化景观遗产类旅游产品。这类产品又细分为三个类型。一是人为设计和创造的景观，如园林类景观、田园类景观和宗教类景观；二是有机进化类景观，如古代残迹类景观、田园栖居类景观；三是关联性景观，以自然因素强烈的宗教、艺术或文化关联性为特征。第四，文化主题公园类旅游产品。这类产品是人为建造的具有特定文化创意活动方式的现代旅游场所，常见的有在地域本土主题文化基础上进行创意的主题公园，基于外来文化基础创意的移植性文化主题公园,以现代科技、虚拟技术进行创意的动漫游戏主题公园。第五,文化演艺类旅游产品。此类产品是大众化、时尚化、精致化和品牌化的表演艺术产品,同样分为三种类型:民族风情展示型旅游产品、文化遗产演绎型旅游产品、山水实景演出型旅游产品。[1]

前瞻产业研究院又将文化旅游按常见类型划分为故居类旅游地、遗址遗迹旅游地、古城古镇古村旅游地、民族民俗文化旅游地、宗教文化旅游地、文化商业街区、文化主题公园、文化旅游综合体、文化创意产业园区、文化旅游新区等共10类。[2]

国内与前瞻产业研究院对文化旅游的划分相似的还有中国产业规划网按文化旅游开发类型进行的划分。这种划分同样将文化旅游划分为十类,具体情况如下。

第一,故居类。依托名人诞生地或居住地进行旅游开发,按照"跳出故居做故居,整合文化做文化"的打造思路,对名人故居背后隐藏的文化进行深度挖掘,通过景观景点、多样化产品设计和体验性展陈设计,将名人故居与周围环境相联系,实现以故居为核心的综合旅游开发。第二,宗教类。随着人们在文化层面、精神层面、养生层面的提升,宗教旅游逐渐走向大众,旅游项目开发运作也逐步朝大型化、综合化方向发展,由单纯满足朝拜、观赏功能向吃、住、行、购、娱、养生等综合性旅游配套功能发展,并形成独立的综合旅游区。第三,古镇古街古村。以古镇、古村、古街区保护为前提,以改善原住民生活环境为基础,将休闲旅游、文化体验、休闲商业融入古民居,通过历史文化的引入、多元业态的设计以及慢生活方式的诠释,促进老街重新焕发生机,实现可持续保护利用。第四,史前遗址类。在遗址保护前提下,通过情境规划和体验设计对遗址进行合理开发,依据项目主题和文化脉络,设计情景、讲故事,形成景区或旅游区的文化、主线和灵魂,使游客充分融入旅游区设计的情境和文化中,使旅游体验活动更加生动。第五,古代设施类。古代设施包括古运河、古长城、城楼、军事防御设施等,其开发关键在

---

[1] 参见前瞻产业研究院,https://f.qianzhan.com/wenhualvyou/detail/170630-72c444ea.html,2023年3月31日。

[2] 参见前瞻产业研究院,https://f.qianzhan.com/wenhualvyou/,2023年3月31日。

于独特的文化主题怎样转化为旅游吸引力,且落地运作。运用"从文物旅游到文化旅游"的策略,借助"景观情景化"手法,打造各种长城边塞文化的可体验场景与氛围,破解保护与开发两难的问题。第六,文化主题公园。文化主题公园是将传统文化与现代游乐结合在一起形成的一种创新旅游产品。中国古代文化如何转化为现代人喜闻乐见的、拥有市场吸引力的、新型的游憩方式,从而建构出旅游、休闲、娱乐、游乐产品,是中国旅游界一直在探索的课题。第七,文化新区类。此类项目的成功打造需要三大核心要素。一是旅游体验核心,可以由文化观光型景区、大型实景演出等来承担,是吸引人气、聚集人流的核心,也是聚集区主要收益来源;二是旅游服务核心,是以旅游观光与体验为基础的旅游服务收益区域,通常在新区、新城的入口区,附近村落小镇,形成吃、住、行、游、购、娱等功能集聚;三是休闲度假核心,是旅游体验的升级内容,在大众观光与体验之外,以当地独特文化内涵与生态背景为特色,形成具有特色会议、商务、度假、养生等功能的度假区,同时进行旅游地产开发。第八,旅游小镇类。旅游小镇开发与特定的文化密切相关,离开文化的旅游小镇就缺少了生命力。旅游小镇打造的七步曲,即文化挖掘,主题定位;肌理打造,搭建骨架;风貌选择,塑造外观;业态设计,输入血脉;功能规划,注入活力;产业整合,良性互动;城镇配套,景镇合一。第九,文化产业园区。文化产业园区是市场经济条件下文化旅游建设新形态和"文化旅游生产力"的重要组成部分,是以文化为主题的都市体验式休闲消费区。成功构建文化旅游产业园区需要基于七大要素,即文化主线的选择与定位;整合资源,塑造园区产业驱动力;旅游产业要素体系构建完备;创新文化旅游体验模式;创意文化旅游产品;强化营销策略整合;构建全新管理融资机制。这样文化旅游产业园区才能在众多园区建设中脱颖而出。第十,纪念园类。纪念园不同于一般意义上的风景旅游区,其独特性首先在于纪念性精神内涵的吸引力,其次才是娱乐性与美观度吸引力。因此,如何展示纪念性园林的精神内涵,使游人产生情感共鸣,是纪念性园林游赏产品规划设计成败的关键。①

---

① 参见中国产业规划网,http://www.chanyeguihua.com/3388.html,2023年3月31日。

上述无论是三个国标体系对文化旅游的划分，还是业界如前瞻产业研究院和中国产业规划网对文化旅游的划分，都是具体细致的划分。从它们对文化旅游的划分来看，其实还可以对它们的划分进行归类，如把它们归类为自然风景类、人文风景类和综合风景类。自然风景资源依自然地理环境各要素又可分为五个亚类，即风景地质；风景地貌；风景水；风景气象与气候；风景动植物。人文风景类则人可以分为：古人类遗址；历史文化遗迹和文物，如古城遗址、古代园林、古代建筑、宗教寺观等；民族风情；旅游文化，如绘画、雕刻、书法、美术工艺品、戏剧、舞蹈、音乐、电影、诗词、散文、神话、传说、游记等；各类公园、游乐设施；博物馆、展览馆、美术馆、科技馆等；体育活动场地，包括登山、划船、游泳、滑雪、狩猎、垂钓、森林浴场、避暑疗养地等；旅游商品；风味佳肴；革命文化遗址、文物。综合风景类实际上就是自然风景和人文风景的复合体，是以城市和乡村的综合景观面貌表现出来的。按城、乡两种不同的吸引功能，一般分为都市风光，包括都市市容、建筑、风貌、特产以及各种历史、文化吸引；乡村田园风光，包括不同类型的聚落、建筑、民情风俗、生活方式、土特产等。

本书主要采用以风景资源型来划分文化旅游类型的分类方案，即把文化旅游资源划分为自然风景类、人文风景类和综合风景类三个类型。

二　中国文化旅游发展现状

（一）中国文化旅游发展历程

自1949年新中国成立以来，中国文化旅游的发展主要可划分为三大时期。第一个时期是事业型发展的30年（1949—1978），这一阶段中国文化旅游业发展主要以外事接待为主，接待对象局限于外事、外交友好团队，华侨探亲访友，港澳同胞赴大陆探亲、参观等，而其他形式的旅游活动受到制约。旅游接待规模相对较小，各旅行社、旅游接待单位多为事业性质，旅游主管部门与旅游接待部门融为一体。第二个时期是产业型发展的40年（1978—2017），这一时期又可分为1978—1997年旅游业探索发展阶段和1998—2017年文化旅游业形成并发展阶段。2017年，中共中央办公厅、国务院办公厅印发了《国家"十三五"时期文化发展改革规划纲要》,提出要大力开展红色旅游活动,加强精品线路建设,发挥全国红色旅游经典景区作用。至此,中国文化与旅游产业融合进入快速发展时期,主题公园、传统村落、特色小镇、文旅演艺、主题酒店、田园综合体等文化旅游业态不断涌现。第三个时期是2018年以来的融合型发展时期。2018年,中国文化旅游业进入产业型与事业型融合发展的新阶段。随着党和国家机构改革全面完成,中国旅游业发展进入新阶段,也将中国文化旅游业推至快速发展的新轨道。文化旅游业发展既重产业也重事业,既发展旅游经济又服务于大众文化生活,既在对外开放中扮演重要角色,又促进旅游消费,同时还是乡村振兴和旅游扶贫中的重点和亮点。[①]

以上是中国学者通过回顾中国文化旅游70年进行的总结,而前瞻产业研究院则把中国文化旅游发展历程概述为1980年以前的萌芽期、1981—1999年的培育期、2000—2016年的成长期、2017年以后的高速发展期。萌芽时期,文化旅游业以一种新业态在旅游业中慢慢孵化。培育期,文化旅游业开始在国际旅游市场中发展,中国文化旅游新业态初具雏形。成长期,21世纪以来,国内文化旅游市场开始受重视,2014年出台大量相关支持政策。高速发展期,新产业业态已形成,市场迅速发展,寻找创新发展路径。

(二) 中国文化旅游发展相关政策

中国于2003年制定颁布了《旅游资源分类、调查与评价》的国家标准(GB/T18972—2003),明确了旅游资源的定义以及分类方法和评价体系。国家旅游局与文化部联合印发的《关于促进文化与旅游结合发展的指导意见》于2009年颁布,强调文化是旅游的精髓,是驱动旅游的重要动力,鼓励文化旅游的发展。尔后,随着中国对文化旅游的重视,国家相继出台一系列政策支持文化旅游发展,见表1–1。

[①] 贺小荣、陈雪洁:《中国文化旅游70年:发展历程、主要经验与未来方向》,《南京社会科学》2019年第11期。

表1-1　　　　　　　国家层面的各类文旅发展规划与政策

分类	发文单位	政策文件号	政策名称	日期	备注
国家层面	国务院	国发〔2009〕30号	《文化产业振兴规划》	2009.07	中国第一部文化产业专项规划
	国家旅游局	旅办发〔2009〕第149号	《全国旅游标准化工作管理办法》	2009.09	—
	国务院	国发〔2009〕41号	《关于加快旅游业发展的意见》	2009.12	—
	中共中央	—	《中共中央关于深化文化体制改革、推动社会主义文化大发展大繁荣若干重大问题的决定》	2011.10	党的十七届六中全会通过
	中共中央	—	《党的十八大报告》	2013	推动文化产业快速发展、到2020年文化产业成为国民经济支柱
	国务院	国发〔2014〕31号	《国务院关于促进旅游业改革发展的若干意见》	2014.08	—
	国务院	国办函〔2014〕121号	《〈国务院关于促进旅游业改革发展的若干意见〉任务分解表》	2015.01	—
			"515"战略		全国旅游工作会提出

续表

分类	发文单位	政策文件号	政策名称	日期	备注
国家层面	国家发改委	发改规划〔2016〕2125号	《关于加快美丽特色小（城）镇建设的指导意见》	2016.10	—
	国务院办公厅	国办发〔2016〕85号	《国务院办公厅关于进一步扩大旅游文化体育健康养老教育培训等领域消费的意见》	2016.11	—
	国家旅游局	旅办发〔2016〕345号	《"十三五"全国旅游公共服务规划》	2017.03	—
	国家旅游局	—	《"十三五"全国旅游信息化规划》	2017.03	到2020年，旅游信息化发展的四项目标，即信息服务集成化、市场营销精准化、产业运行数据化、行业管理职能化
	国家发改委、国土部、文化部等八部委	—	《"十三五"时期文化旅游提升工程实施方案》	2017.03	以上两个文件和本文件相继发布，中国旅游产业发展获得政府高度关注
		国办发〔2017〕81号	《关于进一步加强文物安全工作的实施意见》	—	—

续表

分类	发文单位	政策文件号	政策名称	日期	备注
国家层面	中共中央、国务院	中发〔2018〕1号	《中共中央国务院关于实施乡村振兴战略的意见》	2018.01	—
	国务院办公厅	国办发〔2018〕15号	《关于促进全域旅游发展的指导意见》	2018.03	—
	中共中央办公厅、国务院办公厅	中办发〔2018〕45号	《关于实施革命文物保护利用工程（2018—2022年）的意见》	2018.07	—
	中共中央办公厅、国务院办公厅	—	《关于加强文物保护利用改革的若干意见》	2018.10	这是新中国成立以来第一个专门针对文物保护利用改革并以中办、国办名义印发的中央政策文件
	国家文化和旅游部	文化和旅游部令第1号	《国家级文化生态保护区管理办法》	2019.03实施	
	文化和旅游部	—	《文化和旅游部关于促进旅游演艺发展的指导意见》	2019.03	第一个促进旅游演艺发展的文件。目标为到2025年，旅游演艺市场繁荣有序，发展布局更为优化，涌现一批有示范价值的旅游演艺品牌，形成一批运营规范、信誉度高、竞争力强的经营主体。

(三) 中国文化旅游发展状况及发展趋势

1. 中国文化旅游发展状况

近年来，国内文化旅游产业发展迅猛，促进文化旅游产业发展的相关政策也层出不穷。"十三五"以来，中国陆续出台一系列促进文化旅游产业发展的政策，进一步推动了文化、旅游产业的结合。其中《国务院关于加快发展旅游业的意见》提出，到2020年中国旅游产业规模、质量、效益基本达到世界旅游强国水平；《国家"十三五"时期文化发展改革规划纲要要求》提出，到"十三五"末，文化产业将成为国民经济支柱性产业。2017年10月发布的首份《中国文化旅游发展报告2017》指出，文化旅游已经成为新时期旅游业发展的重要力量。2018年3月17日，十三届全国人大一次会议表决通过国务院机构改革方案，批准文化部、国家旅游局合并为文化和旅游部，这也为今后文化旅游产业优化发展提供了有力的机构保障。[①]

随着文化与旅游产业融合的不断推进，文化旅游在产业结构和管理方式方面也实现了重大发展。具体体现在数量增长上，全国各类文化和旅游单位逐年增多，到2018年已达31.82万个；旅游人数逐年增加，2018年突破56亿人次，旅游总收入达5.97万亿元，其中入境旅游人数14120万人次，比1978年增长77.05%，入境旅游收入1271.03亿元，比1978年增长280.82%；世界遗产数量逐年增多，由1987年的6个增加到2019年的55个，其中文化遗产由1987年的6个增加到2019年的37个，同时拥有自然与文化双遗产4项、文化景观遗产5项，中国的世界遗产数量已达55项，高居世界第一位；全国5A级景区中世界文化遗产旅游的发展势头良好。[②]

具体来看，中国文化旅游发展状况可通过概述以下三大文化旅游类型的现状得到呈现。

[①] 侯爽、刘爱利、黄鸿：《中国文化旅游产业的发展趋势探讨》《首都师范大学学报》（自然科学版）2019年第4期。

[②] 贺小荣、陈雪洁：《中国文化旅游70年：发展历程、主要经验与未来方向》，《南京社会科学》2019年第11期。

(1) 自然风景型文化旅游发展现状

自然地理环境中能使旅游者产生美感的因素和条件很多，如银光闪闪的河川、千姿百态的地貌、晶莹潋滟的湖泉、波涛万顷的海洋、光怪陆离的洞穴、幽雅静谧的森林、珍奇逗人的动物、温暖宜人的气候等。构成这些自然风景的基本要素，如山、水、石、洞、气、光、生物等，经过巧妙的组合，构成千变万化的旅游环境和景象。旅游者通过自己的视觉、听觉、嗅觉、味觉、触觉等生理感觉，便可产生种种想象、理念和美感，从而获得精神上的享受。所以自然旅游资源主要指自然界中地理环境和生物所构成的、吸引人们前往游览的天然景观。自然风景型文化旅游依自然地理环境各要素又可分为风景地质、风景地貌、风景水、风景气象与气候、风景动植物。因此，自然风景型文化旅游发展现状可通过概述中国风景名胜区、旅游度假区等文化旅游发展现状得知。

第一，风景名胜区文化旅游发展现状。

风景名胜区是指具有观赏、文化或者科学价值，自然景观、人文景观比较集中，环境优美，可供人们游览或者进行科学文化活动的区域。风景名胜包括具有观赏、文化或科学价值的山河、湖海、地貌、森林、动植物、化石、特殊地质、天文气象等自然景物和文物古迹，以及革命纪念地、历史遗址、园林、建筑、工程设施等人文景物和它们所处的环境以及风土人情等。自 20 世纪 70 年代末，中国风景名胜区事业与社会各行各业一同迎着改革开放的春风逐步发展，至今已有四十多年的历史。据统计，四十多年间国家级风景名胜区从无发展到如今的 244 处，省市级风景名胜区则更多，风景名胜区成为中国人民最为理想的休闲和游览胜地。[①] 改革开放以来，随着经济体制改革不断深化，中国风景名胜区对地方经济的拉动作用越来越强，与人民群众的物质文化生活的关系越来越密切。然而，近年来一些风景名胜区也出现了城市化、人工化、商业化等十分严重的破坏性建设问题，风景名胜区面临着巨大的冲击和严峻的挑战。

中国风景名胜区的发展主要经历以下四大阶段[②]。

---

① 严国泰、宋霖：《风景名胜区发展 40 年再认识》，《中国园林》2019 年第 3 期。
② 严国泰、宋霖：《风景名胜区发展 40 年再认识》，《中国园林》2019 年第 3 期。

第一阶段：缘起时期，时间为1978—1981年。这一阶段主要以两个文件的颁布为标志。1978年3月第三次全国城市工作会议召开并公布《关于加强城市建设工作的意见》，要求加强名胜古迹和风景区的管理。1978年12月全国绿化工作会议召开并于次年6月公布《关于加强城市园林绿化工作的意见》，要求"分级确定、统一规划、统一管理自然风景区（风景名胜区）"。

第二阶段：建设初期，时间为1982—1992年。这一阶段主要以以下文件的颁布为标志，即1982年11月8日，国务院批复第一批共44处国家重点风景名胜区；1985年6月7日，《风景名胜区管理暂行条例》颁布；1987年6月10日，《风景名胜区管理暂行条例实施办法》公布。

第三阶段：建设管理时期，时间为1993—2005年。这一阶段主要以以下文件的颁布为标志，即1993年12月20日，《风景名胜区建设管理规定》公布；1999年11月10日，《风景名胜区规划规范》（GB 50198—1999）公布；2003年4月11日，《关于做好国家重点风景名胜区核心景区划定与保护工作的通知》公布。

第四阶段：理性发展时期，时间为2006年至今。这一阶段主要以以下文件的颁布为标志，即2006年9月19日，《风景名胜区条例》颁布；2007年10月26日，《国家级风景名胜区监管信息系统建设管理办法（试行）》公布；2009年6月28日，《关于做好国家级风景名胜区规划实施和资源保护状况年度报告工作的通知》公布；2018年7月10日，《风景名胜区详细规划标准》（GB/T 51294—2018）公布；2018年9月11日，《风景名胜区总体规划标准》（GB/T 50298—2018）公布。

中国风景名胜区现行分类办法主要包括以下几种。

按管理级别分类：2006年12月颁布施行的《风景名胜区条例》中第八条将风景名胜区划分为国家级风景名胜区和省级风景名胜区。

按规模分类：《风景名胜区规划规范》（以下简称《规范》）将风景区按用地规模分为小型风景区（20 km²以下）、中型风景区（21—100km²）、大型风景区（101—500km²）、特大型风景区（500km²以上）。

按风景资源特征分类：《规范》中针对风景资源调查内容从大、中、小三个层次进行了分类。2个大类涉及自然与人文景源，8个中类分别对应两大类。自然景源包括天景、地景、水景、生景；人文景源包括园景、建筑、胜迹和风物；此外，《规范》在风景区总体规划中对"风景区性质"做了界定，包括景观特征、功能和级别，也是一种分类的依据。《规范》在专项规划"保护培育规划"中也指出，风景保护分类包括生态保护区、自然景观保护区、史迹保护区、风景游览区、风景恢复区、开发控制区。①

风景名胜区旅游规模总体上呈现以下特征。

自1982年第一批国家级风景名胜区公布以来，全国国家级风景名胜区游客量不断增加，每年国家级风景名胜区游客量占全国总体游客量的比例维持在23%~32%之间，平均比例为28.65%。2004—2011年国家级风景名胜区游客量占全国总体游客量的比例保持在30%以上，2012年后逐渐下降。

国家级风景名胜区入境游客量占全国入境游客量的比例趋势有所不同，2003—2017年基本呈现出稳步增长的态势，从14.31%增长至33.30%，平均比例为20.89%。大部分入境游客还是会将国家级风景名胜区作为重要的旅游目的地。②

第二，中国旅游度假区文化旅游发展现状。

度假旅游是人们出于追求身心健康而在常住地以外环境优越的地方所进行的较少流动性的，通过享受高质量的产品包括环境、设施和服务而达到令身体和精神休息放松的旅游方式。在《旅游度假区等级划分》国家标准中，对旅游度假区做了更具普适性的定义，指出"旅游度假区是指具有良好的资源与环境条件，能够满足游客休憩、康体、运动、益智、娱乐等休闲需求的，相对完整的度假设施聚集区"。该标准同时明确了旅游度假的四个特征。第一，旅游度假区要具备相对完整的度假设施，包括康体、休闲、娱乐、运动等设施，并具一定规模；第二，旅游度假区是一种具有良好资源与环境条件的旅游目的地；第三，旅游度假区的功能是为满足游客度假需求的，不同于风景区的游览观光功能；第

---

① 张国强：《风景名胜区类型的多样性》，《风景名胜工作通讯专刊：辉煌的历程——纪念中国事业二十周年》2002年第11期。

② 参见《中国城市建设统计年鉴》（2002—2017）。

四,旅游度假区是旅游者短期性的居留地。①

中国国家旅游度假区大体经历了三个发展阶段,即孕育起步阶段、探索发展阶段和全面转型阶段。虽然具体到每个国家旅游度假区来说,阶段性特点可能有所不同,但总的发展过程是一致的。一是孕育起步阶段(1992—1995年)。1992年8月17日,国务院下发《国务院关于试办国家旅游度假区有关问题的通知》(国发〔1992〕46号),决定在条件成熟的地方试办国家旅游度假区,鼓励外国和中国台湾、香港、澳门地区的企业、个人投资开发旅游设施和经营旅游项目,并为此专门出台了八项优惠政策。在该通知的指导下,国家旅游局与有关省市紧锣密鼓地展开了国家旅游度假区的选址和规划工作,在一个半月内办完了从省市到国家旅游局再到国务院的三级报批手续。同年10月,国务院分别批复了大连金石滩、青岛石老人、江苏太湖分为苏州青口和无锡马山两个度假中心,1993年又分为苏州太湖国家旅游度假区和无锡太湖国家旅游度假区、上海横沙岛(1995年改为上海佘山)、杭州之江、福建武夷山、福建泥洲岛、广州南湖、昆明滇池、三亚亚龙湾和北海银滩试办国家旅游度假区。② 二是探索发展阶段(1996—2008年)。如果说1992—1995年是中国国家旅游度假区的婴儿期,那么1996—2008年这十三年,则是中国国家旅游度假区茁壮成长走向青年的时期。其中,1996年"度假休闲游"年度国家旅游主题的确立和1999年旅游黄金周的实施,先后掀起了中国国家旅游度假区发展的两次高潮。③ 1996年被认为中国休闲度假游元年,中国旅游业"度假休闲游"的年度国家旅游主题开启了中国国家旅游度假区发展的新篇章。而1999年黄金周休假制度的实施则开创了中国旅游业发展的新局面,也为中国国家旅游度假区的发展注入了一剂强心针,中国国家旅游度假区从此走上了更大的舞台。2001年4月12日,国务院下发《国务院关于进一步加快旅游业发展的通知》(国发〔2001〕9号文件),明确提出"规划建设一批国家……旅游度假区"的工作任务。以该通知为依据,国家旅游局提出在"十五"规划期"要在国务院批准的中

---

① 李雪峰:《中国国家旅游度假区发展战略研究》,博士学位论文,复旦大学,2010年。
② 李雪峰:《中国国家旅游度假区发展战略研究》,博士学位论文,复旦大学,2010年。
③ 李雪峰:《中国国家旅游度假区发展战略研究》,博士学位论文,复旦大学,2010年。

国国家旅游度假区的基础上,将一批条件比较成熟的省级旅游度假区和外资建设的度假区批准为国家旅游度假区,以增加国家旅游度假区的数量,扩大国家旅游度假区的规模",相应地制定并经国家质量技术监督局审定颁布了《国家旅游度假区评定标准》。但是从那时至今,并无新的中国国家旅游度假区被批准和认定。① 三是全面转型阶段(2009年至今)。2009年对中国旅游业来说具有里程碑意义,《国务院关于加快发展旅游业的意见》(国发〔2009〕41号)(以下简称《意见》)将旅游业明确定位为"国民经济的战略性支柱产业和人民群众更加满意的现代服务业",旅游产业国民经济战略性支柱产业地位的明确,"可以说是目前对各类产业定位中最高的之一",必将开启中国旅游业的全新发展阶段。该《意见》亦明确指出,要"有序推进国家旅游度假区发展"。在这样的大背景下,中国国家旅游度假区必然也必须要抓住机遇,乘势而上,在中国建设世界旅游强国的总体目标指导下,积极开启全面转型的新阶段。②

中国旅游度假区行业现状分析如下。

第一,度假村地域分布格局。目前,中国度假村的区域性特征已经比较明显,长三角、珠三角、环渤海、西部、东北等区域的度假村经营各显特色。北京、上海、广州、苏州、杭州、重庆等经济发达地区的度假村数量明显比其他地区高很多。这说明中国旅游房地产度假村细分市场的区域格局已初步形成,区域内部竞争加剧。③ 第二,中低档度假村供给相对不足。许多投资者认为度假村是一种高档、豪华的消费,因此纷纷按高档酒店标准兴建度假村、别墅、俱乐部等,忽视了规模最大的大众化度假旅游。目前,大量的中高档度假村产品与市场需求相去甚远,导致度假区出现了大量接待设施闲置,而旅游者又抱怨旅游目的地没有足够的接待设施的怪现象。近几年,中国出现大规模中低档自费旅游群体。作为国内旅游主体的家庭旅游、老年旅游等自费旅游群体,其消费在中档水平,学生旅游通常属于低档消费。从客源市场分析,城市旅游者消费水平高一些,农民旅游者受传统思维及消费能力的影响,中低档

---

① 李雪峰:《中国国家旅游度假区发展战略研究》,博士学位论文,复旦大学,2010年。
② 李雪峰:《中国国家旅游度假区发展战略研究》,博士学位论文,复旦大学,2010年。
③ 郑静:《我国旅游度假村行业现状及发展趋势分析》,《商场现代化》2008年第34期。

次消费在很长时间内不会有太大变化。从旅游目的地来看，城市居民的乡村旅游，其综合消费水平不会太高。基于旅游消费市场的这种消费趋势，建设中低档次的旅游度假村更能满足消费者的消费需求。① 第三，太注重价格、档次竞争。当代西方旅游度假村市场竞争主要体现在产品差异竞争上，即注重产品的特色化、个性化；在度假村经营中注重用外部扩张来取得规模效益，同时采用品牌延伸的方法来迎合顾客需求差异化倾向，让产品而非价格作为竞争的主角。而中国度假村近年的市场竞争重点是价格竞争和硬件设施改造升级，对产品与服务的特性、个性方面不够重视。具体到整体活动组合上，中国多数度假村过多依赖硬件设施，娱乐、保健、旅游等项目的活动组合不灵活。因此，必须要在软开发上下功夫，把相应的活动组织起来。随着度假需求层次的提高，这些软件方面的需求必然会产生，如果某些度假村开发经营者能洞察这种需求，引导、创造这方面的需求，就有可能成为行业领袖。②

（2）人文风景类文化旅游发展状况

人文风景资源指古代人类社会活动的遗迹和现代人类社会活动的产物，是古今人类政治经济活动的记录和文化艺术的结晶，是一个民族、一个国家风貌和特色的集中反映，它给人以知识、教育、启迪和乐趣。人文旅游资源是非常广泛的，旅游类型是复杂多样的，而且是可以转化和改造的。依据不同性质的内容和形式，可以分为古人类遗址；历史文化遗迹和文物，如古城遗址、古代园林、古代建筑、宗教寺观等；民族风情；旅游文化，如绘画、雕刻、书法、美术工艺品、戏剧、舞蹈、音乐、电影、诗词、散文、神话、传说、游记等；各类公园、游乐设施；博物馆、展览馆、美术馆、科技馆等；体育活动场地，包括登山、划船、游泳、滑雪、狩猎、垂钓、森林浴场、避暑疗养地等；旅游商品；风味佳肴；革命文化遗址、文物。因此，人文风景型文化旅游发展现状可通过概述中国红色文化旅游、文创类文化旅游、民族文化旅游、体育文化旅游等文化旅游种类发展现状得知。

第一，红色文化旅游发展现状。

---

① 郑静：《我国旅游度假村行业现状及发展趋势分析》，《商场现代化》2008年第34期。
② 郑静：《我国旅游度假村行业现状及发展趋势分析》，《商场现代化》2008年第34期。

红色文化是革命战争年代，由中国共产党人、先进分子和人民群众共同创造并极具中国特色的先进文化，蕴含着丰富的革命精神和厚重的历史文化内涵。红色文化作为一种重要资源，包括物质和非物质文化两个方面。其中，物质文化资源表现为遗物、遗址等革命历史遗存与纪念场所；非物质文化资源表现为包括井冈山精神、长征精神、延安精神等在内的红色革命精神。

发展红色文化旅游是加强爱国主义和革命传统教育、培育和践行社会主义核心价值观，促进社会主义精神文明建设的重大举措。近年来，中国红色旅游稳步发展，大量革命历史文化资源得到有效保护和合理利用，覆盖广泛、内容丰富的经典景区体系基本形成，年接待人数持续增长，取得了明显的社会效益和经济效益。[①]

中国红色文化旅游现出台的发展规划如下。

"红色旅游"由江西省于1999年首先提出，随后开始在旅游业中逐渐发展起来。2004年1月，由江西发起并联合陕西、福建、河北、广东、北京和上海签订了《七省市共同发展红色旅游宣言》，决定就发展红色旅游进行区域协调，打造红色旅游精品链。同年12月，国务院颁布《2004—2010年全国红色旅游发展规划纲要》，提出放大发展目标。第一，加快红色旅游发展，使之成为爱国主义教育的重要阵地。2004—2007年参加红色旅游人数的增长速度要达到15%左右，2008—2010年要达到18%左右。第二，培育形成12个"重点红色旅游区"，使其成为主题鲜明、交通便利、服务配套、吸引力强，在国内外有较大影响的旅游目的地。第三，配套完善30条"红色旅游精品线路"，使其成为产品项目成熟、红色旅游与其他旅游项目密切结合、交通连接顺畅、选择性和适应性强，受广大旅游者普遍欢迎的热点旅游线路。第四，重点打造100个左右的"红色旅游经典景区"，使其80%以上达到国家旅游景区3A及以上标准，其中40%要达到4A级标准。到2007年，争取有50个"红色旅游经典景区"年接待规模达到50万人次以上；到2010年，争取有80个"红色旅游经典景区"年接待规模达到50万人次以上。第五，重点革命

---

① 参见中共中央办公厅、国务院办公厅《2016—2020年全国红色旅游发展规划纲要（三期）》。

历史文化遗产的挖掘、整理、保护、展示和宣讲等达到国内先进水平，列入全国重点文物保护单位的革命历史文化遗产，在规划期内普遍得到修缮。第六，实现红色旅游产业化，使其成为带动革命老区发展的优势产业。到2010年，红色旅游综合收入达到1000亿元，直接就业人数达到200万人，间接就业人数达到1000万人。① 2011年5月，中共中央办公厅、国务院办公厅联合下发《2011—2015年全国红色旅游发展规划纲要》指出，到2015年，列入全国红色旅游经典景区名录的重点景区基础设施和环境面貌全面改善，重要革命历史文化遗产得到有效保护，红色旅游宣传展示和研究能力明显增强，配套服务更加健全，广大人民群众参与红色旅游的积极性和满意度显著提升，综合效益更加突出。到2015年，全国红色旅游年出行人数突破8亿人次，年均增长15%，占国内旅游总人次的比例提高到四分之一；综合收入突破2000亿元，年均增长10%；累计新增直接就业50万人、间接就业200万人。② 2016年10月，国务院颁布《2016—2020年全国红色旅游发展规划纲要》提出，红色旅游经典景区体系更加完善，教育功能更加突出，运行管理更加规范，服务水平持续提升，群众参与积极性和满意度显著提高，红色文化有效传承，革命精神广泛弘扬，经济社会综合效益明显增强，红色旅游实现内涵式发展，2020年全国年接待人数突破15亿人次。③

中国现阶段红色文化旅游的开发与发展主要有以下三种模式。一是将目的地建设为以观光为主的传统旅游目的地体系的传统开发模式；二是将目的地建设为注重游客参与和体验的休闲旅游目的地体系的经济开发模式；三是混合开发模式，将传统型与体验经济型有机结合，使旅游目的地既有传统项目，又有新项目。国内红色旅游的发展轨迹主要由革命纪念地演化为爱国主义教育基地，再演化为红色旅游景区。

中国红色文化旅游行业的规模呈现出以下状况。

在《2004—2010年全国红色旅游发展规划纲要》《2011—2015年全

---

① 参见中共中央办公厅、国务院办公厅《2004—2010年全国红色旅游发展规划纲要》。
② 参见中共中央办公厅、国务院办公厅《2011—2015年全国红色旅游发展规划纲要》。
③ 参见中共中央办公厅、国务院办公厅《2016—2020年全国红色旅游发展规划纲要》，《2017年中国旅游业发展现状及未来发展趋势分析》，http://www.chyxx.com/industry/201708/548351.html（中国产业信息网），2023年3月31日。

国红色旅游发展规划纲要》的推动下,2015年全国红色旅游人数达到10.27亿人次,红色旅游景区达到249个,综合收入达到2611亿元。另据统计,2016年全国红色旅游接待游客11.47亿人次,同比增长11.7%,综合收入达到3060.9亿元,同比增长17.2%。红色旅游已经成为党和人民群众密切联系的重要渠道,成为加强爱国主义和革命传统教育的重要载体。

第二,文创类文化旅游发展现状。

随着近年来国家对文化创意产业的重视,文化创意产业开始兴起。由于人们物质生活不断改善、消费水平不断提高,带动了旅游产业的蓬勃发展,文化创意旅游日益兴盛,文化创意产业和旅游产业的融合发展促进了旅游产品的多元化、游客体验的多样化。文化创意旅游园区作为文化创意旅游的一种载体,近年来受到了广泛关注。2014年《国务院关于推进文化创意和设计服务与相关产业融合发展的若干意见》突出强调国家对文化创意产业与旅游产业融合发展的切实关注;2015年《中共中央关于制定国民经济和社会发展的第十三个五年规划的建议》提出,要发展创意文化产业,扩大引导文化消费;2016年《关于印发"十三五"旅游业发展规划的通知》强调,要扶持旅游与文化创意产品的开发,重视文创旅游产品的体验丰富性和功能多样性。随着国家对文化创意产业的重视,以及文化创意产业自身强有力的发展优势、高产业融合力,相关领域研究受到了学者们的广泛关注。随着旅游业不断发展进步,旅游愈发显著地呈现出层次多元化、需求多样化的特点,游客对旅游目的地的文化体验要求也越来越高,开始注重旅游本身的文化内涵感知和创意活动体验。文化创意产业和旅游产业融合发展形成的文化创意旅游已成为当今旅游市场的发展趋势。文化创意旅游的核心要素包括对文化的感知和在旅行过程中对创意的体验。[1]

文化创意产业与旅游产业融合发展模式主要有以下几种。

第一,旅游产业向文化创意产业延伸。文化创意产品生产基地、文化创意产业园区等文化创意与旅游产业的衍生品就是旅游产业向文化创

---

[1] 张雪婷、李勇泉:《文化创意旅游街区游客创意体验对重游意愿的影响研究——基于一个有调节的中介模型》,《资源开发与市场》2018年第8期。

意产业延伸的代表。① 第二，文化创意产业向旅游产业延伸。从国内外来看，文化创意产业向旅游产业延伸愈发趋于成熟。这主要是由于传统旅游产品市场已经较为成熟，而基于产业融合，将文化创意产业当中的文化、创意、科学技术等资源融入已知的旅游产品当中，创造出例如艺术教育业、创意旅游、文化旅游工艺品等一些新兴衍生产品。② 第三，重组型融合模式。文化创意产业与旅游产业的重组型融合模式，主要是对各部分价值链分解后进行的融合。当文化创意产业和旅游产业各自的价值链体系被打散后，将两种产业价值链中的核心部分重新组合，并加入对融合产业有利的价值链模型，形成区别于原产业的创新经济融合产业。③ 第四，文化创意产业向旅游产业渗透。文化创意产业向旅游产业渗透型融合模式的代表是主题乐园。一般通过文化创意产业中创意艺术、科学技术的特点对旅游产业的产品进行重新定位，在展现游乐园旅游特点的同时，通过动漫产品、场景再现等模式对旅游产品进行创新与补充，增强产业融合的产品的功能。④ 第五，旅游产业向文化创意产业渗透。旅游产业向文化创意产业的渗透性融合模式，是以旅游产业的特点为基础来创造或改造文化创意产品。⑤

中国文创旅游现状体现在以下几方面。

第一，总体发展现状。

《中国共产党第十八届中央委员会第三次全体会议公报》中关于加强文化建设强调："要建设社会主义文化强国，增强国家文化软实力"，并指出要进一步通过改进体制机制，以及相应的社会经济活动来实现这些目标。据国家统计局数据显示，21世纪以来，中国文化创意产业呈快速

---

① 杨睿：《文化创意产业与旅游产业融合发展研究》，硕士学位论文，云南财经大学，2018年。

② 杨睿：《文化创意产业与旅游产业融合发展研究》，硕士学位论文，云南财经大学，2018年。

③ 杨睿：《文化创意产业与旅游产业融合发展研究》，硕士学位论文，云南财经大学，2018年。

④ 杨睿：《文化创意产业与旅游产业融合发展研究》，硕士学位论文，云南财经大学，2018年。

⑤ 杨睿：《文化创意产业与旅游产业融合发展研究》，硕士学位论文，云南财经大学，2018年。

发展趋势。2004—2020年间，文化创意产业增加值年均上涨24%，比同期GDP年均增速高出近5个百分点。2010年，国内文化及相关产业法人单位增加值总额达到了11052亿元。增加值占国内生产总值的比例高达2.75%。文化创意产业在我国初显重要的发展意义。

虽然近些年中国文化创意产业的增加值增长速度很快，且文化创意产业机构数量不断增长，但是较之国外，中国文化创意产业的发展水平仍然低于一般的发展中国家水平。中国文化创意产业增加值对国内生产总值贡献很低，创造的就业机会占总就业人口比例也很低。只有北京、上海、深圳等城市文化创意产业发展成绩较好。总体来看，中国的创意产业目前面临着经济结构限制创意产业发展、整体职业结构存在缺陷、城市发展规划思维定式、知识产权缺乏有效保护、传统教育无法提供创意土壤、创意产品消费需求不足等各种问题。①

第二，国内优秀城市旅游文创产业现状。

在文化产业发展如火如荼的时代背景下，国内也涌现出一些状态良好、效果显著的城市，这些城市从自身特色文化入手，因地制宜，注入情感和创意，让文创产品不再千篇一律。这里以北京、成都、济南三座城市为例进行分析。

自2006年提出发展文创产业以来，北京文创产业增加值一直保持高速增长。作为全国的政治、文化、教育中心，更是中国拥有世界文化遗产数量最多的城市，旅游资源丰富，2017年仅故宫的年游客接待量就超过16亿。庞大的游客群体为北京旅游文创产业奠定了良好的发展基础。它重视对传统文化的弘扬，突出对文化脉络的传承，特别是对皇家文化、胡同文化的挖掘。以故宫文创为例，文创产品的研发注重结合馆藏文物元素、文物故事，突出故宫文创的专属性格，从宫廷生活、建筑、家居、服饰、饰品等文化符号入手进行提炼，开发出"朝珠耳机""顶戴花翎官帽伞""朕就是这样汉子"折扇、"胤禛耕织图"记事本，以及"满汉全席"日历等，都是实用功能很强的文创产品。真人秀节目《上新了，故

---

① 高云鹏：《大连市文化创意产业发展模式与布局优化研究》，博士学位论文，辽宁师范大学，2016年。

宫》更是将故宫文创热推向了一个新的高潮。①

同样作为历史文化名城的成都，在2018年11月举办的主题为"创意成都，美好生活"的第五届成都创意设计周上，汇集了30个国家和地区的760多家创意设计机构的23500件参展作品。从成都创意设计展览会的情况来看，成都文创的特点是"不止充满灵感的创意，也有朴实无华的生活"，文创产品的开发已经融入人们的衣食住行，从农副产品到高科技产品，都蕴含着浓浓的四川味，仅以熊猫为元素的文创产品就有上百种。②此外，宽窄巷子、春熙路、锦鲤、大熊猫基地、东郊记忆创意园也都成了网红打卡地，一首民谣《成都》让原本安静的玉林路变得热闹非凡。综合来看，成都的旅游文创产业主要以成都美食、川剧变脸、大熊猫形象三个创意元素为基础，结合热点话题、现代科技进行创新。③

济南的旅游方式较为传统，以观光型旅游为主，强调"泉文化"和传统名胜古迹，但是泉水文化与当地历史和风俗文化结合不够密切，推广渠道较弱，宣传方式相对单一，至今没有形成耳熟能详、使人印象深刻的宣传标语，更多的省外、国外游客群体将济南作为海滨城市旅游的"中转站"，且多为市内景点旅游，旅游文创产品种类相对陈旧，推新周期长。缺少典型文创基因，以特色食品为主，例如东阿阿胶、德州扒鸡、老济南传统糕点等。虽然在包装形式上有所创新，但层次较低，没有形成具有凝聚力的形象，难以给游客留下深刻印象。④

第三，民族文化旅游发展现状。

民族文化是中华民族五千年伟大文明史和灿烂文化中的瑰宝。民族文化作为一种社会历史现象，在不同的时代有不同的内容，具有继承性、创造性、共性以及个性⑤。若能进一步将民族文化利用起来，与旅游相加

---

① 张波、范洪宇、李世天：《城市旅游文创产品开发探索——以济南为例》，《智库时代》2019年第16期。
② 张波、范洪宇、李世天：《城市旅游文创产品开发探索——以济南为例》，《智库时代》2019年第16期。
③ 张波、范洪宇、李世天：《城市旅游文创产品开发探索——以济南为例》，《智库时代》2019年第16期。
④ 张波、范洪宇、李世天：《城市旅游文创产品开发探索——以济南为例》，《智库时代》2019年第16期。
⑤ 许序雅：《民族文化内在特性论纲》，《社会科学》1988年第11期。

相融，则既能提升景区"颜值"、增加吸引力，又能满足游客文化诉求①。

结合相关学术文献，搜集中国民族文化旅游的发展实绩，可以将民族文化旅游概括为三个阶段。第一阶段是1978—1989年，这一阶段是中国民族文化旅游的起步阶段。伴随着改革开放政策的出台，中国旅游业得到了长足发展。这一阶段主要是满足人民基本的精神需求，民族文化旅游作为旅游业的补充在旅游总收入中占比不大，发展速度也较慢，开展民族文化旅游的区域也较少。第二阶段是1989—1995年，这一阶段中国民族文化旅游发展迅速，摆脱了旅游行业补充的角色，逐渐成为中国旅游业的重要组成部分。在这一阶段，民族文化旅游日益受到重视，相关旅游景点也得到了较大的开发，人们参与民族文化旅游的热情也被带动起来。第三阶段是1995年至今，这一阶段中国民族文化旅游业不断发展壮大，相关产业链也不断完善成熟，成为中国民众喜爱的旅游出行方式之一。在这一阶段，中国旅游业带有显著的民族文化特点，民族文化内涵得到了深度挖掘，民族文化旅游也受到了主管部门的重视，成为旅游、文化主管部门大力推广的旅游形式②。

与旅游供给的研究文献较丰富的情况不同的是，对民族文化旅游的市场研究或曰需求角度的研究，为数不多，但仍然呈增长趋势。从心理学角度研究旅游者的消费行为，为民族文化旅游产品开发提供及时、准确的信息，在民族文化旅游研究中还是一个全新的、尚待开发的领域，目前只有一些零星研究。薛群慧等人提出，旅游消费行为是一种社会行为，具有普遍性，但民俗风情旅游消费行为除了具有旅游消费行为的共性特征之外，还具有以下个性特征。一是时间性。民俗旅游资源具有节律性特点，从而使民俗风情旅游消费行为具有节日性、季节性。二是民间性。民俗风情旅游消费者往往可以直接从寻常百姓家购买旅游产品，旅游消费的食、宿、行、游、购、娱六大要素都可以从旅游地居民家中得到满足。三是大众性。民族风情旅游者与其他旅游者的区别在于，他们不是由于主观上经济拮据而选择大众型旅游消费方式，而是为了体验从而融

---

① 参见《中国旅游报》2019年8月30日第3版。
② 张红娜：《我国民俗旅游发展模式与未来趋势探析》，《江西电力职业技术学院学报》2019年第5期。

入旅游地的大众生活中。四是可重复性。民俗风情旅游者在体验民俗文化时，与旅游地居民会有比较深入的人际交往，易产生深厚的感情，往往会故地重游；五是文化性。民俗风情旅游者的受教育程度一般都比较高，他们比一般旅游者更为追求文化享受。张建新运用旅游心理学理论，从侧面即民俗陈列进行了研究和探索，认为民俗陈列是把旧的东西展示给新的人看，这里面有时代差，有文化积淀与反弹，有审美价值取向等问题，应该认真研究。

第四，体育文化旅游发展现状。

体育旅游是体育和旅游两个相对成熟的产业交叉渗透产生的一个新领域。以体育资源为基础，吸引人们参加与感受体育活动和大自然情趣，是体育与旅游相结合的一种特殊的休闲生活方式，也是体育产业的一个重要组成部分。随着社会经济和文化的不断发展，人民生活水平日益提高，人们对生活的期望值也越来越高，工作之余外出旅游也渐渐成为一种生活方式，旅游的内容与形式也不断发展和变化，日益增长的大众化、多样化、个性化消费需求为体育旅游发展提供了新的机遇，静态的观光旅游正在向动态的、个性化的、参与性强的方式转变。体育旅游作为外向性、开放性、关联性很强的网络型行业，正是适应了这种变化和需要，它将传统旅游的被动和受约束性降到最低点，使人们在强健身心、调节情绪、缓解压力的同时得到美好体验。体育旅游具有健身、观光、娱乐、度假、购物、商务活动等多重功能，具有广泛的社会经济价值和发展前景。

过去，国家重视发展竞技体育，而忽视了大众体育。随着时代的发展，相关部门已逐渐意识到这一问题，开始大力推行"全民健身"。随着大众体育和旅游业的发展，体育旅游被人们接受并获得了一定程度的发展。从20世纪末开始，环青海湖自行车赛、东北滑雪、长江漂流、三亚潜水等多种体育旅游产品在我国各地因地制宜地发展起来。特别是2008年北京奥运会的成功举办，更是为我国体育旅游产业的加速健康发展提供了重要契机。奥运会之后，不但鸟巢、水立方等奥运场馆成为体育观光旅游的重要地标，北京中国网球公开赛、上海F1及厦门国际马拉松等一系列国内品牌赛事也逐渐发展起来，这些地标和赛事吸引了越来越多的中外游客。2022年北京冬奥会的成功申办，使以北京、河北和东三省等地区为代表的冰雪主题旅游得到了发展，逐渐成为具有当地特色的体育旅游产品。

体育旅游在国内是一项新兴旅游产品，体育旅游业是由体育产业和文化旅游产业延伸产生的，是体育产业最主要的一个组成部分，也是旅游业迅速发展的新兴推动力量。随着中国社会经济水平的提高、国民生活方式的革新，新时代的人民越来越追求高质量的美好生活。此外，由于社会压力不断增大，也出现了肥胖症、抑郁症等身心疾病。各种主客观因素的共同作用，使人们的健身意识不断增强。随着消费水平的提高，体育旅游业正成为中国最具活力的朝阳产业之一。

党十九大报告提出，广泛开展全民健身活动，加快体育强国建设。《促进全域旅游发展的指导意见》明确提出，要推动旅游和科技、教育、文化、卫生、体育融合发展。2016年，国家体育总局、国家旅游局签署《关于推进体育旅游融合发展的合作协议》并联合发布《关于大力发展体育旅游的指导意见》，从国家层面描绘了体育旅游发展的蓝图，即到2020年，在全国建成100个具有重要影响力的体育旅游目的地，建成100家国家级体育旅游示范基地，推出100项体育旅游精品赛事，打造100条体育旅游精品线路，培育100家具有较高知名度和市场竞争力的体育旅游企业与知名品牌；体育旅游总人数达到10亿人次，占旅游总人数的15%，体育旅游总消费规模突破1万亿。体育产业与旅游产业已经成为推动中国经济转型升级的重要力量，"体育＋旅游"的融合发展已成必然趋势。

越来越多的城市走上"体育＋旅游"的发展道路，利用旅游资源将品牌体育赛事打造成城市名片。例如，新疆木塔格沙漠风景名胜区、库鲁斯台草原湿地、大海道古堡群、江布拉克景区等这些偏远景区并不为大家所熟知，但通过一项项品牌体育赛事，逐渐走进了人们的视野，如今也吸引着越来越多的游客前往游览。随着品牌赛事的成功举办、宣传力度的扩大，各类服务的不断完善，这些偏远旅游景区的影响力越来越大，推动了各地旅游服务业和基础设施升级，给当地旅游经济带来了可观的增长。旅游业态已经从观赏性向体验性、参与性转变，品牌赛事的举办带动更多的关注者、参与者加入赛事活动中，让更多人走进新疆，带动了新疆旅游产业的发展。大力发展体育旅游，前景很是广阔。①

随着休闲时代和体验经济时代的来临，体育旅游既包含体育强身健体功能，又包含陶冶身心功能，越来越受到大众青睐。据调查显示，现今在中国 3/4 的旅游者以休闲健身为目的，体育旅游在中国已有一定的市场基础，参与体育旅游的人越来越多，在未来会有更大的发展空间。体育旅游业对中国产业结构的调整和区域经济的发展起着非常重要的促进作用。既然体育旅游业与市场经济有着紧密的联系，那么对中国各区域体育旅游的研究就必须按照不同市场区域来划分，由此分成东部沿海地区、中部内陆地区和西部边远地区。

东部沿海地区经济发达，人口密集，交通便利，这对于东部体育旅游市场来说都具有巨大的优势。正是这些优势，使该地区的体育旅游产业发展良好。东部沿海地区人们的受教育水平普遍较高，受教育水平越高，体育旅游意识就越强，体育场馆的设施良好，举办大型体育赛事也有足够的资金支持。中国（包括足球、篮球、排球）职业俱乐部里有 3/5 以上的球队主场定在东部地区，该地区的球迷热情，每次职业比赛时，主客场球迷随之流动，就产生了一定程度的体育旅游行为。由于东部地区经济发达，人们的消费水平相对较高，体育旅游意识较强，对体育旅游产品的需求较大。有需求自然就有了市场。②

中部地区体育旅游起步较晚，发展较为稳定，势头较好。中部地区体育旅游资源丰富，但是长期以来发展第二产业，不重视对环境的保护。近年来，各级政府不断出台和健全旅游发展政策，改善了旅游环境，中部地区旅游业得到迅速发展，体育旅游业自然也跟着发展起来。中部地区体育旅游资源丰富，有黄山、庐山、三清山等山景资源，有洞庭湖、东江湖、三峡水库等水景资源。中部地区把旅游业确定为经济结构调整中的先导产业，政府给予了重点培育和扶持。中部 6 省位于中国内陆地区，地处长江中游和黄河中游地带，东邻长三角体育旅游圈，西连西部民族体育旅游地区，南靠珠三角体育旅游圈，北接环渤海体育旅游地区，

---

① 罗胡阳：《新时代背景下体育产业和文化旅游产业的深度融合发展》，《当代体育科技》2018 年第 32 期。

② 常菁：《我国体育旅游各区域发展现状和对策研究》，《运动》2018 年第 5 期。

与各个旅游地区关系密切。这样的区位优势为中部地区开展区域体育旅游合作提供了便利条件。虽然近年来体育旅游业发展势头较好，但由于起步晚、基础差、底子薄，中部地区体育旅游发展还存在着一些问题，即人们的体育旅游意识较薄弱，市场需求量不大；体育场馆修建不够完善；没有突出各地的特色，缺乏吸引力，竞争力不足。①

西部边远地区自然旅游资源丰富，还有着独特的人文旅游资源。青藏高原的高原游、沙漠地区的探险游、少数民族的民俗风情游等吸引了很多游客前来，为西部体育旅游带来了相当大的收益。但是我国西部地区经济欠发达，体育旅游软硬件设施建设还有待加强，人才缺失也是西部地区发展体育旅游的一个阻碍。②

（3）综合风景类文化旅游发展状况

综合风景，实际上就是自然风景和人文风景的复合体，是以城市和乡村的综合景观面貌表现出来的。按城、乡两种不同的吸引功能，一般分为都市风光，包括都市市容、建筑、风貌、特产以及各种历史、文化吸引物；乡村田园风光，包括不同类型的聚落、建筑、民情风俗、生活方式、土特产等。因此，综合风景型文化旅游发展现状可通过概述中国工业文化旅游、乡村文化旅游等文化旅游发展现状得知。

第一，工业文化旅游发展现状。

工业文化旅游是旅游和工业相结合的产物，是以保护和开发工业遗产为核心，以一定历史发展阶段的工业实物（如工业设施、生产场景或遗址、劳动对象、劳动产品）和企业文化等作为主要旅游吸引物，同时展示现代化工业生产和作业景观，并为游客创造生产体验，引导旅游者参观、参与，为其休闲、求知、娱乐、购物等提供多方面服务，以实现工业旅游经营主体经济效益、社会效益和形象效益的旅游形式。③ 工业旅游景点具有观赏、研学、展示、休闲、康养、购物等功能，提供相应旅游设施与服务场所，包括工业企业、工业园区、工业展示区域、工业历史遗迹，以及反映重大事件、体现工业技术成果和科技文明等的载体。

---

① 常菁：《我国体育旅游各区域发展现状和对策研究》，《运动》2018 年第 5 期。
② 常菁：《我国体育旅游各区域发展现状和对策研究》，《运动》2018 年第 5 期。
③ 张世满：《工业旅游开发简论——以山西为例》，《经济问题》2006 年第 12 期。

工业旅游具有文化性、知识性和趣味性的特点，具备现场感、动态感和体验感等优势，游客在观光体验工业项目的同时，满足了好奇心和求知欲，获得了工业信息和科技知识；企业通过游客的参观游览，展示了自身文化，推广了产品品牌，提升了企业形象。如今越来越多的工业企业开始依托自己的厂房、车间、产品和文化，开发自身的工业旅游项目向旅游者展示，为他们提供参观、游览、体验、购物等服务，使工业旅游蔚然兴起。

近年来，中国各地、各有关部门积极落实《国务院关于促进旅游业改革发展的若干意见》，使旅游业发展与新型工业化相结合，加快推动工业旅游发展。2016年11月，国家旅游局发布《〈全国工业旅游发展纲要（2016—2025年）〉征求意见稿》，全面推广《全国工业旅游示范点检查标准（试行）》，并公布首批国家工业旅游创新单位名单。这批国家工业旅游创新单位分别是黑龙江大庆市、新疆维吾尔自治区克拉玛依市、河北省唐山开滦国家矿山公园、内蒙古自治区伊利实业集团股份有限公司、江苏省隆力奇工业旅游区、安徽省奇瑞工业园、福建省七匹狼集团、江西省萍乡安源景区、山东省青岛啤酒公司、山东省海尔集团、山东省东阿阿胶旅游景区、河南省中国一拖集团有限公司、湖北省十堰汽车城、湖南省株洲醴陵瓷谷、广东省罗浮宫国际家具博览中心、广东省中山大涌红木文化博览城、海南省海南核电有限公司、重庆市周君记火锅食品工业体验园、贵州省茅台酒厂（集团）有限责任公司、云南省红塔集团、陕西省张裕瑞那城堡酒庄、新疆生产建设兵团伊帕尔汗香料股份有限公司。①

2017年11月，第二届全国工业旅游创新大会发布的《全国工业旅游创新发展三年行动方案（2018—2020）》提出，2016年中国工业旅游年接待游客1.4亿人次，旅游收入213亿元，成为中国旅游产业发展新亮点。计划到2020年，全国工业旅游新增游客1亿人次，新增旅游收入100亿元，培育100家工业旅游示范基地、工业遗产旅游基地等示范品牌单位。初步构建"景区、全域协同发展，生产、遗产并行发展，观光、体验互

---

① 参见中华人民共和国文化和旅游部官网，https：//www.mct.gov.cn/，2023年3月31日。

补发展，东中西全面发展"的基本格局，实现消费大众化、产品特色化、服务规范化、效益多元化的发展目标。2017年11月，全国旅游资源规划开发质量评定委员会发布《关于推出10个国家工业旅游示范基地的公告》，这10个国家工业旅游示范基地分别是山东省烟台张裕葡萄酒文化旅游区、江苏省苏州隆力奇养生小镇、福建省漳州片仔癀中药工业园、内蒙古自治区伊利集团·乳都科技示范园、云南省天士力帝泊洱生物茶谷、山西省汾酒文化景区、新疆生产建设兵团伊帕尔汗薰衣草观光园景区、黑龙江省齐齐哈尔市中国一重工业旅游区、辽宁省大连市海盐世界公园、安徽省合肥市荣事达工业旅游基地。[①]

与世界发达国家相比，国内工业旅游发展较晚，直至20世纪60年代，以参观形式开展的工业旅游才开始出现。用一句话概括中国工业旅游，可表述为从滥觞到规范发展。严格意义上的工业旅游20世纪90年代中期才在中国出现。1994年，长春第一汽车集团组建实业旅行社，对外开放部分汽车生产线和样车陈列室。此后，国内一些知名企业也渐次推出工业旅游项目。1997年，宝钢设立旅行社，开始接待少量来宝钢参观的旅游团队，象征性地收取"参观费"；1998年四川长虹集团和青岛啤酒一厂分别向游客开放；1999年初，青岛海尔集团成立海尔国际旅行社，并推出"海尔工业游"项目；2000年，首钢启动"钢铁是怎样炼成的"工业旅游项目；北京三元食品有限公司也在同年推出三元牛奶"大篷车"项目，至此开启了新的工业旅游形式。近年来，烟台的张裕葡萄酒、青岛啤酒的酿造工艺参观等更是做得风生水起。经过二十余年发展，中国工业旅游已形成了良好的发展态势。[②]

目前，中国已经形成了完整的工业体系，现有262个资源型城市、145个国家级高新技术开发区和219家国家级经济技术开发区，工业旅游空间广阔，潜力巨大。特别是近年来发展形成的特色工业小镇，将生产展销、文化创意、休闲游憩等功能有机融合，为工业旅游开辟了全新的

[①] 参见中华人民共和国文化和旅游部官网，https://www.mct.gov.cn/，2023年3月31日。

[②] 胡迎春：《工业旅游体验的具身障碍与场景组织研究》，博士学位论文，东北财经大学，2018年。

发展空间。据统计,中国共有 345 家全国工业旅游示范点、1000 家左右省级工业旅游示范点,为规范和促进工业旅游发展奠定了基础。① 据统计,2015—2017 年,中国工业旅游接待量年均增长 31%,工业旅游收入年均增长 24.5%。截至 2016 年年末,全国共有 1157 个工业旅游景点,接待游客 1.4 亿人次,旅游收入 213 亿元人民币,吸纳就业 42.8 万人。② 中国旅游研究院院长戴斌预测,未来 5 年工业旅游接待游客的总量将会超过 10 亿人次,旅游总收入会超过 2000 亿元人民币。

目前中国工业旅游类型主要依托工业旅游景点具有的功能和提供相应旅游设施与服务的场所,包括工业企业、工业园区、工业展示区域、工业历史遗迹,以及反映重大事件、体现工业技术成果和科技文明等载体进行区分。总的来说,工业旅游包括企业参观旅游、工业遗产旅游和科学旅游三个类别,从不同的视角出发又形成不同的类型。有的把工业旅游大致分为以现代科学技术和先进的生产工艺为主要内容的科技型;以把过时的、比较落后的生产工艺和生产模式开发为传统工业旅游项目的传统型;以展示特定生产模式、生产工艺及特有企业文化项目的特定型;把自然景观、人文景观与工业旅游融为一体的综合型。③ 有的按照工业旅游的场所划分为工业企业、工业园区、行业博览场所、工业历史遗址遗迹以及能够反映重大事件、体现工业技术成果的重大工程和项目等类型④。有的则基于资源与产品属性,对工业旅游的开发和经营模式进行分类,将工业旅游类型划分为文化传承型、综合景观型、现代企业型、艺术品展示型、工业园区型和遗产与博物馆型等。⑤

第二,乡村文化旅游发展现状。

近年来,中国乡村旅游业发展迅猛。2015 年全国休闲农业和乡村旅游接待游客超过 22 亿人次,营业收入超过 4400 亿元。以"五一"小长

---

① 郝幸田:《让工业旅游更亮丽》,《企业文明》2018 年第 11 期。
② 胡迎春:《工业旅游体验的具身障碍与场景组织研究》,博士学位论文,东北财经大学,2018 年。
③ 刘育蓓:《新兴的旅游项目——工业旅游》,《地理教学》2004 年第 6 期。
④ 时坚:《辽宁工业旅游客源市场初探》,《商场现代化》2007 年第 31 期。
⑤ 李淼焱、黄泓杰:《中国工业旅游发展优势、问题及对策》,《全国商情》(经济理论研究)2009 年第 11 期。

假旅游为例,2016年"五一"小长假期间全国出游超过10千米(不含工作等非旅游动机)的游客总计约1.1亿人次,其中乡村旅游约为3571.2万人次,约占同期旅游人次的32.5%,超过三成游客"五一"期间参与乡村旅游。"五一"小长假期间,全国乡村游平均出游距离69.9千米,其中出游距离最长和最短的分别为北京和黑龙江地区的游客,其乡村游出游距离分别为131千米和60千米。分区域来看,华东地区游客出行距离最长,平均达92.7千米;其次为华北地区,出游距离为91.7千米;东北地区游客乡村游出行距离最短,为60千米。乡村游平均出游时间为25.2小时,其中出游时间最长的是上海游客,其乡村游出游时间为37小时。分区域来看,华东地区游客出游持续时间最长,为28.3小时,西北地区最短,为19.5小时。①

现阶段,中国乡村旅游资源数量庞大、种类繁多,主要呈现以下特征。第一,多样性。中国乡村蕴含丰富的自然景观、人文景观,具有丰富的农业和乡村传统文化资源。第二,地域特征明显。存在南、北之分,山地、平原之分,不同民族之分。第三,季节性明显。中国是具有几千年农业历史的大国,农业生产活动的季节性非常明显,乡村旅游发展的好坏在很大程度上依赖天气。春、秋季气候舒适,则是旅游旺季;而夏季炎热、冬季寒冷,也是旅游淡季。第四,游客的参与性、体验性较强。通常来说,游客去乡村旅游不只是去观光,农业生产、垂钓、喂养、采摘等活动更受他们的喜爱,亲身体验农事活动,也是他们享受生活、体验生活情趣的过程。第五,蕴含丰富的文化内涵。首先,历史悠久的农耕文化,如水车灌溉、采莲编织等。其次,传统的民风民俗、传统节日等,这些都蕴含了浓厚的乡土文化。第六,人与自然和谐相处。乡村呈现的是自然风貌、浓浓的乡土风情,淳朴、率真,紧贴自然、返璞归真,体验人与自然的和谐相处,深深吸引了城市居民。第七,经营风险较低。乡村旅游以现有的农业生产、自然资源为基础,不会破坏农民的生产形态,只需要稍微调整经营方式丰富其功能,开发难度较小、风险较低。②

中国乡村文化旅游的类型主要有以下几种。

---

① 孙黄泓妏、王晓君:《我国乡村旅游发展的现状与分析》,《农家参谋》2017年第8期。
② 孙黄泓妏、王晓君:《我国乡村旅游发展的现状与分析》,《农家参谋》2017年第8期。

一是市场目标型。在乡村旅游中，城镇人是目标客户，因此大城市是乡村旅游的目标市场。中国目前市场潜力最大、发展最成熟、最普遍的乡村旅游类型就是将都市的郊区利用起来发展乡村旅游。营造休闲场所提供给都市居民进行游玩，是目前中国乡村旅游的定位标准。为吸引游客，乡村旅游通常会开展捕钓、采摘等农村特色活动，让游客体验完全区别于大城市的村落或田园生活。

二是景区拓展型。乡村旅游中，景区拓展型是依靠景区开展一系列活动的。如果乡村位于著名景点周围，就会将该景点的客源和名气利用起来，发展旅游配套服务，如购物、餐饮以及住宿等，除此之外，还能对销售当地土特产起到促进作用。

三是资源利用型。在资源利用型乡村旅游中，存在许多村寨，这些村寨具有浓厚的地方特色或民族特色，在吸引游客时就是凭借其人文、建筑、生态等特色资源。由于远离都市，这些具有地方特色或民族特色的村寨基本上与外界没有接触，交通不便是其与外界接触较少的一个主要因素，正因如此，这些村寨没有被外面的世界所同化，保留了乡村气息。①

中国目前乡村文化旅游的主要业态有以下三种。

一是度假村。度假村通常建立在生态环境优越、自然环境优越、气候舒适的地方，换言之，就是比较高档的提供给游客度假、休闲的乡村旅游场。

二是民族民俗风情园。民族民俗风情园一般由少数民族或乡村建立，其风情特色显著，体现在其活动、生活方式和建筑等方面，能够有效地吸引游客前来游玩。

三是农家乐。这种旅游形式是农民自己发展出来的，他们借助自家房舍、农家庭院附近的自然风光，将城镇的游客吸引至这里进行游玩、观光。农家乐所包含的产品有很多，例如观光园、农家菜、农家旅馆等，对于农民来说，这种旅游模式风险低、收益快、投入少，十分受其欢迎。②

---

① 谢芳：《谈我国乡村旅游的发展现状及前景》，《旅游纵览》（下半月）2016年第12期。
② 谢芳：《谈我国乡村旅游的发展现状及前景》，《旅游纵览》（下半月）2016年第12期。

2. 中国文化旅游发展新特征及其基本研判

2017年10月21日，由中国旅游研究院、河南省旅游局、开封市人民政府、河南大学联合主办的2017中国旅行服务产业发展峰会暨"一带一路"城市旅游联盟年会在开封举行。会上，河南文化旅游研究院院长程遂营代表课题组发布了《中国文化旅游发展报告2017》（以下简称《报告》）。《报告》指出，随着大众旅游的兴起以及全域旅游的大力推进，旅游业对国民经济的支撑和人民生活的改善持续增强，尤其是以文化旅游为代表的新型业态迅速崛起。当前，文化旅游已经成为新时期旅游业发展的重要力量，越来越多的省市明确提出要把文化旅游作为战略性支柱产业和产业转型升级的主攻方向，文化旅游作为"双加双创"最活跃的领域和没有天花板的产业已经深入人心。如果说以历史文化资源为依托的旅游开发是文旅产业的1.0版本的话，那么现阶段的文化旅游则是以资本、创意和科技为驱动的文旅2.0版本。"无中生有、变废为宝"是文旅2.0的显著特征，创新能力成为评判文旅产业发展的主要尺度。[①]《报告》列出了新时期文化旅游主要呈现出的五大特征。

第一，文旅发展动能增强。文旅产业在资本、内容和科技方面均有较大突破。资本运作得到重视，基金设立、新三板挂牌、兼并收购等屡有突破，不断为文旅产业注入动力。第二，主题公园迎来热潮。从布局来看，大型主题公园投资规模越来越大、集聚特征更加突出，已经开始向二、三线城市渗透；从商业模式来看，主题公园衍生产品开发滞后，"地产反哺"模式面临严峻考验，轻资产模式成为盈利增长点，收益渠道日益多元化；从类型来看，特种类型主题公园品牌已初步形成，水上乐园投资趋于饱和，主题公园种类更加多元化。第三，文旅小镇受到追捧。文旅小镇是新时期文旅产业发展的一个重要领域，随着第一批中国特色小镇名单的公布，以文旅为特色的小镇在2016年迎来一个爆发增长期。文旅小镇之所以能够引起业界的广泛关注，就在于其潜在的资源价值被重新发现。第四，旅游演艺砥砺前行。2016年以来，旅游演艺作为文旅产业的一个重要领域，随着十多年的大发展，已日渐成熟并开始进入调

---

① 参见《中国文化旅游发展报告2017》，https://www.sohu.com/a/200267533_1000/4880？qq-pf-to：pcqq.czc，2023年3月31日。

整期。数据显示，2016年的全国旅游演出共计5.19万场，比2015年下降4.17%，票房收入34.04亿元，比2015年下降3.21%。《报告》认为，未来单一旅游演艺项目已无法满足当前的市场需求，一些知名旅游演艺企业正朝着大集团化的发展方向前进，逐渐形成了涵盖住宿、旅行、旅游演出、旅游购物等业务的纵向产业链。从产品上来看，纯粹比拼设备和宏大场面的旅游演艺1.0版本已经过去，以内容创新和创意为核心的旅游演艺2.0开始形成强大生命力，譬如陕西旅游的《长恨歌》。第五，主题度假酒店兴起。《报告》认为主题度假酒店作为文旅产业新兴的经济增长点，已经成为主题公园的标准配置，有效提高了主题公园的综合效益。同时，由于当前旅游业从观光不断转向休闲度假，各种类型的主题酒店或精品民宿开始成为文旅小镇旅游价值的重要载体。目前，许多主题度假酒店已经进入文创时代，通过不断创新，逐渐成为独具特色的、具有重要影响力的新型住宿业态。此外，《报告》认为，未来一段时间，中国文旅企业面临的政策环境将持续得到优化，特色小镇、田园综合体、美丽乡村以及中医药旅游、研学旅游、文博文创等新兴融合业态成为释放潜在动能的主要载体，文化产业和旅游产业作为战略型支柱产业的地位将不断加强。①

2019年由中国旅游研究院文化旅游研究基地组织编写的标志性成果《中国文化旅游发展报告2018》从文化和旅游融合的理论逻辑出发，结合最新实践进展，对中国文化和旅游融合做出了基本研判，认为在资源开发上，旅游将优先与场景展现力较强的文化领域实现快速融合。譬如动漫、非遗、博物馆、戏曲、杂技、电视电影、新闻出版等是未来一段时间文化和旅游融合需要重点推进的领域；在新兴业态上，政策将优先支持文化和旅游融合程度较高、融合效果较好的领域。譬如旅游演艺、精品民宿、文化主题酒店、文化节事、文化创意等将获得强有力的政策支撑；在市场开发上，彰显文化自信和满足人民美好生活需要的领域将迎来快速增长。譬如红色旅游、研学旅游、乡村旅游、亲子旅游以及避暑、冰雪等特种旅游市场将实现较大幅度增长；在主体培育上，文化企业和

---

① 参见《中国文化旅游发展报告2017》，https://www.sohu.com/a/200267533_1000/4880?qq-pf-to：pcqq.czc，2023年3月31日。

旅游企业的融合将陆续展开，开放和共享成为共同成长不可或缺的重要理念；在驱动要素上，"文化+""旅游+""互联网+"以及人工智能、大数据、5G在文化和旅游融合中的应用将愈发重要，创意产业和科技创新将推动新一轮文化和旅游产业转型升级；在价值导向上，服务于本地居民的文化消费和服务于外地游客的旅游消费将实现有机融合，一个主客和谐共享的美好生活空间将成为文化和旅游融合的最终价值导向。[①]

3. 中国文化旅游发展趋势

国内学界根据中国文化旅游的发展现状，以及前瞻国内外文化旅游的发展形势对中国文化旅游发展趋势做出了几点研判。第一，融合发展。学界指出，旅游产业与文化产业在现代经济中的重要地位日益凸显，两大产业呈现出较强的融合趋势。同时，在文化旅游领域，文化产业和旅游产业的融合发展也成为文化旅游产业发展的必然趋势。第二，创意化发展。随着文化创意产业在全球范围内的蓬勃兴起，对"文化旅游创意"的研究引起了学术界的广泛关注，这也意味着创意化发展已经成为文化旅游产业发展的必然趋势。第三，集群化发展。文化旅游产业是一个新兴的产业，目前很少从产业集群化的角度去研究其发展，但文化旅游产业集群化发展势不可当，大力发展和培育文化旅游产业群、形成旅游产业新优势是未来文化旅游产业发展的方向所在。文化旅游产业集群化发展可以促进文化旅游产业发展的创新、延长文化旅游产品和服务的价值链，并且能够提高区域文化旅游竞争力，从而提高区域经济发展水平。第四，生态化发展。党的十九大报告指出，要牢固树立社会主义生态文明观，培养生态文化、开展生态教育、倡导绿色消费。因此，生态化发展是文化旅游产业未来发展的重要方向所在，而实施可持续发展战略则是发展文化旅游产业的必要选择。第五，信息化发展。文化旅游产业作为文化产业和旅游产业的结合，具有内涵深刻、信息量大的特点，这就要求不断健全完善文化旅游信息系统，以此增加旅游者的便利性和信息量，为旅游者提供更优质的服务。中国文化旅游产业将朝着信息化方向发展，并随着电子商务、大数据、云存储等现代信息技术的快速发展，不断深化与信息技术的融合度。信息化、便利性、低成本将成为未来中

---

① 参见《中国文化旅游发展报告2018》，中国旅游出版社2019年版。

国文化旅游产业的重要发展趋势。①

三　中国文化旅游发展存在的不足与问题

随着文化产业和旅游产业不断发展，文旅产业逐渐成为促进中国国民经济发展的重要推动力量，但同时还面临着诸多问题。

（一）文化旅游资源保护不力

文化旅游资源是我国文化旅游产业发展的重要载体，是区域文化旅游的重要基础。当前，随着中国各地区经济高速发展，旅游产业和文化产业开发力度不断加大，一些地方对文化旅游资源的开发和利用超出了其自身承载能力，使得文化旅游资源遭到破坏，进而使文化旅游产业失去了赖以生存的根基。

（二）缺乏文化旅游产业发展的先进理念

文化旅游产业作为一种新型产业，在中国发展的时间较晚，其现有的发展基本是对传统文化产业和旅游产业相关理念进行整合得到的，还没有形成完善的文化旅游产业发展理念，这在很大程度上直接制约了中国文化旅游产业的发展质量。由于缺乏先进的理念，中国文化旅游产业还停留在低层次、低质量、低竞争力阶段。

（三）缺乏文化旅游专业人才

任何产业的发展都需要大量专业人才，而文化旅游产业发展所需要的专业人才不仅要涵盖文化产业、旅游产业各个方面，还要对当前全球文化旅游产业的发展趋势及市场发展动态具有清晰的掌握。当前，中国这方面的专业人才不足，高校及科研院所在文旅人才的培养和引进方面还存在诸多不足，使得中国文化旅游产业失去了专业人才支撑，其发展质量和竞争力难以得到有效提升。

---

① 侯爽、刘爱利、黄鸿：《中国文化旅游产业的发展趋势探讨》《首都师范大学学报》（自然科学版）2019年第4期。

（四）相关政策支持不到位

文化旅游产业的发展离不开相关政策支持，但中国目前还没有形成完善的文化旅游产业政策体系。一方面，文化旅游产业政策失位。文化旅游产业本身发展较晚，其发展政策仍然处于完善阶段，对其指导作用显得十分有限；另一方面，中国各地区文化旅游产业存在较大的差异性，各地区配套政策还不完善。

四 绵阳市文化旅游的对策性建议

以上分析了中国文化旅游发展的态势和存在的问题，这也是绵阳市文旅发展的现实背景，换句话说，绵阳市文旅发展要契合国家文旅发展的战略方向和发展大势，切实避免中国文旅发展中普遍存在的问题。为此，本章针对绵阳市文旅发展特提出以下建议。

（一）加大文化旅游资源保护力度

加大旅游文化旅游资源保护力度是文化旅游产业健康发展的重要保障。一方面，要出台文旅资源相关保护政策，指导各县市区根据自身实际，采取针对性保护措施；另一方面，要加强监督管理，对文旅产业发展所依赖的资源保护状况实施监督和检查，对各类资源实行跟踪性保护。

（二）更新旅游文化产业发展的理念

当前绵阳市旅游文化产业在发展过程中还缺乏先进的发展理念，导致其发展成果并不显著。因此，一方面要摒弃传统旅游产业和文化产业的发展理念，根据当前文化旅游产业发展的特征探索新的发展渠道，并在此基础上对其进行总结，使其对文化旅游产业的发展起到重要的指导作用；另一方面，要积极吸收发达国家和地区发展文化旅游产业的先进经验，根据当前绵阳市文化旅游产业发展实际进行"扬弃"，使其能够充分适应本地文化旅游产业的发展需要。

(三) 培养和引进文化旅游专业人才

其一，要对现有人才进行培养，使其充分掌握旅游产业、文化产业的相关知识，并在文化旅游产业发展过程中不断自我学习，提升其对文化旅游产业发展的能力水平；其二，从高校及科研院所中引进文化旅游专业人才，形成产、学、研、用一体化人才引进模式，为绵阳文旅发展人才队伍注入新鲜血液，为其提供全方位的人才保障。

(四) 加强相关政策的支持和引导

加强相关政策支持和引导是实现绵阳文旅健康长远发展的重要举措。一方面，要制定宏观文化旅游产业发展政策，对各县市区文化旅游产业进行引导，为其指明发展方向；另一方面，各县市区要根据自身文化旅游产业发展实际情况，制定本地支持和引导政策，对文化旅游产业相关配套设施与上下游产业进行规划和引导。

第二章

绵阳市文旅产业发展现状与问题研究

绵阳市位于四川盆地西北部，涪江中上游地段，因地处绵山之南而得名"绵阳"，至今已有2200年建城史，历史文化底蕴厚重且山川秀丽。绵阳更是经党中央、国务院批准建设的中国唯一的科技城，是重要的国防科研科技和电子工业生产基地，成都平原城市群北部中心城市、成渝经济圈七大区域中心之一，曾获得联合国改善人居环境最佳范例奖（迪拜奖）、全国文明城市等荣誉。近年来，绵阳市在依托雄厚的科研实力加快推进科技城建设的同时，持续推动文旅产业发展，制定和实施了一系列政策措施，以创新性思维不断将丰富的文旅资源转换为经济发展新动力，取得了可喜的成效。不过由于起步较晚，绵阳市的文旅发展也面临一系列亟待解决的问题。本章从文旅发展的基本要素出发，分析了绵阳市文旅经济的优势、态势以及存在的问题，并提出对策建议。

一 绵阳市文化旅游发展优势

绵阳市文旅发展优势首先在于其所拥有的丰富且独特的文旅资源，包括厚重的历史文化遗产、独特的民族文化遗产、蜚声海内外的红色文化资源、旖旎多姿的自然风光、风味独特的特色美食等。其次，绵阳市区位优势明显、交通便利，是成渝经济圈七大区域中心城市之一、向北辐射的重要空间节点，且已经构筑起完备的公路、铁路、航空立体交通网络体系。最后，绵阳市作为四川省第二大城市，近年来经济社会发展势头良好，为文旅发展奠定了坚实的经济基础。

（一）文旅资源丰厚，特色鲜明

绵阳市生态环境优美，自然资源和历史文化资源丰厚独特，拥有鲜明的文化和品牌标志，文旅资源具有明显优势。全市 A 级景区累计 33 家，其中 4A 级及以上景区 16 家，另有多个自然保护区、度假区和地质公园等。以李白文化为主要代表的历史文化浓厚，以羌文化、白马文化为代表的民族文化遗产特色鲜明，以"两弹城"为代表的红色文化享誉全国。[①]

涪城区是首批"中国研学旅游目的地"之一。薰衣草、月季花、迷迭香等自然景观资源丰富，涪江、燕儿河等水域景观壮美。自公元前 201 年汉高祖刘邦设置涪县以来，孕育了中医针灸鼻祖涪翁、汉代大儒扬雄、爱国将领宋哲元、"蜀中红学第一人"孙侗生等古圣先贤，也是宋代文学泰斗欧阳修的出生地。同时，跃进路三线文化等工业遗址资源富集。

游仙区生态良好，以富乐山、老龙山、青龙山为代表的三山合抱，涪江、芙蓉溪、魏城河三水环绕，空气环境质量、水环境质量、噪声环境质量达到生态功能区标准，全区成功创建国家级、省级生态乡镇 16 个。以中国工程物理研究院科学技术馆、中华科学家公园、绵阳科技馆、娱乐风洞、绵阳博物馆等为代表的科技文化旅游资源得天独厚；以"七朵仙花"主题景观和"八仙过海"农旅商品为核心的乡村农业产业资源基础雄厚；以传统村落、非物质文化遗产等为代表的文化资源遗存丰厚。

安州区属于亚热带湿润季风气候区，山、丘、平坝区各占三分之一，地形地貌丰富，气候温和，四季分明。境内有安昌河、睢水河、秀水河、白溪河、茶坪河 5 条河流，共计汇集溪流 78 条。有各类矿产资源 29 种、动物资源 948 种、植物资源 2802 种，其中大熊猫、金丝猴等国家一、二级保护动物 77 种，红豆杉、珙桐等国家一级珍稀植物及黄连、杜仲、乌药等中药材 100 余种，桑枣镇素有"中国枣皮之乡"的美称。全国唯一的海绵生物礁国家地质公园在安州境内。形成于两亿年前的晚三叠纪深

---

① 依据各市县区文旅局材料整理。

水硅质六射海绵生物礁，礁体可达 60 米高，直径大者接近 1 米，对沉积学、古生物学、地质学等具有重要研究价值，堪称世界一绝。位于桑枣镇的罗浮山温泉旅游度假区在省内外颇具名气。罗浮山温泉医疗价值高，富含偏硼酸、镭、碘、锶等二十多种矿物质和微量元素，全国罕见。白水湖省级风景名胜区被誉为"西蜀明珠"。千佛山自然保护区地处盆地与高原相交处，景色优美，为国家级自然保护区，同时也被划入大熊猫国家公园。安州区拥有唐代古刹"飞鸣禅院"、罗浮山羌王城，千佛山战役红色印记鲜明。拥有国家级文物保护单位开禧寺，以及省级文物保护单位 8 处、市级文物保护单位 3 处、县级文物保护单位 28 处。最具中国民俗特色的"中国春社·雎水踩桥"正积极申报国家非物质文化遗产。

江油市自然山水秀丽，有"樵夫与耕者，出入画屏中"的窦圌山，有集山、水、洞为一体的佛爷洞和中华洞天，有堪比长江三峡的涪江六峡，有国家地质公园观雾山，有全国最大的百合种球繁育基地——百年好合爱情谷，有中国重要农业文化遗产——吴家后山辛夷花海等。江油还是道教文化发祥地、古代重要的军事工业基地、民国时期四川"四大名镇"之一。李白文化、红色文化、哪吒文化、三国文化、火药文化、道教文化在这里交相辉映，涵盖了乡村文化、生态休闲等多类别资源要素，特色鲜明、品牌突出。

三台县环境优美，生态良好，境内沿江平川、浅丘绵延，气候宜人，县境内大、小江河溪流 46 条，涪江贯穿全境。旅游资源数量多、类型齐全。一有郪汉文化、三国文化等独特的历史文化资源；二有涪江、凯江、鲁班湖等丰富的自然资源。

盐亭生态良好，山川柔美，景色秀丽，梓江、弥江贯穿全境，花草林木葱郁，森林覆盖率达 57%，PM2.5 指数常年在 30 左右，是首批"全国绿化模范县""全国生态建设百佳县"。千百年来，盐亭涌现出中医始祖岐伯、宋代诗书画大师文同、大韬略家赵蕤等历史名人，还有四川早期革命家袁诗荛、禅宗大师袁焕仙、历史学家蒙文通等近代英才，嫘祖文化、岐伯文化、文同文化、红色文化、字库文化交相辉映。全县已知留存字库塔 32 座，占全国留存总数 13%，堪称中国字库塔第一县，被誉为"字库之乡"，檬子垭字库坊还是全国唯一一座字库与牌坊的结合体。

梓潼较好地保持了生态原貌,森林覆盖率42.6%,被誉为"五谷皆宜之乡,林蚕丰茂之里",是著名的"中医之乡"和"名厨之乡"。红色文化、三国文化、宗教文化、中医文化、民俗文化等众多类型的文化交相辉映。梓潼是文昌文化发源地,七曲山大庙被誉为文昌祖庭。七曲山大庙和两弹城已经成功创建国家4A级景区,七曲山大庙被著名建筑学家梁思成誉为"古建筑博物馆";"两弹城"景区是中物院总部旧址所在地,是中国核武器的摇篮,是全国著名的"两弹"精神探源地和爱国主义教育基地。

北川位于四川盆地西北部,生态良好,资源丰富,是国家重点生态功能区,拥有两个国家级自然保护区和一个省级自然保护区,是绵阳市唯一一个5A级景区所在地,为全国首批全域旅游示范县创建单位。北川文化资源独特,是大禹故里、全国唯一的羌族自治县,拥有3个国家级非遗项目,其中羌年还被列入联合国教科文组织亟须保护名录。

平武拥有大熊猫、珙桐、白马藏族、报恩寺"四大活化石"和3个国家级、省级自然保护区,还拥有独特的藏羌民俗、报恩文化以及九寨、黄龙"东线门户"等独特资源及区位优势。全省重点打造的十大世界级旅游线路产品和品牌体系中,平武县占有"大九寨、大熊猫、大蜀道、茶马古道"等四大。

(二)区位优势明显,交通便利

绵阳市位于成都"1小时经济圈"和重庆"2小时经济圈"范围内。航线、铁路线、高速公路线配备相对完善,并且在持续优化中,已建成的高铁站就有4个。

涪城区是绵阳主城区,也是绵阳政治、经济和文化中心,南距成都98千米,东距重庆300余千米,北距西安700千米,是川西北重要交通枢纽和物资集散地。成绵乐城际铁路、西成客运专线已建成投入使用,已逐步形成包括5条快速铁路、9条高速公路、9条快速通道、22条航线在内的多节点、立体化交通运输体系。

游仙区已有京昆、成渝环线、绵阳绕城、绵西4条高速,国道G108线横穿游仙、梓潼,县、乡道通达所有乡镇,绵苍、九绵2条高速的建设将极大提升游仙交通区位优势。九绵高速通车后,九环世界遗产线路上的部分游客将成为游仙区的潜力客源；蜀道申遗和七曲山大庙创建5A级景区，蜀道三国文化线路上游客量将大幅增长，也将成为游仙的潜力客源。西成高铁的开通，成兰高铁、绵遂高铁的建设，将大西南和大西北有机联系起来，成都、重庆、西安、兰州四大城市超过5000万的城市居民将成为游仙区的潜力客源，基本形成了贯通南北、连接东西的内联外通立体交通。

安州区地处成都、重庆、西安"西三角"腹心地带，是成、德、绵发展轴重要节点和我国"一带一路"与长江经济带主要支点城市。距四川省会成都市100余千米，西安550千米，宝成铁路、成西高铁犹如两条主动脉，实现了成都半小时经济圈、西安两小时经济圈，彻底打通了绵阳北上进京的高铁通道。紧邻成绵广高速、108国道、绵渝高速3条高等级公路，其中成绵高速复线途经安州并在宝林镇设双向出入口，正在修建的成兰铁路穿境而过并在睢水镇设绵阳市境内唯一的客货两站。全区公路里程达到2155.36千米，S418线、S216线、旅游环线、绵安第二快速通道等骨干道路加快建设，与辽宁大道、辽安路、成青路等构架起"一横八纵一环"的全域交通新体系，以城区为核心的区域半小时经济圈基本形成。

江油地处"天府三九大"腹地，是环成都文旅经济带重要支撑，是"大九寨""大蜀道"重要节点。境内有宝成铁路、成绵乐城际铁路、西成客运专线等重要线路，有江油站、青莲站和江油北站三个高铁站，融入"成都1小时经济圈"和"重庆两小时经济圈"。还有G5成绵广高速、G347国道等高速公路，交通条件极为优越，可以通达全国主要大城市。

三台有高速公路4条，另有2条高速公路、2条城际铁路和1个通用机场已纳入规划；公路通乡通村率和硬化率均达到100%。未来两机场、两铁路、一环线、七高速、两国道、五省道、多主干、网络化的外部交通环境将进一步凸显区位优势，为旅游发展奠定良好的基础。

北川是目前离中心城市最近的少数民族自治县，紧邻绵阳城区，距离成都135千米，距离重庆352千米，正在建设的九绵高速在北川留有互通，国道247线、347线横穿境内，旅游可进入性强。

平武县城距绵阳城区167千米，距省会成都290千米，居涪江源头，与九寨沟、黄龙寺呈三足鼎立之势，是"大九寨"精品旅游区重要组成部分。交通网络不断完善,境内九绵高速和广平高速建成后,绵阳到平武县城距离缩短为103千米,县城到九寨沟距离缩短为124千米。

梓潼区位优势潜力较大。四川省打造的绵万高速公路,2019年6月绵阳魏城至广元苍溪段已经开工建设,其中梓潼是整段高速路上的重要节点,并途经县内石牛镇、东石乡、马迎乡,这为今后梓潼两个4A级景区发挥效能提供了重要的交通支撑。

(三)经济社会发展,态势良好

绵阳市是四川省第二大经济体,近年来经济发展迅速,产业结构不断优化。2009年地区生产总值为820.2亿元,2013年为1455.12亿元,至2018年地区生产总值已达到2303.82亿元,较上年增长9.0%。人均地区生产总值47538元,增长8.4%。第一产业增加值301.27亿元,增长3.7%;第二产业增加值929.40亿元,增长9.4%;第三产业增加值1073.15亿元,增长10.1%。三次产业结构为13.1∶40.3∶46.6。①

绵阳坚持把产业作为经济发展的核心,优先发展先进制造业,加快发展现代服务业,大力发展现代农业,促进三次产业协调发展。专注提升制造业核心竞争力,预计2019年电子信息、高端装备制造等工业六大重点产业产值增长10.2%,占全市规上工业产值比重为68.6%;大力推动5G产业发展,是西部唯一的全国首批5G商用非省会城市。形成大型企业领航、中小企业涌泉式、高新技术企业数量质量双提升的格局。长虹位列中国电子信息百强企业第7位,九洲位居全省企业技术创新发展能力、研发经费投入、发明专利拥有量三项百强榜首,一批批中小企业陆续脱颖而出,成为行业中坚力量。服务业发展不断上档升级,占GDP比重不断增加,从2018年的46.6%提升至2019年的49.1%。加速推动现代农业发展,以品牌化规模化发展为导向,已培育省级现代农业园区3个,新增国家级龙头企业1家,新增"三品一标"农产品112个,江油新安农业公园成功创建中国农业公园。②

绵阳市各项社会事业取得了长足发展。一是城镇化率不断提高、城

---

① 绵阳市统计局,《2018年绵阳市国民经济和社会发展统计公报》,2019年3月。
② 绵阳市政府,《2020年绵阳市政府工作报告》,2020年1月。

乡居民生活水平明显改善。截至2018年末全市总户数206.18万户，户籍人口536.20万人。年末常住人口485.70万人，常住人口城镇化率52.53%，比上年末提高1.52个百分点。全市城镇居民人均可支配收入34411元（2009年为13701元），增长8.1%。城镇居民人均生活消费支出22854元（2009年为10664），增长8.6%。农村居民人均可支配收入16101元（2009年5152元），增长9.1%。农村居民人均生活消费支出12676元（2009年6051元），增长8.9%。① 2019年平武高质量退出国家级贫困县序列。全市剩余46个贫困村全部退出，9415名贫困人口全部脱贫，绝对贫困问题得到历史性解决。② 二是社会保障水平不断提升，2009年年末参加基本养老保险职工62万人，2013年全市基本养老保险参保人数102.0万人，至2018年全市企业职工养老保险参保人数126.31万人，城乡居民养老保险参保人数223.07万人。三是科、教、文、卫等各项事业欣欣向荣。绵阳市科学成果丰硕，2018年全市已通过高新技术企业认定272家（2009年66家，2013年101家），有国家级工程技术研究中心5家，省级工程技术研究中心19家，科技型中小企业总数达到11418个。全年共申请专利10486件，专利授权6651件（2013年申请专利4992件，授权2846件），其中申请发明专利4260件，授权1365件。2018年末全市有公共图书馆10个、文化馆10个、乡镇综合文化站273个、城市社区（街道）文化中心18个，博物馆纪念馆9个，美术馆2个；广播覆盖率达到99.66%，电视覆盖率99.64%，城区数字电视转换率100%；公开发行报纸5种，公开发行杂志17种。全市有卫生机构4674个（含社区卫生服务中心、村卫生室）。③

二 绵阳市文旅发展现状态势

本部分从绵阳市文旅资源种类与分布、文旅产业发展以及文旅宣传

---

① 绵阳市统计局，《2018年绵阳市国民经济和社会发展统计公报》，2019年3月。
② 绵阳市统计局，《2018年绵阳市国民经济和社会发展统计公报》，2019年3月。
③ 绵阳市统计局，《2009年国民经济和社会发展统计公报》、《2013年国民经济和社会发展统计公报》、《2018年年国民经济和社会发展统计公报》。

推广等三个方面对绵阳市文旅发展现状与状态进行梳理与分析。

(一) 现有文旅资源种类及区域分布

1. 文化旅游资源现状

表4-1整理汇总了绵阳市各县市区主要的文旅资源,可见绵阳市不仅自然资源丰富、文化资源也十分深厚。截至2018年底,四川省A级旅游景区累计565家,而绵阳市累计28家,其中4A级及以上景区16家,另有多个自然保护区、度假区和地质公园等。截至2018年,四川省全国重点文物保护单位230处(2019年新增32处),省级文物保护单位1165处,国家级非物质文化遗产名录139项,省级非物质文化遗产名录522项。而绵阳市全国重点文物单位22处(4处为2019年新增)[①],占四川全国重点文物单位数量的10%,省级重点文物保护单位69处[②];另有国家级非遗7项,省级非遗41项。绵阳市以李白文化为主要代表的历史文化浓厚,以羌文化、白马文化为代表的民族文化遗产特色鲜明,以两弹城为代表的红色文化享誉全国。

表4-1 绵阳市各市县区重点文旅资源汇总[③]

文旅资源大类	种类	资源	所在市/区/县	备注
A级景区	5A景区1个	北川羌城旅游区	北川	—
	4A景区16个	西羌九皇山	北川	—
		药王谷		—
		北川维斯特农业休闲旅游区		—

---

① 绵阳日报社消息,https://www.sohu.com/a/346688734_203061,2023年3月31日。
② 绵阳市人民政府,http://myzwgkml.my.gov.cn/detail.aspx?id=20190131114854-223611-00-000,2019年1月31日。
③ 资料来源:(1)各市县区提供的材料,(2)非遗项目信息整理自绵阳市人民政府网站,http://www.my.gov.cn/mlmy/mygk/lswhua/1272521.html,2019年11月20日,(3)全国重点文物保护单位信息整理自绵阳日报社,https://www.sohu.com/a/346688734_203061。

续表

文旅资源大类	种类	资源	所在市/区/县	备注
A级景区	4A景区16个	寻龙山	江油	—
		李白故居		—
		李白纪念馆		—
		窦圌山		—
		佛爷洞		—
		百年好合爱情谷		全球最大百合种球繁育基地
		罗浮山景区	安州	羌王城、飞鸣禅院在景区内。羌王城产业园是四川省首批文化产业示范园。羌王城距今已有500多年历史，是明、清两代安州境内古羌民建设的防御工事，现残存的山门、城墙、石桅杆和炮制火药的石窝仍依稀可辨。飞鸣禅院为唐代佛教名地
		越王楼三江半岛	游仙	—
		绵阳科技馆		—
		仙海水利风景区		—
		七曲山大庙	梓潼	被称为"古建筑博物馆"，并有被称为"森林活化石"的全国纯古柏林700余亩

续表

文旅资源大类	种类	资源	所在市/区/县	备注
A级景区	4A景区16个	两弹城	—	被誉为"中国第二核武器基地""中国两弹城",2017年入选《全国红色旅游经典景区名录》,至今仍完整保存大礼堂、办公楼、情报中心、将军楼、邓稼先旧居、王淦昌旧居等167栋60年代建筑物及防空洞、国魂碑林、战备洞(防空洞)等众多纪念实物,成为弘扬"两弹一星"精神的重要载体
		报恩寺	平武	—
	3A景区6个	化城果乡	安州	辖6村,幅员面积为41平方千米,有26家农家乐
		幸福七里	安州	"猕猴桃及葡萄走廊示范片"建设核心区、全省环境优美示范乡镇——安州区塔水镇
		红花源		—
		环湖碧荷园		
		中国酱文化博览园	江油	
		梓州杜甫草堂	三台	—

续表

文旅资源大类	种类	资源	所在市/区/县	备注
A 级景区	2A 景区 6 个	小桥村	涪城	—
		涪龙苑		—
		碧水蓝天度假中心		—
		晨曦森林度假村		—
		富乐山公园	游仙	—
		玉龙山	盐亭	—
旅游度假区	省级旅游度假区	罗浮山温泉旅游度假区	安州	—
知名古镇		郪江古镇	三台	历史文化名镇
		潼川古镇		—
		西平古镇		"四川最美古镇"
		青莲古镇	江油	—
自然保护区	国家级自然保护区 4 个	王朗	平武	—
		雪宝顶		—
		小寨子沟	北川	—
		千佛山	安州、北川	—
	省级自然保护区 2 个	老河沟	平武	—
		竹林沟	北川	—
其他公园	国家地质公园	观雾山	江油	—
文化遗产	联合国教科文组织急需保护名录	羌年	北川	同时也是国家级非遗
	国家级非遗项目 7 个（包括羌年）	禹的传说	北川	—
		口弦音乐		—
		白马跳曹盖	平武	—
		洞经音乐（文昌洞经古乐）	梓潼	联合国教科文组织称它为"音乐活化石"

续表

文旅资源大类	种类	资源	所在市/区/县	备注
文化遗产	省级非遗项目41项	潼川豆豉酿制技艺	三台	—
		抬阁（青林口高台戏）	江油	—
		灯戏、羌家石雕房与吊脚楼、大禹祭祀习俗、北川羌绣传统刺绣工艺、玉米酒传统酿造技艺、古羌茶艺	北川6项	—
		石刻工艺（雾山石刻）、重华烟火架制作技艺、铁索飞渡、五子衍宗丸传统制作技艺	江油4项	—
		平武剪纸、虎牙藏族斗牦牛、平武羌绣传统刺绣工艺、白马毡帽擀制技艺（白马擀毡帽）	平武4项	—
		涪城剪纸、炳林毛笔制作技艺	涪城2项	—
		睢水春社踩桥会、被单戏	安州2项	—
		文昌出巡、花灯（大新花灯）、马鸣阳戏（梓潼马鸣阳戏）、梓潼片粉制作技艺、梓潼酥饼制作技艺	梓潼5项	—

续表

文旅资源大类	种类	资源	所在市/区/县	备注
文化遗产	省级非遗项目41项	蚕丝祖神传说（嫘祖传说）、龙舞（盐亭桃子龙）、耍蚕龙、蚕姑庙会、龙舞（盐亭水龙）、龙舞（盐亭县梓江龙）	盐亭6项	—
		建中高跷狮灯、郪江镇城隍庙会	三台2项	—
		—	—	—
		羌族沙朗、羌戈大战、江河号子（涪江号子）、羌族碉楼营造技艺、羌族推杆、羌族水磨漆艺、灯舞、羌族婚俗、羌笛演奏与制作技艺、聋派指画	跨区域（市辖区内、外）10项	—
非遗项目代表性传承人	国家级2人	抬阁项目	江油	—
		跳曹盖	平武	—
	省级29人（1人传承多项记为1人）	禹的传说1人、口弦音乐2人、羌年2人、羌戈大战1人、灯戏（许家湾十二花灯）1人、羌绣传统刺绣工艺（北川）1人、羌族水磨漆艺1人、大禹祭祀习俗2人	北川12人	—

续表

文旅资源大类	种类	资源	所在市/区/县	备注
非遗项目代表性传承人	省级 29 人（1 人传承多项记为 1 人）	跳曹盖 2 人、平武虎牙藏族斗牦牛 1 人、平武剪纸 1 人	平武 4 人	—
		重华烟火架制作工艺 1 人、石刻工艺（雾山石刻）2 人	江油 3 人	—
		洞经音乐 1 人、花灯（大新花灯）1 人、马鸣阳戏 1 人	梓潼 3 人	—
		潼川豆豉酿制技艺 1 人、江河号子 1 人、建中高跷狮灯 2 人	三台 4 人	—
		龙舞（盐亭桃子龙、盐亭水龙）和耍蚕龙 1 人	盐亭 1 人	—
		涪城剪纸 1 人	涪城 1 人	—
		睢水春社踩桥会 1 人	安州 1 人	
重点文物保护单位	全国重点文物保护单位（22 处，其中 4 处为 2019 年新增）	云岩寺	江油	—
		老君山硝洞遗址		—
		青林口古建筑群		—
		永平堡	北川	—
		开禧寺	安州	已经有 600 多年的历史，绵阳市现存最早的具有明确纪年的明代木构建筑。建筑面积约 170 平方米，殿梁上有明永乐四年（1406 年）题记

续表

文旅资源大类	种类	资源	所在市/区/县	备注
重点文物保护单位	全国重点文物保护单位（22处，其中4处为2019年新增）	七曲山大庙	梓潼	—
		三线核武研制基地旧址		弘扬"两弹一星"精神的重要载体。
		李业阙		—
		卧龙山千佛岩石窟		—
		潼川古城墙	三台	—
		蓝池庙		明清
		云台观		四川第二大道教圣地，建于南宋嘉定三年
		尊胜寺		明清时期
		郪江崖墓群		—
		花林寺大殿	盐亭	元代
		文星庙		明代
		平杨府君阙	游仙	—
		鱼泉寺		—
		马鞍寺		—
		碧水寺摩崖造像		—
		河边九龙山崖墓群	涪城	—
		报恩寺	平武	—
红色文化		两弹城	梓潼	—
		北川老县城遗址、512汶川特大地震纪念馆、红三十一军总医院旧址	北川	512汶川特大地震纪念馆入围"国家文物局第八批全国重点文物保护单位"评选活动，最终未评选成功

续表

文旅资源大类	种类	资源	所在市/区/县	备注
红色文化	红色景区/遗址	王右木纪念馆、王右木故居、红军文物陈列馆、重华县苏维埃旧址	江油	王右木故居和重华县苏维埃旧址入围"国家文物局第八批全国重点文物保护单位"评选，最终未评选成功
		平南羌族乡"平南县委、苏维埃旧址三圣庙、红军桥"、平武县回族苏维埃、红军石刻、红军碑林馆等	平武	—
		飞龙山、宋哲元墓	游仙	—
		卧龙山红军亭、卧龙山红军战壕遗址、金鼎山红军纪念碑、袁诗荛烈士墓、《龙顾井记》摩崖石刻、中共盐亭县委（三台中心县委）旧址革命文物	盐亭	—
		中共三台小组诞生地、29军中共特别军事小组旧址、三台东北大学遗址、中共潼川特区党员代表大会遗址、张天汉烈士墓、柳池革命遗址、红色交通站（点）、线、中共三台中心特支机关遗址、川北工委秘密交通联络站、西峰工委机关旧址、牛头山烈士牺牲地遗址	三台	—

续表

文旅资源大类	种类	资源	所在市/区/县	备注
评选	国家级	全国森林旅游示范县	平武	—
		全国首批全域旅游示范县创建单位	北川	
	省级	四川省旅游扶贫示范区	平武	

2. 大型文化旅游活动

绵阳市依托丰富的文旅资源,每年举办多项大型文旅活动,文旅对外交流合作有序推进,助益绵阳文旅发展。表4-2中整理了2019年绵阳市举办的几项影响较大的文旅活动,可以看出这些活动普遍都取得了较好成效,甚至直接产生了经济效益。但是也不得不注意到,一些大型活动仍然存在本地人为主要参与者的现象,对市外甚至省外的影响力,尤其是对游客的吸引力有待进一步提升。

(二) 文旅产业发展状况

1. 文旅产业及其对 GDP 核算的影响[①]

文化及相关产业是指为社会公众提供文化产品和文化相关产品的生产活动的集合。根据国家统计局《文化及相关产业分类(2018)》,文化及相关产业分为文化制造业、文化批发零售业和文化服务业。文化及相关产业增加值是指一个国家所有常住单位一定时期内进行文化及相关产业生产活动而创造的新增价值。常住单位指在我国的经济领土上具有经济利益中心的经济单位。生产是指在机构单位的控制和组织下,利用劳动、资本、货物和服务投入,创造新的货物和服务产出的活动。文化及相关产业增加值的核算范围包括《文化及相关产业分类(2018)》中规定的全部文化及相关活动。

---

① 参考国家统计局和绵阳市统计局信息、报告。

表 4-2　　　　　　　　2019 年各市县区大型文旅活动①

文旅活动内容	地点	举办时间	承办级别	效果
第四届海峡两岸文昌文化交流活动	梓潼	2019年3月9日	省级（国务院台湾事务办公室批复同意举办）	本次活动共接待两岸嘉宾400余人，文昌文化论坛汇聚两岸专家学者和文昌文化爱好者150余人，13位两岸专家学者以"文昌民间信仰的价值影响"为主题，做了精彩的演讲发言，活动同时收到论文64篇，论坛形成了文昌文化民间信仰的价值影响相关共识，编印成了《中华文昌文化论文集》；中央、省市及港澳台共56家媒体64位记者，62家媒体播发新闻76件，网络、手机客户端、各官方微博、公众微信平台转发达1600余件次。梓潼县政府与9个两岸客商企业进行了现场签约，合作引资金额达61.8亿元
2019四川花卉（果类）生态旅游节暨第七届北川辛夷花生态旅游节活动	北川	2019年3月26日	省级	北川辛夷花生态旅游节自2012年始办以来，通过几年来的持续开展，逐渐成为闻名川内外的生态旅游节会品牌，有效地提高了北川花卉旅游品牌，助推了北川春季旅游发展，带动了乡村旅游的发展，促进了北川乡村振兴，实现了脱贫致富奔小康

① 资料来源：整理自各市县区政府网站及相关新闻网站。

续表

文旅活动内容	地点	举办时间	承办级别	效果
第四届海峡两岸嫘祖文化交流活动	盐亭	2019年4月5日	省级	海峡两岸近万名中华儿女齐聚华夏母亲嫘祖国家纪念公园，共祭华夏母亲，弘扬中华文化。赢得各级领导的高度评价和社会各界的一致赞誉，极大提升了全球华人对嫘祖文化的关注度和认知度。 四届祭祖大典共举办5次招商引资推介会，先后签约项目27个；吸引欧洲暨意大利侨商代表团、台商代表团等170余人赴盐亭寻根祭祖考察项目；三年前往盐亭游客累计达40余万人次，年均增加旅游收入2亿元
第一届海峡两岸大禹文化交流暨2019年大禹诞辰祭祀活动	北川	2019年7月7日至7月9日	省级	第一届海峡两岸，共500余人出席，是川台深化交流合作的一个平台
2019（己亥）年华夏中医始祖岐伯拜祭典礼暨第三届岐伯中医药文化论坛	盐亭	2019年8月19日	省级	8月19日是"中国医师节"，数十名全国著名中医药专家学者来盐亭寻根问祖、朝觐先贤，齐聚一堂、共同探讨中医药事业发展大计。20余家媒体报道本次活动相关情况，是岐伯中医药文化积极推出的平台

续表

文旅活动内容	地点	举办时间	承办级别	效果
四川省第三届文化旅游新技术应用大会	北川	2019年9月2日	省级	30余家参展商。大会宣布了绵阳市文化旅游新技术孵化（产业）园正式开园。目前，该园已经引进泛美航空、四川纵横、北京金石莲华、绵阳特飞等以通航新技术+旅游为特色的高新技术项目14个，签约资金90亿元，预计到2025年，可实现产值100亿元，将建成四川最具影响力的文旅新技术产业园
2019年全省文化和旅游重大项目集中开工仪式（绵阳分会场）	江油	2019年9月6日	省级	与全省17个市州同步举行，参加本次集中开工仪式的项目有8个，总投资超过50亿元，出席的媒体代表共计200余人
全省"万人赏月诵中秋"江油分会场	江油	2019年9月9日	省级	在江油市青莲镇太白碑林南大门广场隆重举行，主要展示了以李白诗词为主题的文艺节目，现场主要是来自绵阳和江油本地的嘉宾，共计约1000名观众（主会场在崇州）
"一带一路"李白文化节	江油	2019年10月31日—11月2日	省级	10余个国家和地区的400余名代表参加

续表

文旅活动内容	地点	举办时间	承办级别	效果
第四届鲁班湖文化旅游节	三台	2019年6月13日	市级	近40余万旅客参加

根据国家统计局《国家旅游及相关产业统计分类（2018）》，旅游分为旅游业和旅游相关产业两大部分。"旅游业是指直接为游客提供出行、住宿、餐饮、游览、购物、娱乐等服务活动的集合；旅游相关产业是指为游客出行提供旅游辅助服务和政府旅游管理服务等活动的集合。"

根据《国家旅游及相关产业统计分类（2018）》和《国民经济行业分类》（GB/T 4754-2017），在 GDP 的计算表中，旅游业相关的发展指标分布在交通运输、住宿、餐饮、批发、零售以及租赁和商务服务业等营利性服务业中。按照统计制度，旅游业中能直接纳入统计核算的必须是本地区内注册的限额以上的旅游企业，因此依据企业主要从事的经营活动，对达到统计限额标准的旅游企业申报入库后，其经济指标直接纳入社消零统计和重点服务业统计，从而影响 GDP 中第三产业的六大相关行业的增长速度。旅游产业跨越多个产业部门，其经营成果直接影响服务业多个指标，在 GDP 核算中也起到重要作用。具体来说，体现在以下几个方面。第一，企业的营业执照主营业务为旅游业。第二，主营业务收入方面满足以下条件为达到限额标准，即批发业年主营业务收入达到 2000 万元及以上，零售业企业年主营业务收入达到 500 万元及以上，住宿及餐饮业年主营业务收入达到 200 万元及以上，重点服务业中交通运输、商务服务业年主营业务收入达到 1000 万元及以上，或年末从业人员 50 人及以上（年收入和人数只要满足其中一个条件就可以）。第三，在辖区内内注册成立的法人企业，在辖区内统计局进行企业名录库申报登记。

2. 文旅产业发展现状①

2018 年绵阳市旅游服务业增速回落，文化服务业增速放缓。根据表 4

---

① 绵阳市政府将文化和旅游服务业均纳入八大重点服务业，统计局的文旅产业数据也只有是文旅服务业数据，因此本部分的数据对比均以文化服务业和旅游服务业的发展情况为主。

-3,2018 年,全市纳入统计的 119 户(规上 110 户)旅游服务业企业共计实现增加值 5.69 亿元,同比下降 1.9%,增速较前三季度回落 13.9 个百分点,较去年全年回落 10.3 个百分点;共实现营业收入 17.1 亿元,同比增长 5.1%,增速较前三季度小幅回落 6.1 个百分点,较去年全年回落 23.6 个百分点。2018 年,全市纳入统计的 51 户文化服务业企业(规上 42 户)共计实现增加值 3.43 亿元,同比增长 18.4%,增速较前三季度提升 19.5 个百分点,较去年全年仍回落 7.4 个百分点;共实现营业收入 16.70 亿元,同比增长 23.2%,增速较前三季度小幅回落 4.9 个百分点,较去年全年回落 7.2 个百分点。[1]

绵阳市文旅服务业企业增加值偏低。文化服务业和旅游服务业已被绵阳市政府纳入八大重点服务业,2018 年绵阳市八大重点服务业企业共 541 家,旅游服务业企业占比 22.0%,为八大重点行业中企业数量最多的行业,文化服务业企业占比 9.4%。然而旅游服务业增加值占全市八大重点服务业总增加值的比例仅为 3.6%,文化旅游业的这一比例只有 2.2%。这与企业数量占比的情况严重不对等,可见文旅服务业企业增加值普遍偏低,规模企业较少。

文旅产业增加值远低于全国水平,文旅产业发展处于起步阶段。2018 年,绵阳市旅游服务业增加值占全市 GDP 比重的 0.25%[2],占全市三产增加值的 0.53%;文化服务业增加值占绵阳市 GDP 的 0.15%,占三产增加值的 0.32%。而全国旅游业增加值占 GDP 的比重为 4.1%[3],文化服务业增加值占 GDP 的比重为 2.7%。[4] 绵阳市文旅服务业增加值占 GDP 的比重远低于全国水平,文旅产业发展仍然处于起步阶段。

资源大县文旅发展滞后,江油、北川企业增加值偏低问题尤其明显。从表 4-3 中可以看出,涪城区是文旅服务业发展的核心区域,与其他市

---

[1] 绵阳市统计局数据。
[2] 注:该比例计算时使用的是第四次全国经济普查前未调整的 GDP 数据。绵阳市统计局,http://tjj.my.gov.cn/tjsj/ndsj/2234481.html,2023 年 3 月 31 日。
[3] 根据国家统计局数据计算,使用的是旅游业增加值数据进行计算对比,2018 年全国 GDP 数据按照 2019 年 11 月修订的 919291 亿元计算。国家统计局:http://www.stats.gov.cn/statsinfo/auto2074/202001/t20200119_1723674.html。
[4] 国家统计局,http://www.stats.gov.cn/tjsj/zxfb/202001/t20200121_1724242.html。

县区拉开了明显差距。江油的文化旅游服务业企业数量和旅游业增加值均位于全市前列，但与涪城区相比，单位企业的增加值明显落后，其中文化服务业尤其明显。而旅游资源丰富的北川、平武，其文旅产业增加值在全市所占比重均较低，且其中北川的文旅企业数量和增加值占比不对等的情况十分突出，江油和北川的企业增加值偏低问题在全市最为突出。

表4-3　　2018年绵阳市各市县区文旅企业发展基本情况①

地区	旅游服务业					文化服务业				
	企业数（个）	企业数占比（%）	增加值（万元）	增加值占比（%）	增速（%）	企业数（个）	企业数占比（%）	增加值（万元）	增加值占比（%）	增速（%）
绵阳市	119	—	56886	—	-1.9	51	—	34339	—	18.4
涪城辖区	25	21.0	21997	38.7	0.3	16	31.4	18224	53.1	28.1
涪城区	14	11.8	15931	28.0	-8.1	11	21.6	16607	48.4	29.6
游仙辖区	16	13.4	5312	9.3	-4.7	4	7.8	6560	19.1	-6.8
#游仙区	11	9.2	4361	7.6	2.1	4	7.8	6560	19.1	-6.8
安州区	9	7.6	3567	6.3	8.9	3	5.9	116	0.3	9.4
江油市	21	17.6	6458	11.4	19.7	9	17.6	2330	6.8	-5.9
三台县	12	10.1	7518	13.2	13.2	5	9.8	1203	3.5	21.9
盐亭县	6	5.0	1801	3.2	75.2	6	11.8	2516	7.3	43.2
梓潼县	9	7.6	4287	7.5	20.9	2	3.9	541	1.6	-13.3
北川县	15	12.6	3069	5.4	-59.9	5	9.8	1695	4.9	74.9
平武县	6	5.0	2904	5.1	-28	1	2.0	555	1.6	53.7
科创区	1	0.8	587	1.0	16.2	3	5.9	1828	5.3	14.7
高新区	5	4.2	2649	4.6	134.0	1	2.0	170	0.5	18.9
经开区	5	4.2	2810	4.9	-4.3	1	2.0	219	0.6	45.0
仙海区	5	4.2	951	1.7	-26.9	—	—	—	—	—

① 数据来源：绵阳市统计局数据及相关计算。

3. 绵阳文化旅游创收能力与全省平均水平的比较

2019 年四川省全省共计实现旅游收入 11594.3 亿元，接待游客 7.5 亿人次。① 根据表 4-4 的数据，绵阳市旅游收入占全省的比例为 6.2%，旅游人次占全省比例为 9.9%。成都旅游总收入 4663.5 亿元（2.7 亿人次），乐山 892.59 亿元（5733.55 万人次）。比较来看，绵阳市的旅游收入与游客接待量不太对称，单位旅游人次创造的旅游收入明显不足。

旅游创收能力不升反降，发展速度与质量不匹配。由表 4-4 中数据不难看出，绵阳市各市县区普遍存在单位旅游人次创收能力不足的情况。2018 年四川省每万人次可带来旅游收入约 1445 万元，而绵阳市的这一数据仅为 1014 万元。从增长率来看，2018 年全省 4.9% 的旅游人次增长带来了 13.3% 的收入增长，而绵阳的旅游人次和收入增长率几乎相同。具体到各市县区的情况，全市所有地区的旅游创收水平均低于省平均水平，涪城和江油相对更接近平均水平，盐亭、安州和北川则是单位旅游人次创收最低的三个地区，其中安州还是 2018 年旅游人口增长最快、绝对值最多的地区。可见绵阳市文旅发展速度与质量还未完全匹配。2019 年绵阳市旅游人口增幅虽低于 2018 年水平，但仍高于全省，然而创收能力却不升反降。全省旅游创收能力增长了 6.9%，而绵阳的这一项指标却下降了 4%，降至 973 万元/万人次，仅为全省平均水平的 63%。仅游仙区和安州区的旅游创收增长水平高于全省平均水平，5 个市县区负增长，其中三台和江油降幅最大。不过游仙区的创收能力增长也以旅游人口减少为代价，而安州的创收能力即使提高了 8.7%，其旅游创收能力在绵阳市仍排位倒数第二。

---

① 四川省人民政府，《2018 年四川省国民经济和社会发展统计公报》，四川省人民政府网，2019 年 3 月 6 日，http://sc.gov.cn/10462/10464/10797/2019/3/6/acc4618c0a5d49408304503f1f104090.shtml，2020 年 1 月 13 日。

表4-4　　　　　　　　绵阳市文旅发展基本数据情况①

地区	2018年旅游人口（万人次）/增长率（%）	2018年旅游收入（亿元）/增长率（%）	2018年每万人次旅游创收（万元）	2019年旅游人口（万人次）	2019年旅游收入（亿元）/增长率（%）	2019年每万人次旅游创收（万）元/增长率（%）
四川	70000（4.9%）	10112.5（13.3%）	1445	75000（7.0%）	11594.3（14.7%）	1545（6.9%）
绵阳市	6384.24（20.6%）	647.66（21.5%）	1014	7415.55（16.2%）	721.54（11.4%）	973（-4.0%）
涪城	808.99（20.26%）	114.68（18.17%）	1417	924.71（14.3%）	128.25（11.8%）	1387（-2.1%）
游仙	869.56（33.5%）	75.99（21.2%）	873	741.4（-14.7%）	85.93（13.1%）	1159（32.8%）
安州	1150（22.4%）	85（27.51%）	739	1206.5（4.9%）	96.56（13.6%）	800（8.7%）
江油	907.82（23.3%）	118.5（21%）	1305	1142.67（25.9%）	132.01（11.4%）	1155（-11.5%）
三台	601.45（13.6%）	66.1（21.2%）	1099	801.01（33.2%）	72.04（8.9%）	899（-18.2%）
梓潼	645.75	71.91	1114	685.68（6.2%）	77.74（8.1%）	1133（1.7%）
盐亭	219.63（15.2%）	11.64（20.5%）	530	242.39（10.4%）	12.52（7.5%）	516（-2.6%）
北川	768.44（21%）	63.6（22.99%）	828	876.02（14.0%）	72.16（13.5%）	823（-0.6%）
平武	415.2（12%）	40.2（20.5%）	968	457.96（10.3%）	44.35（10.3%）	968（—）

① 资料来源：由绵阳市各市县区国民经济和社会发展统计公报数据整理计算。

(三) 文旅宣传推广现状

宣传推广对文旅发展的重要性无须赘述，各市县区在这方面的工作也都有各自的经验。涪城区实施品牌营销推广工程，依托"文旅涪城"App，整合涪城文旅资源，推出精品线路，实施"网红打卡地"计划，为存量项目挖掘包装"网红体验"，做强研学游、科技游、时尚游，打造涪城文旅大 IP；重塑"中国科技旅游城""欧阳修故里"城市品牌体系，实施"全民营销计划"，深化校地合作，打通线上线下渠道，运用现代科技手段，提升涪城文化旅游品牌美誉度，开辟省内外客源市场。

游仙区文旅宣传形式多样，旅游推广深入人心。一是推广文旅品牌。在《中国旅游报》专版推介游仙全域旅游发展成果经验、游仙丰厚文旅资源，在成都双流机场投放游仙旅游宣传平面广告，利用大数据平台开通中国移动入境旅游短信推送。二是发行美丽游仙全域旅游丛书（《游仙民俗》《游仙传说》《游仙文物》《游仙映像》《游仙歌谣》），重新整理编印游仙旅游宣传册、宣传折页。三是组织企业 20 余家次分别在西安旅交会、重庆旅交会等进行旅游宣传推介，以"仙韵游仙"为主题，组织辖区内文旅企业在阆中、遂宁等城市开展文旅地推活动。四是建设新媒体平台，开展全网营销。相继开通抖音、今日头条、微博官方账号，对《相约游仙》微信公众号进行改造升级，基本形成"两微一抖一头条"的全网营销平台。全年发布视频、图片、文字等文旅资讯 300 余次，进一步提高了游仙旅游知名度，宣传效果初步显现。

安州区不断强化宣传营销，通过"绵阳旅游""成绵乐同城乐"、103.3 绵阳交通广播、星辰传媒等多媒体、传统媒体积极推介旅游资源。例如举办罗浮山漂流音乐 Party 闺蜜节、竹笋采鲜节、扶贫赶集日等活动，展示晓坝的漂流文化、民宿文化以及本地特色农副产品，进一步扩大其知名度。

江油利用"旅游网站＋社交媒体＋在线旅游社区"，通过江油旅游官网微信公众号《美丽江油》、智慧旅游查询展示机系统、抖音短视频等宣传阵地，做强宣传营销。积极参加各类旅游推介，组织旅游企业到西安、重庆、成都等主要客源地市场进行宣传营销。

三台开展国际博物馆日、中国旅游日、农民丰收节、非遗周活动，吸引群众30万余人次。出版《三台诗词全集》，原创话剧小品《我们的青春》，歌曲《山水念》获四川省群星奖。开展丰富的文旅活动，如鲁班湖文化旅游节、潼川古城"国庆七天乐"、郪汉文化旅游节等，并利用西安丝绸之路旅游博览会、网络宣传平台、"中国旅游日"活动等向外推广旅游资源，吸引各地游客。

梓潼县积极推进文旅精品展演工程，并将一部分精品推出四川走向全国。话剧《国魂》在中央党校精彩上演，收到了非常好的效果。大型花灯表演节目《花灯响钱棍》，依托于两弹精神的《英雄·丰碑》朗诵节目，以《文昌赞》《吉祥咒》《山坡羊》《三六》《梅花引》为代表的洞经古乐经典曲目，千人情景展演《印象梓潼》等也随之走向市场。

盐亭文旅宣传营销推广体系初步建立。其一，充分利用盐亭旅游网，"盐亭旅游""绵阳旅游"微信平台、"学习强国""文旅绵阳"App等网络平台实时发布旅游资源、旅游节庆活动、旅游动态等信息，为举办"花果嫘乡桃花节""剑河乡第四节油菜花乡村旅游节""第四届海峡两岸嫘祖文化交流活动暨2019（己亥）年华夏母亲嫘祖故里祭祖大典""酬蚕节"等乡村旅游节庆活动提供媒体支撑。其二，借助绵阳市文化和旅游发展大会、第五届四川国际旅游交易博览会等平台，通过布展、视频、宣传册等方式对盐亭的特色文化和旅游景点进行宣传推介。其三，精心制作城市宣传片，在腾讯、优酷等网站点击、播放达到500万余次。推出《中国影像方志》盐亭卷、《谁不说咱家乡好》和家规家风系列宣传片，全面展示了盐亭的历史文化、山川风貌、人民生活和全县经济社会发展状况，打开了一扇了解盐亭的窗户。

北川旅游宣传营销工作形式多样。一是积极参与上级业务部门组织的旅游推介会，进一步提升北川旅游知名度。二是利用春节、元旦、五一、清明、端午节、暑期、中秋、国庆、羌年和中国旅游日等重大节庆和乡村旅游节会、多媒体平台，大力开展旅游宣传营销推广工作。三是开展和参与多项文化旅游节活动策划宣传。四是完成旅游厕所入库项目建设2个，完成近三年入库旅游厕所百度点位标注，完成旅游沿线、A级景区、乡村旅游点厕所标志标牌、管理制度、温馨提示等增设和厕所内设施设备提升改造。六是成功承办全省旅游新技术应用大会。平武也进行多渠道旅游营销，充分利用融媒体平台、公共交通等载体开展宣传营销。

三 绵阳市文旅发展思路与战略

绵阳市委、市政府在充分考虑全国和四川省文旅发展大格局基础上，坚持从本地实际情况出发，吸收借鉴其他地区有益经验，形成了具有自身特色的文旅发展思路和战略。一是在全市范围内形成了统筹兼顾性强且重点突出的顶层设计，二是下辖各市县区在全市战略框架下制定了相应发展战略，三是文旅发展政策不断得到强化。

（一）顶层设计布局清晰，可操作性强

随着经济发展、社会主义初级阶段主要矛盾的转变，文旅产业已经成为我国经济发展尤其是第三产业发展的重要力量，并充分纳入国家发展规划。总体而言，我国文化和旅游发展的政策愈加规范化、系统化、全面化。四川省和绵阳市在国家政策体系框架下，充分发挥自主能动性，因地制宜形成了一套符合自身发展的指导和规范体系（2009年以来四川省和绵阳市与文旅发展相关的主要政策汇总），见表4-5。

2019年，绵阳市印发《关于大力发展文旅经济加快建设文化强市旅游强市的实施意见》（下文简称《意见》），对文旅发展进行了系统、清晰地规划，提出了"一个枢纽基地、三条精品线路、全域旅游示范区"的文旅经济发展新布局，作为下一阶段全市文旅发展的核心战略。主要目标是，到2025年将绵阳市建设成社会主义核心价值观广泛践行、文化事业繁荣发展、文旅产业深度融合的西部文化强市和旅游强市。布局中的"一个枢纽基地"是指将江油建成枢纽型文化旅游发展基地。"三条精品线路"是指打造"李白故里·华夏诗情""白马西羌·民族风情""三线记忆·革命激情"三条文旅精品线路。"全域旅游示范区"的布局则是要求北川、平武和安州创建国家全域旅游示范区，支持其他具备条件的地区（江油、游仙、梓潼等）进入创建名单。同时大力提升潼川古城、郪江古镇、嫘祖陵景区、休闲康养民宿群等文旅名片的影响力。《意见》对全市的资源进行统筹调配和安排，具有较强指导性和操作性，有利于各县市区依据自身禀赋资源特征，阶段性推进。

表4-5　　　　　　　各级文旅发展相关政策文件汇总①

分类	发文单位	政策文件号	政策名称	日期	备注
四川省	省政府	—	《四川省十三五旅游业发展规划》	2017.04	目标：（1）旅游发展增速保持在每年15%以上，2020年全省旅游总收入比2015年翻一番，达到1.2万亿元，旅游业成为我省国民经济的战略性支柱产业；（2）2020年入川游客与本省游客比例优化为45∶55；（3）2020年，旅游直接就业人数230万人以上
	省文化旅游厅	川文旅发〔2019〕12号	《关于进一步促进民营文化旅游企业健康发展的实施意见》	2019.03	—
	省文化旅游厅	—	《四川省文化和旅游标准化工作管理办法》	2019.08	—
	省文化旅游厅	—	《四川省振兴川剧和曲艺工程实施方案》	2019.08	—
	省文化旅游厅	—	《三国蜀汉文化研究传承工程实施方案》	2019.08	—
	省文化旅游厅	—	《2020年全省重大群众文化活动承办地申办工作方案》	2019.08	—

---

① 资料来源：各级政府和单位网站。

续表

分类	发文单位	政策文件号	政策名称	日期	备注
绵阳市	市政府办公室	绵府办函〔2016〕129号	《绵阳市旅游业"十三五"发展规划》	2016.12	加快落实职工带薪休假制度，更多的人能有空闲时间去旅游；4A级以上景区将实现免费WIFI全覆盖，可以随时随地自拍晒照了；打造10条国家精品旅游带，有了更多好玩好看的地方可以去；推动简化签证手续，出国旅游将更方便快捷
	市政府办公室	绵府办发〔2017〕12号	《绵阳市"十三五"文化产业发展规划》	2017.04	—
	市文化和旅游局、财政局	—	《关于在文化领域推广政府和社会资本合作模式的指导意见》	2018.11	—
	市文化和旅游局	—	《文化和旅游规划管理办法》	2019.08	—
	市委、市政府	绵委发〔2019〕12号	《关于大力发展文旅经济加快建设文化强市旅游强市的实施意见》	2019.09	—

（二）各市县区加速对接顶层规划并逐渐形成发展体系

绵阳市各市县区紧密结合各自资源禀赋，采取有力措施加速对接全市规划，自上而下形成了文旅产业发展体系。

1. 江油以李白文化为抓手统筹规划发展，支持精品线路及核心枢纽打造

枢纽基地和第一条精品线路都要依托江油李白文化建设打造。江油全面梳理全市文化旅游资源，组织开展全市文化旅游资源调查，科学编制《江油市全域旅游规划》，着力推进文旅融合发展。该市近年来以文化创意为抓手，深挖文化内涵，大力推进业态创新，坚持文旅、农旅融合方式推进资源项目化、产业化，大力开发研学游、生态游等旅游新产品，实现了文化资源的价值，入选全国县域旅游竞争力百强县，为该布局的实现奠定了扎实基础。具体而言，从以下几方面着手。一是构建以李白文化为主干的文旅示范区。重点推进李白纪念馆、青莲李白诗歌小城、窦圌山风景区等独具李白文化内涵的国家4A级旅游景区建设。通过建设李白文化产业园，实现文旅共兴，形成江油文旅融合发展核心区域和拳头品牌。二是培育以特色文化为脉络的文旅新业态；以绵阳方特东方神画、"百年好合爱情谷"等旅游项目为推手，延长产业链。三是借助旅博会、文旅节等重大节庆活动，开展旅游目的地招商和营销，进一步扩大知名度和影响力，推进旅游与文化融合发展，助力乡村振兴。江油的文旅发展战略高度契合全市发展规划，有利于李白故里品牌打造，加速建成文旅核心枢纽。2021年，江油已成功创建天府旅游名县。

2. 北川、平武注重因地制宜，推动精品线路和全域旅游示范区建设

北川和平武处于第二条精品线路的核心地带，是绵阳打造全域旅游示范区的重点区域。两个县都将文旅产业作为经济发展的支柱产业，顶层设计较为完善，发展战略较为明确，能够有力支撑精品线路打造，加快全域旅游示范区建设。

北川坚持全域统筹规划发展，融合城乡、交通、文化、林业、农业、水利、环保等行业规划，科学编制《旅游产业十三五规划》《旅游发展总体规划》《全域旅游规划》《全域旅游目的地发展总体规划及近三年行动计划》，实现了顶层设计保障。提出"五突出"生态旅游发展战略①，即

---

① 绵阳市文化广播电视和旅游局，《北川"五突出"发展生态旅游》，绵阳市文化广播电视和旅游网，2019年10月25日，http：//wgl.my.gov.cn/ywbb/qxdt/22431351.html，2020年2月23日。

旅游规划突出生态根本、文旅项目突出生态红线、配套服务突出文明之美、文旅品牌突出生态品质、节会活动突出生态魅力，努力促进北川文旅全面融合发展。2019年，北川入选全省天府旅游名县。

平武将"旅游兴县"作为战略目标，"旅游攻坚"是全县"六大攻坚"工作之一，旅游产业是平武县战略支柱性产业，是脱贫攻坚突破口和县域经济核心增长极。平武提出了打造"一核四沟域"、深度融入"大九寨"旅游区的发展布局，即围绕打造县城为"中国报恩城"的核心，深入挖掘生态人文资源优势，将火溪河、虎牙河、磨刀河、清漪江4条沟域打造成资源深度融入、特色差异发展的精品旅游带。围绕发展布局，平武积极采取措施，加快推进交通网络建设，加速项目招商和建设，优化景区设置，不断改善配套环境。致力于打响"中国报恩城"品牌，推进平武县城成为"大九寨国际旅游区核心集散中心"。北川和平武的战略与总体战略融合度高，又不失自身特色，有利于地方政府根据自身实际开展工作。

3. 涪城、梓潼文旅发展政策为精品线路建设奠定基础

涪城区作为全市商贸和文化中心，在精品线路打造工作中，不仅在文旅资源开发利用中发力，更在文旅产业发展中起到重要作用。涪城区编制了《关于加快推进文化旅游融合发展的实施意见》《涪城区全域旅游发展规划》《涪城区全域旅游暨天府旅游名县创建实施方案》等政策文件，以创建全省公共文化服务示范县、四川省全域旅游示范区为抓手，以文旅融合项目为支撑，推进全区文化旅游产业发展。一方面，积极促进旅游产业发展，构建旅游住宿体系、餐饮体系和商品体系，支持酒店评星，引进国际知名连锁酒店，鼓励社会资本投资旅游项目，鼓励社会各界参与文创产业；另一方面，大力推动重点项目实施，积极融合欧阳修文化、三线文化、科技文化等元素，努力打造绵阳市文化产业发展核心区，扶持景区扩建升级，同时做好四川省全域旅游示范县创建筹备工作。

梓潼县将文旅发展作为全县重要工作来抓，该县实施的"文旅兴县""农业富县""工业强县""绿色发展""党的建设""民生工程"六大工程中，位列第一的是文旅兴县工程。通过编制《梓潼县"十三五"文旅规划》《关于深入实施文旅兴县工程加快建设文化强县旅游强县的意见》

《梓潼县促进文化旅游产业奖励暂行办法》，形成全县文旅融合发展顶层设计，启动了全县全域旅游策划和规划工作，制定了文旅产业发展时间表和路线图。

4. 安州区多措并举创建全域旅游示范区

安州区为推动文旅发展采取了多项举措。

一是加快推进文旅融合。区委、区政府高度重视文化和旅游融合发展，成立了专项工作领导小组，坚持"宜融则融，能融尽融"的原则，在优化文旅资源配置、丰富产品供给、强化基础配套、优化发展环境方面下功夫，着力塑造文旅品牌，打造文旅融合新格局。其一，注重资源整合。将区域自然资源、人文资源以及多种公共资源等与旅游资源进行整合，为文旅产业融合发展奠定基础。其二，注重功能整合。深度挖掘具有安州本土特色的历史文化、山水文化、红色文化、民俗文化等，将这些文化资源融入旅游发展，为文旅产业融合发展培塑特色。其三，注重项目整合，为文旅产业融合发展夯实业态；其四，注重活动整合，为文旅产业融合发展丰富内涵。

二是大力建设文旅交通体系。坚持"旅游发展，交通先行"，加快交通基础设施建设，以创建国家级"四好农村公路"示范县为契机，着眼于发挥旅游文化资源优势，优化运输组织结构，实现交通设施与旅游文化设施、交通设施与城市发展和谐共进的局面。

三是努力探索文旅发展与乡村振兴融合路径。鼓励各乡镇以"乡村振兴""全域旅游"为发展契机，以创建"乡村旅游目的地"为目标，以创建A级景区为抓手，不断丰富业态、要素配套、延伸产业链，打造集文旅融合、乡村体验等为一体的特色乡村旅游项目。

5. 三台、盐亭积极打造文旅名片

三台县突出"文化抓活动、广电抓安全、旅游抓项目"的思路，推动文化、旅游融合发展迈向新征程，印发了《三台县天府旅游名县创建工作实施方案》《三台县加快建设文化强县、旅游强县实施意见》等文件，作为全县发展文旅产业的重要指南和设计框架。设立1000万元的文化旅游发展专项资金，加快建设潼川古城、印象涪江美丽岛、西部写生创作基地等重点项目。对应创建指标，对接景区创建指导团队，梳理郪江古镇、杜甫草堂等景区资源。

盐亭是华夏人文始祖嫘祖的出生地和归葬地，是中华炎黄研究会认定的"嫘祖文化圣地"，嫘祖名片是盐亭的宝贵资源。盐亭围绕"嫘祖文化、文同文化、岐伯文化、字库文化"等文化资源，加快推进文化与产业深度融合，创新文化业态，鼓励个人、企业、社会团体从事演艺娱乐业、文化旅游业、文化创意业等文化产业经营，推进嫘祖文化旅游小商品、蚕桑文化动漫、中华母亲文化创意等产业开发，扶持、培育极具盐亭特色的文化产业和文化骨干企业，着力构建特色鲜明、产业优势明显的现代文化市场体系。

（三）不断强化文旅产业发展扶持政策

《意见》在勾勒出绵阳市文旅发展总体思路和战略的同时，着重强调文旅产业发展扶持政策体系的建立与完善，包括以下几点。第一，完善财税金融政策，如支持通过政府和社会资本合作（PPP）、贷款贴息等方式，引导各类资金参与投资文化旅游领域；第二，加大财政扶持力度，如扩大市级文化产业、旅游业发展专项资金规模，推进政府向社会力量购买公共文化服务，对文化旅游创建工作取得显著成绩的县（市、区）人民政府（园区管委会）予以适当奖补；第三，强化用地支持政策，对符合相关规划的文化和旅游项目及时安排新增建设用地计划指标；第四，突出人才科技支撑，贯彻落实"天府万人计划"天府文化领军人才项目、民族地区旅游人才培养引进五年行动方案。

上述一系列政策措施得到了各市县区的积极响应和贯彻落实，突出表现在各市县区为应对新冠肺炎疫情影响出台的文旅发展扶持政策上。2020年新冠肺炎疫情爆发，对文旅产业特别是其中的中小企业带来较大冲击。为积极帮助中小企业缓解困难、共度难关，绵阳市各市县区纷纷出台了系列文旅产业扶持政策。下面，以安州区出台的政策为例。

一是支持制定文旅行业规范性建设标准。及时组织制定全区文旅行业规范性建设标准，对在2020年度完成行业规范标准建设试点的企业给予企业试点建设总投入20%的资金奖补，最高不超过10万元；对在2020年度前3位完成行业内标准建设的，给予该企业标准建设总投入10%的奖补，最高不超过5万；努力以安全、规范、整洁的良好环境提振消费信任、信心。

二是鼓励支持文旅企业开展各种宣传营销及节庆活动，并依据宣传营销活动效果，给予不超过其经费投入10%、总额不超过10万元的奖补；鼓励支持文旅企业参与全区及以上各种宣传营销及节庆活动，给予不超过其经费投入5%、总额不超过5万元的奖补。

三是向旅行社暂退部分旅游服务质量保证金，暂退范围为全区所有已依法交纳保证金、领取旅行社业务经营许可证的旅行社，暂退标准为现有交纳数额的80%。

此外，对受疫情影响较大的困难企业2020年度产生的亏损，最长结转年限由5年延长至8年。

四 绵阳市文化旅游发展亟待解决的问题

近年来绵阳市文旅产业取得了长足进展，相应的发展战略和政策体系也不断得到完善和提升，但目前整个绵阳市还未形成"产业围绕旅游转、产品围绕旅游造、结构围绕旅游调、功能围绕旅游配、民生围绕旅游兴"的大旅游格局。产业规模、发展资金、交通等基础设施及土地、人才支撑、产业运营等问题仍是制约文旅产业发展的瓶颈，旅游购物、文化娱乐、特色民宿等业态培育方面也相对薄弱。

（一）文旅产业发展现状与绵阳市的目标定位存在一定差距

一是旅游创收能力不足，与全省平均水平存在差距，全市旅游发展速度与质量不匹配。2019年，绵阳市游客接待数量增速超过全省平均增速一倍还多，但旅游收入增幅却低于全省平均水平。具体而言，当年绵阳市旅游人次占全省比例为9.9%，而旅游收入占全省的比例只有6.2%，旅游创收能力明显不足；四川省每万人次可带来旅游收入约1545万元，而绵阳市的这一数据仅为973万元，2019年单位人次旅游创收能力甚至较2018年还有所下降，发展速度和质量严重不匹配。具体到各市县区，全市所有地区的旅游创收水平均低于省平均水平，而盐亭、安州和北川则是单位旅游人次创收最低的三个地区。因此，在游客数量不断攀升的情况下，如何让游客来了能留得下、愿意多消费，这是绵阳市及各市县区文旅高质量发展亟待解决的关键问题。

二是文旅产业增加值低于全国平均水平，规模企业不多，文旅产业发展仍处于起步阶段。2018年，绵阳市旅游服务业增加值占全市GDP的比重为0.25%，文化服务业增加值占绵阳市GDP的0.15%，低于全国4.1%和2.7%的水平，单位企业增加值也存在明显偏低问题，可见规模企业欠缺，文旅产业以小型分散企业为主，缺乏统筹规划，难以形成规模经济，制约文旅产业长足发展，也是导致旅游创收能力不足的重要原因之一。企业增加值低的问题在江油、北川尤其明显，不利于"一个枢纽基地、三条精品线路、全域旅游示范区"布局的构建。

（二）市县区层面顶层设计和管理体制需要进一步完善

一是顶层设计不充分。不少市县区虽然制定了文旅发展规划，但是没有制定具体的实施方案以及文旅项目、文旅企业发展以及文旅品牌塑造等具体计划，使得规划缺乏配套的政策措施，导致规划无法按照既定框架有效落地。一些市县区没有将文旅工作纳入县级国民经济和社会发展规划以及国土空间规划，这在一定程度上造成与文旅产业联动发展相关的规划和空间布局方案优化不足，进而导致企业发展与政府规划脱节，形成较为突出的旅游业态单一、同质化发展现象。

二是一些市县区没有形成保障有力的领导机制。文旅发展涉及面广，很多问题的解决需要多部门协同发力，仅靠文旅局很难化解，因此必须有一个跨部门且高效、有力的领导机构主导文旅发展。遗憾的是，一些市县区虽然将文旅发展作为本地区重要发展战略之一甚至是最重要的发展战略，但没有成立文化和旅游产业领导小组，使得地区的文旅发展在组织上缺乏保障。在一些市县区（如涪城区），文旅游产业长期在发展中处于"配角"，导致其发展严重不足。

三是文化旅游资源管理体制复杂，产权主体条块分割。例如，游仙区以科技馆、碧水寺、越王楼、李杜祠、富乐山、朝阳厂等为代表的文化旅游资源丰富，但管理营运主体不统一，区域、管理、信息分割，缺乏统一的营运管理平台，不利于资源整合和做大做强城市文旅板块。受限于管理体制，游仙区文旅行业市场化不足，竞争不充分，与文化旅游市场脱节。

（三）政策支持引导力度尚待进一步加强

一是国家土地利用政策不明、政策红线较多，导致文旅项目特别是重大旅游项目推进困难。例如，仙海区致力于打造高品位旅游度假区，各功能片区内公共设施、景观、产业需同步规划建设，现行的按项目性质分块出让土地方式不利于各功能片区风格和文化的一致性。又如，平武县虎牙、王朗、老河沟、锁江等旅游资源丰富的地方均受到大熊猫国家公园、自然保护区、生态红线、基本农田红线等制约，项目推进面临较大困难。从2017年6月份开始，凡是在大熊猫国家公园范围内的项目，省、市林业、国土、环保等部门相关手续报批均"不接件"或"缓批"，导致该县已引进的虎牙、白马王朗等旅游开发项目基本停顿。再如，安州区受"大棚房"专项整治影响，部分农家乐房舍因未及时办理审批手续被认定为违法建筑，被拆除或无法正常经营。受此影响，投资者不敢继续投入，严重影响全区乡村旅游发展，相关政策亟待明确。同时，乡村旅游项目建设用地存在供需矛盾，不少有实力的企业和返乡创业人员投资意愿迫切，却受建设用地指标审批政策的严格限制，往往止步于项目用地审批环节。沸水镇泉塘坝生态苑和沸泉酒庄均涉及农用地，难以扩大规模。

二是财政扶持政策力度不大。各市县区普遍存在重大文旅项目建设资金持续投入、有效投入、多元化投入明显不足的问题。旅游专项资金规模难以满足文化旅游事业迅速发展的需要，导致部分扶持政策未兑现落实或未制定，影响企业的积极性。文旅项目发展受限、推进放缓，使得一些文旅规划只能停在纸面。即便是用于文旅发展的有限资金也存在无法集中和聚焦使用的问题，以致于文旅项目无法实现重点突破、形成"村村点火""处处冒烟"的格局，整体上处于缓慢发展甚至停滞不前的状态。例如，游仙区由于在文旅项目资金、交通等基础投入和扶持方面存在短板，导致一些成熟度高、成长性好、示范效应和带动作用明显的重点文旅产业项目没有落地、资源优势向产业优势转化不足。又如，江油市文旅产业项目主要依靠社会投资，由于项目投资前期投入大、成本回收慢、社会资本对市场行情波动较敏感，以致该市文旅产业发展资金缺口大。再如，梓潼县2018年一般公共预算收入为2.6亿元，远低于

"保工资、保运转、保基本民生"所需，主要依靠县属国有企业中的三家充实资本金，对文化旅游产业的支持能力有限。最后，平武县财政乏力，严重制约了对旅游业的投入，该县发展旅游主要是依靠国家、省、市政策、资金支持。财政投入不足还带来文化遗产保护力度不够的问题。例如，盐亭县财力有限，其名人故居、传统村落、古树名木等保护管理无数据库，缺少相应保护措施；32座字库塔中，李家村、云仙村等九座严重风化，濒临垮塌。

三是缺乏与文旅发展相应的金融产品，文旅产业资金缺口较大。例如，梓潼县境内设有梓潼农村商业银行、工行梓潼支行和农行梓潼支行、绵阳市商业银行，银行网点基本能覆盖全县，但是信贷产品单一，主要是传统的贷款和中间业务，支持文旅专项的信贷产品和小额贷款尚没有开发出来，遑论增信保证机制的完善。保险机构只有人寿保险公司，对于文旅企业保险产品的开发尚无激励措施。

（四）资源优势尚待进一步发挥

一是同质化发展情况较多。企业普遍缺乏创意策划、规划，文化内涵挖掘不足。旅游产品缺乏文化竞争力，文旅融合新业态缺乏。各市县区文旅发展以农旅融合业态（乡村旅游）为主导，缺乏文旅融合新业态。例如，北川县融合项目数量多但投入小、体量小、规模小，大型参与性、体验性旅游产品缺乏，旅游产业辐射带动作用不足。除观光产品外，缺少自驾车房车游营地、自驾车风情廊道、大型文旅融合产业园区等旅游吸引物，热点消费产品较少。

二是缺乏核心引领支撑。文旅资源优势没有转化为品牌优势，挖掘和整合不足，高等级景区少。旅游景观存在苗圃化、公园化倾向，较少在"第一、唯一、专一"上做功夫。白天旅游产品较多，夜游产品较少，过夜游客少；观光旅游产品较多，休闲、度假、体验旅游产品较少；初级开发旅游产品较多，融合创意深度开发的精品旅游产品较少。在吃、住、行、游、购、娱六要素中，吃、住层次低，购、娱不配套，行、游需提升，对外难以形成特色鲜明的印象，游客以过境游、短途游为主。

这里，试以三个主城区为例。涪城区文化旅游资源多而不强，难以成为吸引全国游客的"引客元素"，再加上旅游资源转化不充分，导致文化旅游项目不强。游仙区游客主要来自绵阳本地和周边地区，客源在空间布局上存在较强地域性，市场缺乏层次性，这与游仙区处于九环线东段这一较好的旅游空间位置是不匹配的。该区来自剑门关等附近5A级景区的过境游客较少，旅游购物产品、网点很少。安州区现有4A级景区1个、3A级景区4个，唯一的一个4A级景区2018年实际接待游客40万人次，未达到4A级景区评定50万人次的标准。

（五）文旅融合需要进一步打开新局面

一是旅游景区形象营销及品牌意识不强，特色文化主题定位不实。多数旅游景区（或企业）没有自己的旅游形象、主题，景区景观化建设不到位，园区建设随意性强，旅游市场定位模糊。景区景点文化内涵展示不完整、不充分。部分新建设文旅产业、景区景点、乡村旅游项目复制、效仿主题文化较多，缺乏地域特色，导致线路产品、品牌产品辨识度不高，受众研究和宣传针对性不强。例如，北川县与"大九环线""藏羌彝文化走廊"联系不紧，与知名景区如九寨、黄龙、都江堰、乐山至峨眉线路搭建不够，在资源共享、精品线路搭建、宣传营销等方面，与其他市州、县区、景区互通性、互动性不够，协同发展不足。

二是重建设、轻营销和运营的现象较为普遍，游客现场体验活动缺乏。市场营销专业性、精准性、独特性不足，对客源市场分析研究不到位。大部分景区提供的旅游项目仍停留在游客到自然资源或者历史遗产景区自主游览，到乡村"住农房、吃农饭、观花摘果"或者漂流、攀山，以及度假式休闲等，满足旅游者个性化、体验化、情感化、休闲化体验需求的项目还不够。例如，三台县拥有"立足绵阳、主攻全省、辐射西南"的地理优势，但未能将文旅项目与城市推介、对外交流、招商引资等有机结合起来，难以与重点客源市场对接营销。一些代表性文旅节会如鲁班湖水上竞技、桃花节，没有将文旅融合优势以及文旅产业上下游发展对接起来，只能产生短期效应。即便像西平古镇、郪江古镇等具有先天资源优势的文旅项目也仅仅在Logo和宣传口号上做文章。又如，盐亭县由于没有针对文旅资源项目的差异进行包装和招商宣传，从而产生"宣而不传"的现象。该县嫘祖祭祀这一盛大节目仅仅聚焦于祭祖仪式，对观光旅游、民风民俗体验的宣传没有纳入活动。全国与嫘祖关联的商标、域名有 100 余个，盐亭本县注册占比仅有两成左右，间接导致嫘祖文化品牌应用范围不广。再如，从绵阳机场到梓潼县的主干道上虽然也有旅游引导标志和广告牌，也有"梓潼发布""梓潼老乡"等公众号刊发一些文旅信息，但该县覆盖 OTA、微信公众号以及新兴媒体的全媒体营销体系还没有建立起来。

三是人文资源有待深入挖掘，旅游商品设计创意不足。关键性、支撑性地方特色文旅商品和品牌开发欠缺，对体现地域特色的可塑性文旅商品和民间工艺品缺乏深入挖掘、开发，缺乏对本地文旅特色商品的研发组织和市场开发主体。例如，北川、平武一些民族工艺品的创意设计未将本土特色工艺充分体现出来，非物质文化遗产生产性保护水平不高。又如，游仙区三国文化、汉唐文化等非物质文化资源发掘有待完善，地方特色文旅商品存在空白。再如，三台县郪汉文化、红色文化以及民俗文化悠长久远，但是与之相关的文化产品和文化服务并未成型，文旅资源转化率不够。该县西平古镇和潼川古镇以及南门历史街区在文旅融合发展上还不够，在文旅符号转化为发展优势上存在卡壳现象。第四，梓潼县在民国初年曾出现过以蒲辅周为代表的中医大家，但是该县目前只存在一些零散的中医门诊，没有较好的经方和招牌药品，致使中医文化只能停留在回忆中，县内一些个体中医诊所处于尴尬境地。该县与两弹城相关的文旅产品也比较单薄，只有以两弹城为背景的信封、邮票以及手工地图、保温杯和一些相关书籍，难以体现两弹城厚重的文化内涵。

（六）基础设施保障需要进一步加强

一是缺乏综合服务功能的旅游集散中心。对游客服务、旅游线路规划推荐、综合调度管理、医疗救助等供给不足，对游客二次游览造成不利影响。

二是景区景点基础设施建设滞后，投入不足。部分景区景点公共设施、标志标牌不完善，损坏维修不及时。部分通往景区道路、绿道慢行系统等需提升，节假日部分路段拥堵情况比较突出，存在安全隐患。例如，梓潼县在七曲山大庙和两弹城之间并无直接的精品旅游线路，游客主要是以私家车、滴滴车和出租车等方式实现两地游玩，公交车并无直达线路，需要倒换车辆到达，同时每半个小时发车一次，影响了游客游玩计划。而且在七曲山大庙、两弹城以及文创小镇中,"厕所革命"问题尚未完全解决,厕所数量有限且分布不合理,在一定程度上影响了游客文旅消费所获得效用。例如,安州区罗浮山温泉旅游度假区及其他景区周边道路交通条件较差,原开通的绵阳至罗浮山绵州温泉的旅游直通车已取消,旅客和企业都要求恢复通行。又如,平武县文旅发展受基础设施制约较为明显。该县两条高速尚未建成,游客整体进入性受限;清漪江片区连接乡村旅游接待点的通村、通社道路狭窄,无法满足日益增长的游客通行需要;进入虎牙、王朗的主要通道标准低,部分景区道路狭窄;县内景区间通畅的环线交通网尚待形成。

三是部分景区景点娱乐体验设施偏少,游客游览趣味性不足。例如,安州区沸水镇近年来积极打造运动康养小镇,但因旅游点位的附属设施还难以满足游客需求,旅游活动主要停留在观光、休闲、餐饮等项目上,"白天看景,晚上走人"现象较为明显。该区的安驿·箱几民宿目前仅可满足"逛绿道、耍林盘、游小镇、驻民宿"这种"悠游",在农事体验等"娱"上相应的配套设施尚不完善。

(七)监督管理有待强化

一是项目落实不到位。如安州区温泉康养小镇、菩提花开国际养身小镇、千佛山开发等项目进展缓慢,"沙汀在睢水"电视剧和"安昌河工作室"均因资金不足,推进困难;桑枣镇齐心村引水设备项目未落实。

二是行业协会作用不足。一方面,没有充分发挥旅游行业协会的桥梁和纽带作用,旅游企业各自为政,缺乏整体发展意识,没有形成抱团发展、错位发展、互补发展的格局。另一方面,行业规范未有效制定,督促约束做得不好。景区周边老百姓参与乡村旅游发展,将自家院落房屋改造成农家乐、民宿,大多存在不规范行为。部分景区管委会管理运营不好,沿线民宿、酒店餐饮垃圾及周边环境卫生的打扫长效机制建立不完善。

三是各乡镇文旅发展缺乏协同性。例如,安州全区旅游资源散、乱、小,在全域旅游规划中未充分统筹布局,睢水、高川、桑枣等乡镇在打造"龙门山沿山生态涵养带"工作中往往都是单打独斗,没有形成"集聚连片、抱团组合、合理发展"的格局。再如，该区桑枣镇齐心村和睢水镇枫香村虽有齐枫旅游通道连接，发展上均以乡村旅游为主，但却各自为政、小打小闹，没有形成规模优势，且因利益连接不紧密，旅游产业带动群众致富的方式单一，群众不愿主动参与乡村旅游发展。

（八）人才工作有待加强

一是文旅理论研究和文创人才匮乏。绵阳市文旅企业普遍缺乏专业人才，自主创新意识不强，在产品、品牌、营销、体制等方面开拓性不足。各市县区文旅产业人才也主要是由文学艺术界工作者、文旅工作者、文旅经营者和志愿服务者构成，大多仅能从事简单的收集整理和大众化活动，缺乏从事文旅理论研究、地方特色文化挖掘和文旅创意人才，基层单位人员编制紧缺，队伍老化，制约了文化旅游产业发展繁荣。

二是从业人员服务意识不足，服务水平有待提升。游客游览体验感部分是来自服务人员的态度，但该市从业人员大多文化水平偏低，年龄偏大，责任意识不足，服务规范落实不好。例如，一些导游专业性水平较低，影响了游客出游的获得感。

五 推动绵阳文旅进一步发展的建议

绵阳拥有发展文旅经济的丰富资源，既能在历史文化、红色文化、三线建设文化、特色民族文化、体育文化上大做文章，又具备发展风景名胜旅游和度假旅游的实力，同时还兼具工业旅游与乡村旅游的强大基础。为进一步推动文旅发展，绵阳市应针对短板问题，找准文化和旅游工作最大公约数、最佳连接点，推动文化和旅游工作各领域、多方位、全链条深度融合，实现资源共享、优势互补、协同并进，为文化建设和旅游发展提供新引擎、新动力，形成发展新优势。

一是建立、完善以政府为主导，市场化运作的文旅发展体制机制。政府在文旅发展中把握好方向，引导文旅产业按既定战略方向发展，发挥好统筹协调作用。同时，政府部门不宜充当文旅发展的主体，而应通过成立文旅平台企业或积极引入实力强的文旅企业来投资、开发、运营文旅资源，推动文旅产业按市场化机制运行、发展。

二是学习、借鉴国内外文旅产业成功发展经验。绵阳市可以借鉴杜甫草堂博物馆、韶山、攀枝花的经验发展历史文化旅游、红色文化旅游、三线建设文化旅游，学习贵州西江千户苗寨、丽江的做法，发展少数民族文化旅游，借鉴崇礼经验发展体育旅游，借鉴乌镇、古北水镇经验打造并运营好本地特色小镇，以德清县为借鉴发展乡村旅游。

三是以项目建设为抓手打造文旅融合阵地。加快推进重点文旅项目建设，力促尽早建成并发挥效益。依托全市优质文旅资源，在保护好的前提下，加强与高品质文旅开发运营企业（如中青旅、携程网）合作，引进实施一批符合绵阳需要的文旅项目。

四是加强景区、景点品质提升。丰富拓展文化体验项目，将非遗项目、老字号、老品牌、传统美食等引入景区，为景区注入更加优质、更富吸引力的文化内容，突出本地元素，彰显文化自信。

五是推动乡村文化载体丰富完善。以特色文化主题农家乐打造为重点，充分调动业主积极性，让有条件的农家乐进行文化主题提炼，增加基础设施投入，植入更多文化元素。要特别注重使当地百姓在乡村文化旅游中获益，并调动他们参与的积极性。

六是建设文旅商品集散地。依托旅游集散中心建设，引导社会资本在绵阳各市、县、区建设特色旅游商品展示馆和购物店，让游客有地方充分了解当地的风土人情、民间文化，不断提升文旅发展效益。

七是高规格策划现代文旅节庆活动。依托全市各地区不同的文旅资源，因地制宜、互联互通，丰富节会活动，增强影响力、吸引力，发挥绵阳历史文化价值，讲好绵阳故事。

八是加强文旅资源调查保护工作。紧扣全省文化和旅游资源普查工作，深入排查收集全市各具特色的文化，按照一项一策的方式，逐一落实保护措施、责任主体，做好先保护再利用，保障文化传承的持续性。

九是强化要素保障。加大对旅游资金项目的投入并将鼓励政策落实到位，健全多行业、多层次政策扶持体系，激发业主创造力。

十是抓好人才队伍建设。着力引导优秀在外务工人员返乡创业，提升文旅产业市场主体水平，构建多元化、多角度的文旅蓬勃发展体系。

十一是严格落实责任。充分细化市文化和旅游产业发展领导小组职能、职责，各责任单位对各自承担的工作任务进一步细化分解，制定工作方案，真正做到目标任务、重点要求、时间进度、人员分工、工作措施"五明确"。

第三章

国内典型文旅案例研究与启示

打造区域文旅品牌，资源挖掘提升是核心，特色文化是主线，关键是要坚持政府规划引导、企业市场运作，打造一批文旅龙头企业。本章共选取十一个文旅案例进行典型性分析，在分析总结成功文旅案例的同时，为绵阳文旅发展提供借鉴。

本章在县域文旅层面选取了德清、崇礼的成功案例。两地在开发、整合县域文旅资源、鼓励企业发力推动文旅发展方面的做法非常有代表性和借鉴性。绵阳共有三区、五县、一市，文旅资源绝大多数涵盖各个县域，县域文旅发展直接决定了绵阳市整体文旅的发展水平，对县域文旅案例的解读能够为绵阳文旅发展提供整体性经验做法的借鉴。

在特色文化旅游资源提升打造层面，本章首先选取了成都杜甫草堂。草堂虽地处城市周边，在成都大文旅格局下仍然成为不可或缺的一抹亮点。同与诗界大家相关，草堂能够为绵阳"李白故里·华夏诗情"品牌塑造提供成功经验。其次，选取贵州西江千户苗寨这一少数民族特色村落，以及自然景观、少数民族聚居区——丽江作为成功案例进行经验分析。由于北川县是羌族聚居区、平武是白马藏族聚居地，分析西江千户苗寨和丽江的成功经验可以为绵阳"白马西羌·民族风情"文旅品牌打造提供有益启示。再次，攀枝花中国三线建设博物馆和全国红色教育基地韶山，是以国内特定时期历史文化为内核的文旅发展典型，选取这两个案例可以为绵阳"三线记忆·革命激情"文旅品牌打造提供借鉴。最后，选取传统水乡与现代高科技相结合的江南古镇乌镇，以及长城脚下的北方风情水镇——古北水镇作为典型案例分析，能够为绵阳区域文旅发展中的重要组成部分——特色小镇建设（如李白诗歌小镇）提供经验参照。

在文旅龙头企业打造层面，本章选取网络时代新型文旅巨头——携程网，以及传统旅游巨头创新转型的中青旅为典型案例，为绵阳打造龙头文旅企业和专业化团队运营文旅资源、实现区域文旅资源稳定有效发展提供经验借鉴。

一 县域文旅案例研究与启示

（一）德清——杭州后花园里的"洋家乐"

德清县，得名于"人有德行，如水至清"，为浙江省湖州市所辖，位于长江三角洲杭嘉湖平原西部，县治位于武康街道。全县辖4个街道、8个镇，陆域面积937.95平方千米，东西跨度55.95千米，南北跨度29.92千米。境内有风景名胜莫干山、下渚湖、新市古镇、法国山居裸心谷等。

德清素有"名山之胜，鱼米之乡，丝绸之府，竹茶之地，文化之邦"的美誉。2018年，德清县实现地区生产总值517亿元，增长8%；财政总收入100.8亿元，增长20.4%，其中地方财政收入59.1亿元，增长21.5%；城镇、农村居民人均可支配收入分别提高到54863元和32723元，增长8.7%和9.7%。

2019年12月，位列2019年全国投资潜力十强县（市）第4名。2019年12月31日，入选全国农村创新创业典型县。2019年工业百强县（市）（第58名）。2019年度全国绿色发展百强县市。2019年全国科技创新百强县市。2019年中国创新百强县（市）。2019年综合竞争力全国百强县（市）。2019年全国制造业百强县（市）2019年全国营商环境百强县（市）。

1. 典型性：立足区位优势和文化资源发展特色旅游

（1）旅游资源丰富

德清县位于长江三角洲杭嘉湖平原西部，东望上海，南接杭州，北靠环太湖经济圈，西枕天目山麓。气候属亚热带湿润季风区，温暖湿润，四季分明，年平均气温13℃~16℃。西部群山连绵，林木葱郁，主要有中外闻名的旅游、避暑胜地莫干山等。

莫干山因春秋末年，吴王阖闾派干将、莫邪在此铸成举世无双的雌雄双剑而得名，是国家 4A 级旅游景区、国家级风景名胜区、国家森林公园，为天目山余脉。莫干山是中国四大避暑胜地之一，众多的历史名人既为莫干山赢得了巨大的名人效应，更为莫干山留下了难以计数的诗文、石刻、事迹以及 200 多幢式样各异、形状美观的名人别墅。

莫干山连绵起伏，风景秀丽多姿，景区面积达 43 平方千米，它虽不及泰山之雄伟、华山之险峻，却以绿荫如海的修竹、清澈不竭的山泉、星罗棋布的别墅、四季各异的迷人风光称秀于江南，享有"江南第一山"之美誉。

环莫干山地区依托自然、人文、交通等优势，借助莫干山的品牌影响力，裸心谷、法国山居等"洋家乐"良好的客源市场和口碑，鼓励当地农民发展"洋家乐"、农家乐，打造具有德清特色的度假氛围，逐步形成了环莫干山乡村聚集区，涌现出以"洋家乐"为代表的精品民宿近 50 家。

（2）区位优势明显

德清县是杭州都市圈重要组成部分，区位优势十分突出。杭宁高速、练杭高速、104 国道、304 省道、宣杭铁路、杭宁高铁穿境而过，京杭运河、杭湖锡线航道贯通德清。南北连接苏南和杭绍甬经济区，具有得天独厚的经济地理位置，2008 年开通的跨市公交 K588 可从杭州市中心的武林广场直通县城武康。不断完善的高速路网使武康距杭州市中心仅半小时车程，距长三角核心城市上海、宁波、南京均在两小时车程以内，距杭州萧山国际机场 40 分钟车程。

（3）世界各国别墅群

莫干山浩瀚无垠、绿波万里的竹海令人叹为观止，更令人惊异的还是竹海中隐藏的一幢幢各尽其美的精致别墅。19 世纪末以来，莫干山与西方文化的碰撞已然开始，欧、美、日、俄等国在华经商人士在莫干山筑起别墅、教堂，二百多幢建筑形象丰富、无一雷同，使莫干山有了"世界建筑博物馆"的美称。

2. 典型经验做法："土""洋"结合的洋家乐

（1）发展"洋家乐"

近几年来，德清依托得天独厚的自然环境，逐步发展起以"洋家乐"为主体的度假休闲产业，不仅吸引了上海、杭州等周边城市人流，甚至受到了全国乃至世界范围内游客的喜爱,"洋家乐"产业规模迅速扩大,已经成为区域支柱性产业。以裸心谷、法国山居等为代表的洋家乐品牌发展势头良好,至今全县已有农家乐、"洋家乐"550多家。2017年度,以"洋家乐"为代表的150家特色高端民宿接待游客49.8万人次,直接营业收入5.8亿元。"洋家乐"民宿的发展带动了莫干山乡村发展和百姓致富,促进了产业转型升级,并且为乡村旅游提供了新方向。

"洋家乐"的定义:以低碳环保为理念,在乡村进行投资、设计、建造、经营精品民宿形成的乡村旅游新业态。有别于"农家乐",洋家乐具有投资来源多样化、中西文化融合、生态环保的特点。洋家乐主要有庄园、俱乐部、民宿、休闲餐饮、度假村等几种形式,现今德清洋家乐主要为民宿型洋家乐。

(2) 道路智能升级

德清县坚持将科技创新的最大变量转化为农村公路提档升级的最大增量,结合全国县域首个阿里云ET城市大脑,搭建智慧交通管理平台,精准绘制县域交通"一张图",辅助决策管理,便于群众查询,并实现农村公路可视化监管。在此基础上,依托县域"地理信息+人工智能"产业基础,率先启动全域城市级自动驾驶与智慧出行示范区建设,首创并发布了具有里程碑意义的支持开展自动驾驶测试服务的7条意见,将农村公路纳入5G铺设、开放道路测试范围,已启动乡村智慧路灯、多功能智能杆、智慧公交站台等设施建设,计划全域乡村在2020年实现5G全覆盖。

(3) 低碳环保深入细节

"洋家乐"深知游客享受自然界原生态环境的需求,最大程度地保留了质朴民风、原有建筑及自然物,通过科学设计使度假区整体规划布局和谐融洽,在服务细节上亦是尽显环保之风。"洋家乐"在完善基础设施和接待设施时,采取就地取材、垃圾分类、提倡低碳等途径引导游客注意卫生、享受自然,不仅提升了游客旅游质量,也降低了企业运营成本。[①]

(4) 休闲服务优质独特

休闲旅游项目同质化是我国休闲旅游业的重大缺陷。"洋家乐"通过

---

① 姚志高:《低碳背景下休闲旅游消费模式的开发探究——以莫干山"洋家乐"为例》,《中国商论》2015年第5期。

充分就地取材、变废为宝、创新设计的方式，挖掘地方民俗等资源进行独到设计，实施差异化战略。"洋家乐"的实质并非照搬西方生活方式，而是以服务为本，充分保留"乡土味""田园意境"。

3. 对绵阳的启示

（1）乡村旅游差异化发展

原国家旅游局表示，到2020年要支持六千多个试点村发展乡村旅游。虽然我国乡村旅游发展势不可挡，但其大规模扩张中也存在很多问题，如开发中缺少科学规划导致很多乡村旅游项目"短命"，完全照搬已有发展模式导致旅游产品同质化现象严重，片面追求经济效益导致社会、文化、生态环境的破坏，管理不善导致基础设施条件和服务水平较差等。① 这些问题不仅会浪费大量公共资源，也会对乡村的持续稳定发展造成影响，因此有必要对乡村旅游发展模式进行深入探究，为乡村旅游规模性扩张中出现的问题提供解决方案。

在乡村旅游发展中引入差异化战略，经营者需要通过产品、地方文化或者经营模式等乡村旅游开发各环节的差异化，实现消费者旅游体验的差异，使乡村旅游同质化问题得以解决。② 从开发层面来看，不同地域有着不同的自然条件和文化传统。乡村旅游的发展应突出生态、绿色和休闲等特色，抓住文化差异、资源差异、生态差异以及村民生活状态差异等，坚持走特色化发展道路。当然，有特色的旅游产品应和周边地区旅游产品形成优势互补。

对于旅游目的地而言，如何正确处理投资者与居民之间的关系成为目的地可持续发展的关键因素。③ "洋家乐"投资者主要为外国人，与居民的沟通、交流存在较大困难，因此，投资者、政府以及居民都应以积极、友好的方式进行协商。首先，对于房屋使用权问题，外国投资者需要与房屋所有人协商一致、达成共识，除了经济上的补偿，投资者还可以通过提供就业机会、开展外语培训、引导村民创业等方式对居民进行

---

① 熊元斌、王婷：《美丽乡村视角下度假旅游发展模式研究——以德清"洋家乐"为例》，《荆楚学刊》2016年第17期。
② 罗斌：《乡村旅游创新产品——"洋家乐"发展概况》，《商业经济》2013年第21期。
③ 张秦：《"洋为中用"——乡村旅游实现创新发展新模式——以浙江省德清县"洋家乐"为例》，《旅游纵览》（下半月）2015年第6期。

补偿，引导居民认同与支持家乡发展"洋家乐"；其次，政府应编制招商引资标准，并在外国投资者与居民之间发挥协调组织作用，使处于劣势的居民的合法权益不受侵犯；最后，居民自身应树立正确的旅游发展观，既不能一味妥协，也不能为了追求经济牺牲整个社区利益。

（2）基于"点—轴系统"构建乡村旅游圈

"点—轴系统"的"点"指各级居民点和中心城市，是各级区域发展的极点，"轴"指由交通、通讯干线和能源、水源通道连接起来的"基础设施束"，"轴"对附近区域有很强的经济吸引力和凝聚力，轴线上集中的社会经济设施通过产品、信息、技术、人员、金融等，对附近区域有扩散作用。社会经济结构不平衡就会产生空间扩散，扩散的物质要素和非物质要素作用于附近区域，与区域生产力要素相结合，形成新的生产力，推动社会经济发展，最终导致区域空间结构均衡化。绵阳应用"点—轴系统"构建乡村旅游圈有以下几点好处。

第一，提高效率。绵阳旅游发展资金有限，在一定程度上制约了旅游产业发展。比如，江油旅游目前以青莲镇为核心，但许多景区旅游产品结构仍以观光游览型为主，直接将自然资源作为游览项目，而对文化、健身等旅游项目的开发不够，需要游客参与其中的项目不多，旅游体验类型较单一，游客在景区的停留时间短。"点—轴系统"理论突出了重点旅游中心城镇与重点区域的地位和作用。旅游发展轴上各节点是旅游发展轴线集聚作用和扩散作用的核心，能够得到更多资金以重点培育和发展。基于该理论的空间结构，有利于推进李白故居、窦圌山等重点区域和各节点开发建设，形成特色拳头产品，快速树立起江油旅游形象与地位，使有限的资金能够更好转化为旅游优势。

第二，增强交通便利性。交通便利性是关系旅游兴衰的重要因素，提高交通便利性是改善旅游环境的重要途径，也是区域旅游进一步发展的前提。绵阳部分景区之间距离较远，使得游客对旅游线路和时间的安排面临较多困难。县城至各景点之间没有便捷的道路连接，以干流为线、景区为点及以线连点的带动模式短期内无法实现。景点分散、道路狭窄等不利因素使绵阳部分旅游资源的可进入性较差，一定程度上制约了绵阳旅游发展。

"点—轴系统"模式有利于旅游空间要素通过旅游线状基础设施和旅

游网络向四周扩散，从而带动旅游节点的旅游发展。政府必须改善旅游地内外部空间的交通便利性，如提高连接区域中心与其他旅游"点"的道路等级、提高交通工具的速度、开展直达交通以减少中转时间等方式提升功能，促成全面开发。①

绵阳旅游资源丰富，但起步晚、发展程度不高，可通过"点—轴开发"逐步推进。绵阳主城区周边集中了旅游资源的精华，优先对主城区周边的景区进行规划建设，充分发挥主城区的辐射带动作用，有利于通过重点轴线逐步推进，最终促进绵阳旅游全面发展。

（二）崇礼——一个世界级滑雪、避暑胜地的崛起

随着北京市和河北省张家口市联合成功申办2022年冬季奥林匹克运动会，承办所有雪上项目的张家口市崇礼县受到了全世界的关注。崇礼县拥有特殊的地理环境及气候特点，早在1996年张家口市就在该县建立起华北地区第一家滑雪场，经过二十几年的发展，崇礼县先后已经建成塞北、万龙、翠云山、长城岭、多乐美地等滑雪场。②

崇礼隶属于河北省张家口市，位于河北省西北部，地处内蒙古高原与华北平原过渡地带，北倚内蒙古草原，南临张家口市中心城区，城区距离张家口市中心城区50千米，距北京220千米，距天津340千米，总面积2334平方千米。崇礼取儒家核心思想"崇尚礼义"而得名，2016年1月27日，撤销崇礼县，设立崇礼区。崇礼区是2022年冬奥会雪上项目主要竞赛场地之一。2020年1月5日，崇礼入选2020年中国冰雪旅游十强县（区）。

1. 典型性：冬天滑雪、夏季避暑全季节旅游

崇礼地处亚高原区域，海拔从814米延伸到2174米，形成了独特的小气候。夏季平均气温只有19℃，空气负离子浓度达3000个每立方厘米，比城市居民区负离子浓度高7倍多，是天然的大氧吧和避暑休闲的

---

① 张家历、周申立、赵珊等：《基于"点—轴系统"理论的四川武胜县旅游资源开发路径探讨》，《西华师范大学学报》（自然科学版）2014年第35期。

② 张莹、叶海波、陈艳霞：《冬奥会背景下崇礼县滑雪场发展现状与前景》，《冰雪运动》2016年第38期。

理想之地。冬季平均气温零下12℃，降雪量大，存雪期长，雪质参数高，被专家誉为我国发展滑雪产业最理想的区域之一。目前全县有林地面积120万亩，草场面积151万亩，森林覆盖率达40%，野生植物553种。

(1) 冰雪资源丰富

万龙滑雪场定位为高端滑雪场，整个雪场以高级雪道为主，主要针对的游客为滑雪发烧友或者高水平滑雪爱好者，相对而言滑雪价格也较其他雪场更高；密苑云顶滑雪场是马来西亚投资商投资20亿元建造的，主要以休闲度假为主，雪场初、中、高级各十条雪道，适合不同水平的滑雪爱好者。同时雪场配套的五星级云顶大酒店，可以承接世界各地的会议及活动；多乐美地滑雪场主要客户群体是以家庭为单位的滑雪爱好者，尤其面向少年儿童，雪道设计得更具趣味性，包括猫跳道、波浪道、森林追逐道、雪地公园、儿童乐园等，雪场配套酒店专设亲子房和儿童房；长城岭滑雪场与其他滑雪场不同，是由国家体育总局和河北省体育局2005年开始先后投资近1个亿建设的运动员高原训练基地，主要面对大众游客和小型旅行团，价格相对低廉。四家滑雪场由于各具特色、市场定位准确，因此在激烈的竞争中得以存活发展。

(2) 区位优势明显

崇礼位于河北省西北部，地处张家口市区、沽源、张北、赤城三县一区的中枢，距北京220千米，距天津340千米。随着公路、铁路、民航等交通设施建设的加快，张承高速和省道张沽线纵贯崇礼全境，张家口军民合用机场已通航。京张高铁崇礼支线现已通车，崇礼县进入北京"一个半小时经济圈"覆盖范围。目前正在筹划延崇高速、京北一级路，通车后北京到崇礼的路程将比现有路程缩短一半。

华北地区由于气候因素限制，缺乏丰富的冬季自然冰雪项目，而崇礼由于其得天独厚的地理位置和地形特点影响，冬季气候活动频繁，平均气温 -12℃，平均风速仅为二级，降雪早，全年积雪1.5m左右，存雪期150多天，填补了华北地区自然冰雪匮乏这一缺口。另外，崇礼位于渤海经济圈内，向南，联系着长江三角洲、珠江三角洲、港澳台地区等；向东，沟通韩国和日本；向北，连接着内蒙古和俄罗斯远东地区。如此独特的区位优势，为崇礼滑雪产业发展、国内外多领域经济合作提供了有利的环境和条件，崇礼由此成为国际国内投资的热点地区。

（3）主要景点分布

崇礼四家大型滑雪场经过多年开发建设，各具特色，基本情况见表3-1。长城岭滑雪场已建设成为河北省高原训练基地，多乐美地滑雪场目前是国家滑雪基地，万龙滑雪场被评为河北省最优秀4A景区。四家滑雪场已建成适合初、中、高级爱好者的雪道71条，雪道总长度约74千米，共有索道、拖牵、魔毯37条，虽然与国际大型滑雪场相比，还存在着一定的差距，但基本能够满足滑雪爱好者的需求。

万龙滑雪场地处崇礼县红花梁区域，是中国首家以滑雪为特色的国家4A级景区，是日本、韩国等国家专业运动员的指定训练基地，能够承办各类大型国际赛事。万龙滑雪场规划开发雪道100条90千米、滑雪面积250公顷、索道魔毯35条，建成雪道22条40千米、滑雪面积100公顷及索道、魔毯共7条，运力达9100人次/小时。金龙道和银龙道于2005年获得国际雪联的场地认证，猛龙、威龙、腾龙、中华龙4条雪道于2014年获得国际雪联场地认证，连续5年成功承办了国际雪联高山滑雪积分赛和远东杯赛等重大国际赛事。

表3-1　　　　　　　　　崇礼滑雪场基本情况①

滑雪场名称	雪道面积/10km²	海拔/m	雪道/条	雪道总长度/km	索道、拖牵、魔毯/条	运力/人小时
万龙滑雪场	79.1	1592—2100	24	36.5	6	7000
密苑云顶滑雪场	52.4	1715—2101	30	19.5	22	18270
多乐美地滑雪场	24.6	1633—1955	10	8.1	4	8145
长城岭滑雪场	12.9	1763—2011	7	10.0	5	4500

密苑·云顶乐园地处崇礼区太子城北部区域，规划开发雪道88条70千米、滑雪面积220公顷、索道魔毯22条，规划承担2022年冬奥会自由式和单板滑雪项目，建成雪道35条25千米、滑雪面积70公顷、索道魔毯6条，其中世界上领先的奥地利多贝玛雅高速索道3条，总运力达

---

① 图片来源：张莹，叶海波，陈艳霞，2016。

6400人次每小时。金莲花道和野玫瑰道于2012年获得国际雪联的场地认证。成功承办了国际雪联高山滑雪积分赛等重大赛事和第十二至十五届中国崇礼国际滑雪节。建成13万平方米酒店、800平方米的休闲餐厅、5200平方米雪具大厅，3.3万平方米滑雪公寓完成部分主体。

多乐美地滑雪场位于崇礼区四台嘴乡喜鹊梁，距北京226千米，距崇礼县城18千米，被9座2000米以上的高山环绕，地势从海拔1500米跨越至2174米，雪地面积超过30万平方米，拥有厚度1.5米以上的天然积雪和长达150多天的存雪时间，形成了难得一见的天然雪脉。多乐美地滑雪场拥有总长度超过8千米的初、中、高级滑雪道、猫条道和波浪道8条，并建设有时尚前卫的滑雪公园、森林雪道和儿童乐园等多种滑雪、娱雪区，是国家级滑雪训练基地之一。

长城岭景区是河北省体育局崇礼高原训练基地所在地，是国家3A级景区。位于崇礼区省级和平森林公园境内，占地面积15平方千米，距北京市251千米，距张家口市52千米，距离崇礼县城17千米。地貌属坝上坝下过渡型山区，海拔1800~2100米，远离市区，无污染、无噪音，空气中氧、负离子含量较高。夏季最高气温不超过25℃，冬季最低气温不低于零下23℃，降雪量大（积雪超过一米），雪期长达150天。长城岭高原训练基地森林覆盖率达70%，是集夏季训练、冬季滑雪、户外运动、休闲避暑为一体的全民健身活动场所。新建成的综合训练馆、田径场和运动员公寓，将使长城岭成为河北省第一个现代化高原竞技训练基地和体育健身基地。

2. 特色经验做法

得益于2022年冬奥会的成功申办和省市区各级政府的大力支持，崇礼滑雪产业发展速度很快，成为举世闻名的滑雪旅游目的地，年接待滑雪游客超过百万人次。① 但从经营情况来看，崇礼地区各大滑雪场的建设运营大多都有不同程度的亏损，滑雪产业经营存在一定的负担。一是资金投入巨大。崇礼自1996年第一家滑雪场建立以来，目前已建成大型滑雪场7家，加之一些中小型滑雪场，崇礼已成为国内规模最大、产业效

---

① 张葳、魏永旺、刘博：《河北省滑雪旅游资源深度开发和特色品牌建设对策研究——以崇礼为例》，《城市发展研究》2015年第22期。

益最突出的滑雪场聚集地。滑雪场投资体量庞大，且为更好地支持和服务冬奥会、营造良好的运营环境，目前崇礼地区各大滑雪场都在不断追加投资，除用于滑雪场的规模扩大和质量提升外，还用于基础设施和配套设施提档升级，以达到国家接待标准。例如，万龙滑雪场资金投入高达15亿元，太舞滑雪场和富龙滑雪场的资金投入均在40亿元以上。二是运营成本高昂。滑雪场的运营成本很高，除进行大规模硬件建设，在经营过程中还要长期造雪、维护雪道，特别是用水、用电、用气等资源和能源成本较高，加之征地费用和人工成本的增长，导致崇礼地区各大滑雪场的运营成本常年居高不下。以万龙滑雪场为例，2018年运营成本高达1.2亿元，其中水电费的成本支出占到了15%。三是市场培育艰难。崇礼的滑雪旅游市场还处于培育期，尽管年接待滑雪游客数量逐年增长，但也远无法与国际上滑雪旅游发达地区相匹敌，冬奥会举办地的影响效应尚未完全发挥。例如，崇礼地区年接待量最高的万龙滑雪场，2017、2018雪季共接待滑雪游客35万人次，而同为冬奥会承办赛场的法国拉普拉涅滑雪场和加拿大惠斯勒滑雪场，同时期的滑雪游客接待量分别为260万人次和180万人次。由此可见，崇礼滑雪旅游市场的提升空间还很大，但由于未来欧美、日韩等对全球高端滑雪客源的垄断和国内东北三省、北京等对全国滑雪客源的分流，崇礼滑雪旅游市场的培育还很艰难。四是四季成效不彰。近年来，为提高游客接待数量，崇礼地区各大滑雪场都开始探索四季运营模式。由于海拔优势，各家滑雪场大多身处森林公园（4A级景区），在夏秋季节是天然的森林氧吧，是真正的休闲避暑胜地。特别是在夏季，各大滑雪场纷纷推出儿童夏令营、成人户外营地、山地运动、越野比赛等休闲运动产品。尽管具有得天独厚的优势，但与国内众多探索四季运营模式的滑雪场一样，成效目前亦未彰显。以万龙滑雪场为例，2017年全年接待游客数量40多万人次，其中80%仍为冬季游客。

为了解决上述问题，从国家到省、市层面都进行了积极努力。国家支持河北创建国家体育（滑雪）旅游示范区，为崇礼营造了良好的滑雪旅游发展环境。目前全国只有海南、贵州两省建立了体育旅游示范区。在"健康中国"国家战略和习近平总书记关于"冰天雪地也是金山银山"和"三亿人参与冰雪运动"的重要精神指引下，大众对于滑雪旅游的消费需求日益增长，而坐拥独特区位和冰雪资源优势的河北是发展滑雪旅游最得天独厚的省份之一。

完善滑雪产业发展配套政策，加大对滑雪场建设运营的扶持力度。从崇礼地区各大滑雪场经营的现实情况出发，提供以下支持。一是从当前提高冬奥会协办水平出发，兼顾京津冀滑雪产业长远发展，在政策、资金、项目、技术等方面给予更多支持。二是加大对崇礼地区滑雪场建设运营的财政支持。滑雪场既是冬奥会比赛场地，也是滑雪产业重要载体，是滑雪产业投融资的重中之重，一方面要依托市场机制吸引社会投资，另一方面还要加大财政支持。

3. 对绵阳的启示

（1）开展体育休闲旅游

伴随着我国旅游发展大潮，绵阳旅游也呈现出快速发展趋势，但与其周边一些市、州相比还存在着一些不足。由于成都、乐山、阿坝这些地方拥有得天独厚的特色旅游资源，绵阳如果不能脱离传统旅游发展思路，仍以观光旅游为主或特色不突出的话，将很难使自己的旅游业有一个突飞猛进的发展。因此，绵阳应利用其丰富的休闲旅游资源，以绵阳、成都和周边游客为主发展休闲旅游，而体育休闲旅游则可以作为绵阳休闲旅游发展的特色加以重点开发。

绵阳拥有深厚的体育文化底蕴。由于曾培养出多名世界和全国冠军，绵阳成为国家体育局指定的乒乓球重点城市；其下辖的江油市则是国家体育局命名的武术之乡，同时这里还培养出了世界举重冠军刘寿斌、女子国际象棋大师娄红宇；这里还是国家体育局国家青少年柔道训练基地和国家赛艇高水平后备人才基地。近年来，绵阳相继成功举办了多项国家级和国际级体育赛事活动，如第4届农民运动会、第2届全国体育大会、第13届世界拳击锦标赛、亚洲体育舞蹈锦标赛等。一系列体育赛事的举办，在绵阳掀起了全民健身的热潮。据统计，绵阳市区常年参加体育锻炼的人口达到了45%。[①]

绵阳拥有丰富的山水资源，如市内及周边有众多的山岳，如富乐山、西山、窦圌山、雪宝顶等，有南湖、仙海湖、白水湖、鲁班湖等适合垂

---

① 邹勇：《绵阳体育休闲旅游开发研究》，《绵阳师范学院学报》2011年第30期。

钓、滑水等各种水上活动的湖泊，这些自然资源大多适合开展体育休闲旅游。作为著名武术家海灯法师的故乡，这里的中国传统武术文化源远流长。根据绵阳自然、人文资源的特点，可以重点开发以下体育休闲旅游项目。

第一，极限运动。江油有窦圌山和盘江，窦圌山的地形非常特殊，特别适宜开展滑翔、攀岩等项目。在窦圌山附近还有被称为"四川旅游第一漂"的盘江漂流，全部水程险而不惊，非常适于开展漂流活动。

第二，水上运动。绵阳水资源丰富，可以开展各种丰富多彩的水上运动。城郊的仙海湖风景区水域面积广达一万两千多亩，在其规划中，这里将建成一个集旅游观光、运动健身于一体的休闲度假区。这里可以开展垂钓、划船、滑水等各种水上竞技型体育活动。绵阳相继成功举办了绵阳市和四川省环仙海湖公路自行车比赛。绵阳可以将此赛事长期举办下去，把它办成一项集旅游与竞技于一体的赛事，推动体育休闲旅游发展。

第三，顶级赛事。绵阳成功举办了全国农民运动会和第2届全国体育大会，留下了较完整的体育场馆设施。随后成功举办的第13届世界拳击锦标赛、国际体育舞蹈公开赛、亚洲体育舞蹈锦标赛表明，绵阳不仅可以承担国内赛事，还可以承担国际赛事。绵阳可以通过举办一些顶级赛事，借助赛事的影响力，吸引国内外体育爱好者汇聚绵阳。

第四，传统武术。绵阳是中国武术大师海灯法师的故乡，江油是国家体育局命名的武术之乡，这里中华武术文化源远流长。20世纪80年代，海灯法师在江油创办的"海灯法师武术馆"，在省内乃至全国产生了一定的影响。绵阳可以通过资源整合，发挥中国传统武术的魅力，吸引全国各地乃至国外武术爱好者到绵阳学习。

现在的旅游市场竞争非常激烈，绵阳除了要开发优势产品外，还必须重视品牌建设，可以通过持续举办一些有影响的国际国内比赛来吸引体育旅游消费者，以此带动本地区其他体育休闲旅游活动的开展。

绵阳的体育旅游资源非常具有开发价值，但在开发过程中，政府首先要进行统一规划，突出特色，体现重点，尽量避免地方各自为政；要充分发挥市场的主渠道作用，通过多渠道融资、多元主体参与，从而形成体育休闲旅游开发的新型管理机制。

(2) 节事旅游

节事旅游是以旅游目的地的地方节日为文化依托，以节事活动和节日庆典为举办载体，以吸引当地和外地旅游者、聚集人气、发展旅游事业为目的的一种具有文化和经济双重内涵的新型旅游产品。旅游节承载着本地区源远流长的历史文化、民族风情和宗教特色。节事旅游开发的过程，实际上就是对本地文化深入挖掘的过程，是彰显文化特质并对传统文化加以继承和弘扬的过程。成功的旅游节庆不仅可以聚拢人气、增加目的地经济收入，还可以推动目的地基础设施建设超常规、跨越式发展，可以提升甚至重塑目的地的旅游形象，拉动目的地经济及相关产业发展。①

节事旅游主要目的在于加强外界对于旅游目的地的认同，增强其吸引力，提高其经济收入。近年来，国内外许多知名城市都借各种形式的节事活动来打造自己的城市旅游品牌。其中许多节事活动已经成为城市吸引国内外消费者的重要内容之一，也成了城市提升旅游业发展、振兴城市经济的重要方式，具有很强的目的地形象塑造功能。节事旅游反映着整个旅游业和区域发展形象的建设，对目的地具有巨大的影响效应，特别是对目的地形象的重塑作用，能够带动旅游业的产品结构调整以及旅游服务水平的提升。节事旅游承载着当地源远流长的历史文化及民俗风情，丰富多彩的节庆活动可以使这些优秀的积淀展示在游客面前，并在不断丰富和完善的过程中得到传承和发扬。

(3) 减轻季节变化对客源数量影响

一是充分利用资源特色。政府主导统筹开发设计淡季旅游产品，根据旅游资源特点和游客需求、区域内统筹规划，加强区域内旅游资源的集聚开发，突出区域内乡村旅游产品的多样性，平衡其季节性。如平武县根据平武县各乡、村旅游资源的特色，推出了每年2—3月以平通梅林为主的"印象梅林"旅游线路，及4—6月的"高山花海徒步观光、生态休闲、文化体验、森林康养、花香农家乐、自驾游"六大产品体系，在一定程度上缓解了淡旺季差异。

---

① 张葳：《节事旅游对目的地的影响效应研究——以崇礼国际滑雪节为例》，《商场现代化》2010年第6期。

二是开发老年旅游产品。当前，世界上人口进入老龄化的国家越来越多，中国已经成为世界上老年人口最多的国家。国家统计局数据显示，截至2016年底，我国60岁以上的人口升至2.3亿。老年人既有闲暇时间也有一定的经济条件，在身体健康的情况下，旅游需求是比较旺盛的。因为可自由支配的出游时间比较灵活，老年人基本上会选择淡季错峰出游。可以根据老年客源市场的需求特点，开发以康养、度假为主的夕阳红旅游产品，并利用互联网提供全方位的服务，让老人满意、子女放心，从而减少淡季带来的负面影响。

二 特色历史文化旅游案例研究与启示

杜甫草堂位于四川省成都市青羊区西门外浣花溪畔，是中国唐代伟大现实主义诗人杜甫流寓成都时的故居，是国家4A级旅游景区。草堂总面积近300亩，完整保留着明弘治十三年（1500）和清嘉庆十六年（1811）修葺扩建时的建筑格局，建筑古朴典雅，园林清幽秀丽，是中国文学史上的一块圣地。1955年成立杜甫纪念馆，1985年更名为成都杜甫草堂博物馆。

（一）典型性：历史名人、名胜的多元魅力

杜甫草堂最大的亮点和特色在于，其并非一个单纯的历史名人故居，而是以"诗圣"的事迹、风骨及其所彰显的历史情怀为主线，构造一个综合性、包容性、多向度延展的公共文化空间，在经济效益创造、爱国主义教育、城市文化铸造等众多方面发挥重要功能和价值，使游客浸染在多重文本构造的诗意空间内，极大地丰富了游览体验，并升华了城市品位。

第一，特色园林设计框定复合诗意空间。草堂园林景观总体上包括草堂旧址、园林景点游览区（梅园）和服务区（草堂寺）三个组成部分。以草堂旧址为例，照壁、正门、大廨、诗史堂、柴门、工部祠排列在一条中轴线上，两旁配以对称的回廊，其格局总体上严整宏大，衬托出杜甫草堂的庄严、深邃及历史感，与"诗圣"的崇高地位和伟大品格相得益彰。中轴线外则间以其他附属建筑，其间以流水与小桥勾连，杂以参

天绿树掩映，诗趣盎然，在草堂宏大的精神气场中点缀上赏园的诗情画意，在旅游本位与人文教育中取得了恰当的平衡，拓宽了游览中的身心体验。总体而言，以丰富多样的园林建筑形式为载体，杜甫草堂给人的意义和体验是层次多样、有机平衡的。

第二，集成多种形式，突出"诗圣"历史品格。草堂原为杜甫暂居成都浣花溪旧居，本非故乡，也非长居之地，只有简陋茅屋，能直观的旧迹寥寥无几，但杜甫一生诗著宏富，是现实主义文学品格的最杰出代表。为在有限的空间内汇聚诗圣深广的精神财富，草堂进行了有针对性的设计。在工部祠东侧立有"少陵草堂"碑亭，象征着杜甫茅屋；在位于原梵安寺古建筑群第三重大雄宝殿的"大雅堂"内，陈列着迄今为止国内最大面积（64平方米）的大型彩釉镶嵌磨漆壁画和12尊历代著名诗人雕塑，形象地展示了杜甫生平和中国古典诗歌发展史；馆内的基本陈列《诗圣著千秋》用现代陈列手段和形象鲜明的陈列语言，展示了杜甫诗歌的辉煌成就，表现了杜甫思想的深远影响。草堂博物馆内珍藏有各类资料3万余册，文物2000余件，是有关杜甫平生创作馆藏最丰富、保存最完好的地方。由此，草堂在有限的史迹基础上，将诗圣崇高地位带来的文化号召力最大化，以"诗圣"之乡而名扬天下。

第三，扩张品牌效应，拓展综合性功能空间。在一流园林景观、丰富文化资源基础上，草堂着力扩张诗圣文化品牌，在精神文明建设和文化市场中延展其经济和教育价值，将草堂打造成大型综合研学基地。例如，草堂收藏的杜甫诗意画有数百幅，平时展出的是近、现代画家的作品，其中不乏齐白石、徐悲鸿、傅抱石等大家的作品；草堂也将"唐风遗韵"游客服务中心打造成一个特色旅游商品开发和销售为一体的规模化市场；杜甫草堂诗书画院与"唐风遗韵"相邻，集书画展览、交流、购销、收藏为一体，是开发传统优秀文化、发展文化产业的高品位平台；草堂内常年举办各种研讨会、书画展，成为国内外知名的研学胜地，在扩大草堂知名度、创造经济收益的同时，也提升了成都市的文化品位，对地区经济、文化发展有积极的促进作用。

（二）特色经验做法：精准定位、多方协同

杜甫草堂的成功离不开政府主导下的各方参与、协同发力。其基本经验是，既需要政府积极、有力、合理作为，也要求汇聚多元主体的要素禀赋，从而充分调动政府、市场和社会多种力量，各司其职、有机协调，形成政策、资金、智识等多模块协同的合作机制。

第一，多方筹措资金是基础。打造任何一个旅游标杆工程，都需要大量资本投入。在某种意义上，"花少钱办大事"的想法并不适合打造类似杜甫草堂这样大型、集成性的历史文化旅游板块。但是，可以"少花政府的钱来办大事"。成都市政府就特别注重资本来源的多样化，即以市场化的分配和激励机制为基础，大量引入市场的力量来实现资本扩容。

第二，政府主导战略和全局，协同各方要素禀赋产出。历史文化作为一种特殊的公共资源，其价值不能仅仅交由市场来实现。政府需要发挥主导作用，在项目工程实施的经济、教育与社会收益之间维系平衡。政府应确保资方投入获得相应的经济回报，但在规划和管理中应积极引入社会意见、专家学者的态度，以确保资本逻辑不侵蚀项目的精神内核，破坏城市旅游经济的长远收益。

第三，政府应特别注重项目实施的重大节点。以杜甫草堂"选址"为例，草堂位置何来曾是一大悬案，这给草堂选址带来一定挑战。在综合专家学者意见的基础上，草堂选址极其成功。2001年底，在草堂内发掘出大面积的唐代生活遗址和一批唐代文物，极大地丰富了杜甫草堂的历史文化内涵，印证了杜甫当年对居住环境及生活情景的描写，增加了杜甫草堂的历史厚重感，为这块圣地增添了新的光彩。

第四，由专业设计团队专职负责。政府发挥主导作用，但不应过度干预景观设计的具体环节。景观设计具有极强的专业性，而且是实现旅游价值的关键环节，不能由个别领导的好恶来决定。在景观设计环节，草堂博物馆汇聚各方意见后提出具体要求，聘请专业团队组织实施，收到了很好的效果。

（三）对绵阳的启示

绵阳及江油地区历史名胜资源丰富，特别是唐代诗仙李白在江油出生并生活了24年，留下了大量脍炙人口的不朽诗篇和珍贵遗迹。改革开放的总设计师邓小平同志为江油亲笔题写"李白故里"，江油被评为"中国诗歌之乡"。江油拥有被评为国家 4A 景区、全国爱国主义教育基地、省社科普及基地、省级研学实践教育基地的李白纪念馆。在绵阳旅游经济现状基础上，借鉴杜甫草堂博物馆成功经验，做大、做强绵阳历史文化类旅游产业可聚焦以下几个方面。

第一，优化资金投入。目前绵阳市旅游开发倚重社会资本投入，但受限于旅游经济投入大、回报慢且不确定因素大的缺点，短期内进一步扩大资本投入有不小的挑战。因此，应在优化资金分配上下功夫。政府应适时引导，集中力量发展具有较高比较优势的历史文化类旅游项目。例如，发展江油以李白文化为主干的文旅示范区，特别是针对目前存在的主要问题投入资金予以解决。充分挖掘、搜集李白生平事迹相关遗迹、文物，强化景观的历史积淀；加快餐饮、住宿、交通等基础设施建设；加强从业人员培训；丰富景区景观，将自然景观和人文景观更好地融合；等等。

第二，注重规模效应。从绵阳周边乃至四川全省的角度形成景点联动，提升规模效应。例如，以中华诗歌文化、中医文化、美食文化等为主题，串联各个历史文化名胜，避免零敲碎打，使各个旅游产业细分板块，宛如铺开的中华古典文化画卷，形成集群优势。

第三，拓宽旅游产业价值链。以体系性的文化名胜集群为依托，打造一流研学基地，与相关研究和教育单位合作，大力拓展国学、中国古典文化研讨活动。建设实验性的诗歌创作培训学校，在旅游行业竞争中构建比较优势。

三　特色民族文化旅游案例研究与启示

（一）贵州西江千户苗寨——少数民族特色村落

西江千户苗寨位于贵州省黔东南苗族侗族自治州雷山县东北部的雷公山麓，距离县城 36 千米，距离黔东南州州府凯里 35 千米，距离省会贵阳市约 200 千米。其由 10 余个依山而建的自然村寨相连成片，是目前中国乃至全世界最大的苗族聚居村寨。2005 年，西江千户苗寨吊脚楼被列入首批国家级非物质文化遗产名录。

1. 典型性：少数民族特色文化村寨

第一，建设苗寨特色村落，充分发挥人文地理独具优势。西江千户苗寨是一个保存苗族"原始生态"文化较为完整的地方，它是领略和认识中国苗族漫长历史与发展之地，这就形成了开发人文旅游的独特资源。地方政府将苗寨景观系统性地保存和修复，以古朴却新颖的方式呈现给游客，作为旅游业态发展的坚实内核。每年举办苗年节、吃新节以及十三年一次的牯藏节，这些独有的人文活动使得苗寨文化更加鲜活热络，使得苗寨游名扬四海。

第二，赋予民族生活市场化内涵，拉动旅游周边业态繁荣。西江苗族是黔东南苗族的重要组成部分之一，现主要居住的是苗族的"西"氏族。作为全世界最大的苗寨，西江千户苗寨拥有深厚的苗族文化底蕴，苗族建筑、服饰、银饰、语言、饮食、传统习俗不但典型，而且保存较好。将独具特色的苗族生活纳入旅游产品体系，大为丰富了文创产品开发，大幅延伸了旅游产业价值链条。

第三，深度开发苗族文化，建设民族史的天然博物馆。西江千户苗寨是一座露天博物馆，陈列着一部苗族发展史诗，成为观赏和研究苗族传统文化的大看台。2005年11月"中国民族博物馆西江千户苗寨馆"在此挂牌，不仅放大了苗寨游的文化影响力，而且通过引进和整合研究资源，反哺旅游战略构建，为苗寨人文旅游进一步发展贡献了思想和创意。

2. 特色经验做法：保护与开发并重

第一，以保护性开发为根本战略指导。西江千户苗寨按照统一规划、合理布局、有序开发、配套完善、科学管理的可持续发展的原则，坚持开发与保护并重，努力做到在保护中开发、在开发中保护，确保旅游产业可持续发展；坚持"政府主导、企业主体、市场运作"原则，突出发展生态旅游，全力加快名山、名城、名镇、名村建设步伐。虽然地理位置并非核心区域，但随着发展切实解决"行路难、观景难、食宿难、购物难"等各种问题，西江千户苗寨成功构建了少数民族村寨的保护性开发案例。

第二，全业态打造区域旅游典范。围绕"吃住行游购娱"和"商养学闲情奇"等旅游要素，不断延伸旅游产业链条。挖掘开发少数民族特色美食，打造旅游名宴；在发展传统酒店行业的基础上，鼓励发展精品民宿、主题农庄、文化主题客栈、生态酒店、户外营地、自驾营地等住宿新业态；完善旅游智慧化建设，充分利用手机网络平台，全方位实现网上订购消费等；建设管理规范、经营诚信的购物环境，科学布局旅游购物网点，培育特色旅游商品。①

第三，衔接新媒体登顶"网红"品牌。2019年，与抖音平台合作大大提升并拓展了西江千户苗寨的影响力。2019年3月，抖音文旅扶贫项目"山里DOU是好风光"正式落地雷山，多位抖音达人受邀拍摄西江千户苗寨风光，通过视频展示西江千户苗寨的自然风光和原生态文化，提升了西江千户苗寨在全国的知名度。此外，雷山县苗寨非遗数量众多，但却鲜为人知。为帮助雷山更多非遗、美景走出大山，"山里DOU是好风光"还在当地培训了百余名新媒体人才，帮助他们掌握抖音拍摄运营技巧，从而持续传播贵州之美。目前，学员们创作的图文、短视频内容累计传播超亿次。受项目落地影响，2019年4月以来抖音上雷山相关短视频数量迅速增长，总播放量累计超过5.3亿次。而坐落于雷山县的西江千户苗寨当之无愧成为游客最爱打卡景点，经过相关评审团线上线下评估，该景区被认证为"抖音美好打卡地"。

第四，宣传鼓励政策，促进文旅产业融合。政府围绕景区建设、宣传促销、项目实施等内容，以奖代补制定鼓励、激励政策，充分调动景区、宾馆饭店、旅行社等涉旅企业参与旅游发展的积极性。结合旅游助推脱贫攻坚，鼓励村社、农户投资发展休闲农业、特色民宿、农家乐等业态，不断丰富乡村旅游发展内容，鼓励农户参与旅游发展。旅游数据调查表明，除贵州省游客以外，前来西江旅游的国内游客主要来自重庆、广东、广西、湖南、湖北、北京以及上海等全国各地，国外游客主要来自美国、法国、英国、西班牙和比利时等。

3. 对绵阳的启示

"千户苗寨"的成功经验对于平武白马藏族和北川羌族文化旅游开发具有重要借鉴意义。少数民族聚居区的保护与开发面临着同化与保护、

---

① 《"十三五"全国旅游公共服务规划》，新华网，2017年3月6日，http://www.xinhuanet.com/2017-03/06/c_1120576463.htm，2023年3月31日。

可持续性发展的矛盾。伴随着城市化与现代化的快速推进，文旅发展实质上也是一个不可逆的过程。在这一过程中最大限度保护好少数民族文化是我们目前需要争取实现的。西江千户苗寨少数民族特色村落与绵阳平武县白马藏族特色村落有相似之处，虽然村落规模和地理位置有一定的区别，但无论从少数民族聚居村落保护还是从特色文化打造上都有着借鉴意义。

第一，聚焦特色与梳理品牌，连点成线全业态发展。以白马藏族文化为底蕴，打造白马十八寨文旅景区，培育一批文化旅游、民族歌舞、工艺美术、文化创意等示范项目，增强民族民俗文化资源转化能力。

第二，拓展周边产业，实现产游融合。依托大九寨世界遗产旅游区和羌族文化生态保护区，规划建设白马西羌文化旅游精品线路，构建四川藏羌彝文化产业走廊重要发展区，将少数民族文化、特色旅游及周边产业深度融合。

第三，深化与新媒体平台合作，开拓文旅宣传新战线。除传统媒体媒介网络覆盖外，新媒体如抖音、哔哩哔哩等是推广宣传的重要平台。以抖音为例，"抖音美好打卡地"是其发布的文旅认证品牌，其将根据各个旅游目的地的不同得分，授予其相应的"一赞""二赞"或"三赞"的年度认证。其中，"三赞"为最高等级，依次分别代表休闲观光优选之地、度假体验新鲜之地、一生必去美好之地。文旅消费主力及文化传承主体必然是青年一代，而新媒体平台的宣传影响力不可小觑。

第四，实现文旅产融合。树立全域旅游理念，推进"文旅+"战略，推动旅游业与新型城镇化、新型工业化、现代农业等紧密结合，实现旅游空间布局全区域、旅游产业发展全领域。将民族风情游融入城镇景观，围绕"美丽乡村"建设，按照"村寨民居+特色产业+生态旅游"等模式，坚持"产业园区、新型社区、田园景区"三区同建思路，丰富风情民俗内涵，全面推动特色乡村旅游提档升级。

（二）丽江——自然景观、少数民族聚居区

丽江位于云南省西北部云贵高原与青藏高原的连接部位，曾是丝绸之路和茶马古道的中转站，历史悠久，因为独特人文和自然景观，成为近年来国内人气非常高的旅行胜地。

1. 典型性:"自然+人文"打造的文旅胜地

(1) 山美水美印在丽江的名片上

不少旅行者以为丽江古城就是丽江,其实不然。除了古城,丽江地区面积远大于丽江古城,这里有很多值得游览的地方——比如神秘的"东方女儿国"泸沽湖、巍峨雄伟的玉龙雪山、山清水秀的拉市海和波澜壮阔的虎跳峡等地。发展自然景观旅游必须以天赋的自然地理为依托,这在丽江表现得最为明显。

(2) 茶马古道的人文集胜之地

丽江集合了独特的人文景观,在中国的人文版图中独树一帜,既不同于中原文化的严肃规整,与江南文化的清丽婉约也有相异之处。丽江古城又叫大研古镇,是中国罕见的保存相当完好的少数民族古城,集中了纳西文化的精华,完整地保留了宋、元以来形成的历史风貌。这里有浓郁的民族风情、小桥流水式的布局、错落有致的民居建筑,还有散漫的生活节奏、丰富的夜生活。丽江自古以来是丝绸之路和茶马古道的中转站,建于南宋的丽江古城,为古时的仓廪集散之地。这些独特的人文景观与自然风貌相辅相成,给游客以独特而难忘的体验。

2. 特色经验做法:全民参与文旅开发,打造宣传运营大格局

丽江旅游资源得天独厚,但长期处于较为落后的地区,且其地理位置较为闭塞边缘,如何跻身旅游经济第一梯队,有效的宣传和软件建设是重中之重。

第一,坚持以合作促销扩大知名度。按照"市场对接、客源互送、利益共享"的原则,与川、陕、渝等地旅游公司联合,与周边景区联动,与省内外旅行社联网,加强交流合作,逐步形成多层次、全方位宣传促销网络。

第二,坚持以媒介促销。充分运用报纸、电视、网络等媒介作用,建成旅游信息网,在中央电视台、中国旅游网、云南旅游信息网等平台大力宣传推介,使得全区旅游知名度进一步提升。注重构建有别于城市商业文化的"悠闲"语境,充分利用当今工薪阶层工作压力大、渴望回归田园的心理,使其成为躲避城市喧嚣的一方乐土。

第三,全民动员实现内涵式发展。针对游客个性化、差异化、碎片化消费需求,利用全国乡村旅游扶贫示范村等政策机遇,引导贫困户成

为乡村旅游从业者、创业者，走上脱贫致富道路。打造"景区+农家"模式，以景区（点）为依托，鼓励周边农民利用自家庭院开办农家乐或旅游接待点，开展休闲乡村旅游，增加经济收入。推动实施"培训+从业"模式，增强发展软实力，引导农民群众从事旅游企业劳务用工，增加工资收入。积极推进"企业+基地+农户"模式，鼓励通过利用自身资源、资产入股，参与旅游企业经营，获取收益。

3. 对绵阳的启示

丽江与绵阳都属地级市，虽地理、地貌有一定的区别，但二者均既有底蕴深厚的人文古城、古镇，也有独特的自然景观。其中，丽江古城区是中国罕见的保存相当完好的少数民族古城，集中了纳西文化的精华，而绵阳有平武的白马藏族文化以及北川的羌族文化传承；丽江有美丽的泸沽湖、虎跳峡，而在江油、平武等地有着美丽的自然景观可开发。具体来看，要从地级市层面综合挖掘江油、平武等地自然景观的文旅潜力。

（1）完备、创新文旅品牌及相关产业链条体制机制

管理层面实现多层次创新。创新管理机制，强化旅游资源管理、旅游安全管理，规范旅游开发和经营秩序，建立健全诚信评价体系、诚信监管体系、法制保障体系。创新投入机制，创新旅游产业发展投融资体系，设立旅游发展专项资金，用于旅游教育培训和宣传促销，大力争取项目资金和招商引资，广泛吸纳民间资金，投入旅游产业发展。创新人才培育机制，加强旅游产业人才队伍建设，建立健全旅游人才培训、激励机制，提高人才素质，努力推动旅游产业健康、快速发展。

文旅品牌创建注重基础配套。逐步完善景区水、电、路等基础设施，建立健全旅游咨询和集散体系，加快推进旅游厕所革命，规范旅游交通沿线和旅游景区旅游标志系统。健全旅游投诉机制，加强旅游安全预警、旅游安全应急及旅游安全保障体系建设。

强化产品支撑，形成文旅产融合发展大趋势。依托资源特色，着力打造以田园休闲、森林康养为主要取向的产品体系。围绕传统观光游做优现有优势景区，丰富景区旅游项目。鼓励发展康养、医疗、活动、会展、研学等旅游新业态。充分利用丰富的农业资源，挖掘民俗文化，大力发展乡村旅游，开发一批形式多样、特色鲜明、个性突出的乡村文化旅游产品。

（2）串点成线、连线成面，建设全域旅游示范区，形成综合规模效益

坚持规划引领，推进全市国土空间规划、产业发展规划、生态保护规划、村庄规划及其他各类规划"多规合一"，充分挖掘并将文化元素融入旅游规划，提前谋划规划文旅融合发展的空间布局。坚持统筹推进，突出融合发展，加强基础配套，实施综合营销，强化共建共治。支持北川、平武、安州创建国家全域旅游示范区，力争2020年通过国、省验收。支持江油、游仙、梓潼等具备条件的地区进入创建名单。大力提升潼川古城、郪江古镇、嫘祖陵景区、休闲康养民宿群等文旅名片影响力，最终将绵阳成功打造为全域旅游示范市。

四 红色文化旅游案例研究与启示

（一）将峥嵘岁月纳入文旅经济版图——攀枝花中国三线建设博物馆

攀枝花中国三线建设博物馆位于攀枝花市花城新区，占地面积59亩，建筑总面积24023平方米，项目总投资3.4亿元。2010年初，博物馆筹建工作正式启动。2015年3月3日，在攀枝花建市50周年之际，博物馆正式免费对外开放。2016年4月，博物馆正式冠名"攀枝花中国三线建设博物馆"，成为全省第二个"国字号"博物馆。目前，攀枝花中国三线建设博物馆是国内面积最大、展陈最全、藏品最多的三线主题博物馆，是攀枝花文化建设的重大成果，对于提升攀枝花市的文化软实力、打造城市文化品牌具有十分重要的意义。

1. 典型性：将三线建设史当作城市的靓丽名片

第一，一部三线建设的百科全书。全馆以"国"字冠名，拥有与其相匹配的宏大叙事结构和馆藏文物，专题陈列由"全国三线建设的历史背景""党中央的决策发动""十三省区三线建设的展开情况""三线建设推动发展的中西部城市和重点项目""三线建设的调整改造和成就""三线建设的精神传承"等几大部分构成。博物馆共收集文物、文献史料2万余件（套），图片3万余张，口述历史视频120人、8000多分钟，其他三线建设时期视频资料3000多分钟，系统展示了新中国筚路蓝缕开展三线建设的恢弘成就，为共和国保存了珍贵的历史记忆。

第二,在新中国工业建设的大历史中锚定攀枝花。全馆有机地将攀枝花的城市面貌融入新中国工业建设及三线建设的大历史。全国三线建设和攀枝花建设的内容所占比例为7∶3。随着三线建设大幕在馆内缓缓铺就,攀枝花市的自然人文地理、文化禀赋、建设历史也跃入眼前,无形中提升了城市文化品位和精神品格,提升了参观者认知、游览、感悟攀枝花的兴趣。

第三,在公共空间中点燃激情燃烧的岁月。博物馆全年免费开放,已经建成有关三线建设的特色线上资料库。2015年10月,博物馆"铭刻峥嵘岁月,熔铸历史丰碑"主题展获全国2016年度"弘扬优秀文化、培育社会主义核心价值观"优秀主题展览。这些成功的举措使得博物馆仿佛一座竖立着纪念碑的城市广场或图书馆,融入城市的公共生活,使得广大市民浸染和承续着三线精神,宛如一个巨大的精神能量场,在公共空间唤醒那过往的峥嵘岁月。博物馆先后被评为"四川省爱国主义教育基地""四川省中国共产党史教育基地""四川首批统一战线中国特色社会主义教育基地""四川省青少年社会实践教育基地"。

2. 特色经验做法:做大做强特色文化品牌,打造文旅产融合经济板块

攀枝花中国三线建设博物馆作为一个极具特色的人文历史游览胜地,其成功之道很大程度上离不开政府的有力作为。

第一,在时代精神中精准把握城市特色文化。作为一个地域特色、文化特色都很鲜明的地区,攀枝花市审时度势,在社会主义核心价值观建设中,高扬红色文化旗帜,探寻城市的精神命脉,以三线建设作为抓手,打造城市文化品牌,始终将城市的命运与中国工业建设的大潮紧紧联系在一起。攀枝花中国三线建设博物馆就是城市历史和城市精神的具象化。地区旅游经济的构建需要既植根于文化土壤,又要在时代精神中精准定位,从而实现经济、社会和文化效益的最大化。

第二,怀抱政治意识做大、做强文化品牌。地方主管部门积极推动博物馆更名为攀枝花中国三线建设博物馆,显示出大视野和大情怀。这是在充分认识攀枝花与国家的血脉关联、深刻领悟攀枝花在中国大历史中的使命、角色的前提下,由深刻的政治责任感所激发的社会主义精神文明建设实践。正是在"国"字当头的激励下,攀枝花市政府才能加大

投入，广泛收集三线建设文物，扩大博物馆格局。某种程度上，博物馆的政治品格使其创设和发展具有超越市场逻辑的韧劲和能动性。

第三，公共文化品牌彰显经济价值。博物馆属于公共文化产品，攀枝花中国三线建设博物馆免费开放，其非排他性的公共产品特质更为明显。攀枝花市政府并没有将文化产品的公共性与经济性对立起来。从其政策可以看出，二者的关系在其规划中是相互促进的。公共产品更容易在短时间内扩大影响力，抢占品牌高地，形成强大的口碑势能。在此基础上，政府可以做进一步的引导，以其核心形成密集的文创产业集群，打造一个高附加值的旅游经济板块。

3. 对绵阳的启示

绵阳地区也是三线建设重心，在中国核工业、航空航天事业中留下了浓墨重彩的一笔，同样可以在"三线建设游"中书写旅游经济的绚烂华章。

第一，明确以"三线建设游""中国军事工业建设游"为主题，弘扬红色文化、军事文化，打造别具一格的"工业游""军事游"产业，引领相关旅游板块发展。这样的旅游主题将对特定人群形成巨大吸引力，形成特殊的比较优势，并体现出较强的延展能力，便于形成一个集研学、娱乐于一体的综合产业集群。

第二，怀抱政治使命意识办旅游。发展三线建设旅游产业，需要高昂的政治主人翁意识。或者说，相比于其他类型的旅游经济，"三线建设游"有更强的政治性。在某种程度上，地区领导应从政治高度来把握相关项目运营，确保旅游经济管理的政治性。

第三，在城市文化建设大局中打造旅游经济板块。以三线建设历史和精神丰富的城市文化性格，形成浓厚的精神氛围，由此提升游客的获得感。为此，需要注重旅游项目的公共性。可以先期免费开放若干红色文化教育基地，打出品牌，赢得口碑，在党、政和社会各界中扩大知名度，进而实现文创产业联动和研学一体化，形成规模集聚效应。

（二）韶山——一个红色旅游胜地的崛起

韶山是开国领袖毛泽东同志的故乡，是其出生、成长、生活、学习、劳动和早期从事革命活动的地方，也是面向世界的人文旅游目的地和红色文化国际形象的窗口，更是全国各族人民景仰的红色圣地、毛泽东思想的发源地和中国共产党人的精神高地。自 1950 年以来，韶山已接待近 300 余位党和国家领导人和 100 余位外国领导人、国家元首，2017 年全市主要景点接待游客达 2050 万人次。建设韶山红色旅游教育基地，对利用红色资源、传承红色基因、弘扬红色文化具有重要意义，有助于更好地教育和引导广大党员、干部和群众牢固树立"四个意识"、增强"四个自信"，继承老一辈无产阶级革命家的光荣传统和优良作风，不忘初心、牢记使命，朝着建设富强、民主、文明、和谐、美丽的社会主义现代化强国这一目标砥砺奋进。

1. 典型性：全国红色教育基地

韶山拥有无与伦比的红色文化基因，在发展红色文化旅游方面拥有得天独厚的优势。在办好红色文化游的基础上，韶山积极拓宽旅游经济版图，实现研、学、游一体化，打造全域旅游，为红色教育基地发展确立了典范。

第一，深耕红色文化游，实现本地资源禀赋的价值最大化。韶山红色教育基地以毛泽东故居、滴水洞、毛泽东双亲墓、南岸私塾、毛泽东铜像广场、毛泽东纪念馆、遗物馆、毛泽东诗词碑林、毛泽东图书馆、《中国出了个毛泽东》实景演出、毛泽东青年塑像广场形成核心景观群。同时深入挖掘、整理以毛泽东六位亲人和"韶山五杰"为代表的革命烈士的光荣事迹，建设集教育、纪念、红色旅游等功能于一体的爱国主义教育基地和红色旅游新景点，传承革命先烈英雄事迹，弘扬爱国主义精神。

第二，打造研学基地，实现价值拓展。一是建立韶山干部学院，打造红色教育培训的龙头，引领和推动红色教育培训产业朝着规范化、品牌化、特色化方向发展。二是实施"最忆韶山冲"文旅综合体项目，致力于打造集旅游演艺、亲子研学、山水度假、文化休闲、健康运动、养生养老等功能于一体的国际文化旅游特色小镇。三是革命遗址及"求学之路"项目，将各景点串联成全新红色旅游线路，打造集教育培训、参与体验于一体的红色培训教学点。四是举办系列纪念活动。提升"万人同唱东方红、万人同吃福寿面、万人健身长跑赛"等传统纪念活动的内涵和规格，扩大红色旅游的影响力和号召力。通过多措并举，韶山多地的旅游经济潜力被激发出来。例如，位于韶山市韶山乡的"中国美丽乡村百佳"黄田村，成为多种红色研学活动的重要场所。注重将德孝文化、农耕活动、训练拓展与教育结合的黄田村研学教育基地，颇受游客青睐。自2016年以来，已接待30多批次近2万人的研学游客。

第三，深推业态融合，探索全域旅游。韶山并不止步于研学游复合体建设，正加速推进"红色旅游+现代农业""红色旅游+文化创意""红色旅游+工业""红色旅游+乡村旅游"的融合发展模式，逐步形成以乡村田园为生态基底，以韶山红色文化为核心特色，以休闲农业、农创文旅和乡村旅游为产业支撑的旅游经济布局。随着韶峰景区、纪念园景区的提质、改造，平里村田园综合体、黑石寨、棠佳阁等项目建设的实施，韶山不仅扩充了伟人故里"后花园"，也实质推动了全域旅游跨越式发展。例如，银田村村民利用独特的地理优势和红色文化，种花卉苗木、开农家乐、办研学基地，不断把客源引向乡村。银田村的乡村旅游品牌正在逐步打响，村民收入不断增加。

2. 特色经验做法：战略引领，顺势而上的政府作为

韶山红色旅游基地依托革命圣地，伟人故里不断推进新型产业链发展。通过对韶山自身发展利弊的正确分析，在中国特色社会主义思想和党的正确领导下，走出了一条属于韶山红色旅游发展的特色之路。

第一，实现战略引领，紧抓机遇因势发力。韶山红色文化基因与生俱来，具有独特的优势，但也容易固化在既定的发展轨道上，存在因被过度政治化而经济辐射能力有限的问题。2016年，韶山紧抓省政府出台《关于支持湘潭（韶山）建设全国红色旅游融合发展示范区的若干意见》的机遇，提出"建设世界知名旅游目的地"战略目标，奋力推动由"景区旅游"向"全域旅游"发展。省政府将韶山红色旅游基地写入政府报告，韶山市第八次党代会明确"红色引领、旅游主导、创新驱动、城乡统筹"战略，让全域旅游模式落地生根。在全国旅游经济价值链趋于大幅整合、红色文化强势兴起的背景下，指明了韶山旅游经济发展的方向，由此实现了本土旅游资源的深度发掘，推动韶山红色旅游更上新台阶。

第二，体制机制融合，点燃全域旅游发展引擎。战略需要落地生根，转化为经济发展的持续动力，必须依赖制度的力量。韶山坚持全盘统筹，积极打通制度壁垒，建立系统、完善、有机协调的制度体系，为旅游经

济发展提供关键保障。主要是通过成立旅游综合指挥中心,由旅游、公安、交通、市场监管、发改、城管、乡镇等联合组成旅游综合执法队伍,常态化驻点景区,为旅游市场保驾护航。同时通过统筹城市、交通、水利、国土、林业等规划与旅游相协调、相适应,绘就一张高质量发展的全域旅游蓝图。

第三,品质服务提升,激活全域旅游发展动能。韶山市政府深刻地认识到旅游大计,不仅硬件要"硬",软件也要"硬"。为此,韶山市相关部门大力推进旅游厕所、旅游交通、智慧旅游等公共服务基础配套建设。特别是实现交通换乘管理,完善"慢游"服务设施,形成"公交+换乘+慢行"的高效旅游交通模式;深入开展"厕所革命",新改建厕所66座;建成大数据中心、智慧监测系统,为旅游业插上"智慧"翅膀;实行"七天无理由退货""先行赔付""红黑榜"特色制度,温暖来韶游客心。

通过以上措施,韶山以全民共建共享为立足点,寻找红色文化、美丽风景与富民的最佳契合点,推动观光、休闲、研学等新业态蓬勃发展,借力乡村旅游激发富民新活力,从而交出了一份合格的答卷。

3. 对绵阳的启示

绵阳地区也有较为丰富的红色文化资源,是早期马克思主义运动先驱王右木工作、生活过的地方,韶山市的成功做法为绵阳发展红色文化旅游提供了很好的借鉴。

第一,筑牢核心,充分发掘本地红色旅游资源。表现革命文化基因是打造红色旅游的基础和核心,必须首先发掘、提炼和丰富本地独有的红色文化资源。这不仅包括充分还原王右木等革命先烈的思想、事迹,以充分的史料和史迹来展示革命先辈在绵阳地区的工作、生活历程,以及进一步建设好梓潼的中国两弹城,还包括通过进一步优化旅游交通条件,将各地红色文化景观"打包",连点成线,打造联通全域的红色文化游线路,实现地区抱团发展。

第二,纵深扩展,打造研学游产业链。在构造红色文化景观体系基础上,适时扩展,与相关单位合作,打造学研复合体。可以仿效目前各地区的成功做法,建立培训、教育学校,举办大型文化活动。汇聚全市教育、文化、社会力量,引入国内外知名专家、学者,建立专门的研学发展设计团队，充实研学专家库，精心构筑研学线路、课程，建设多元参与、多路径实施、多种形式呈现的研学体系。

第三，实现外延式发展，布局全域旅游新版图。在价值链向研学拓展的同时，充分集成和整合全域的文化、生态资源，打造覆盖全地区的旅游格局。既充分发挥地区内的自然景观优势，又深度挖掘地区传统文化积淀，将农家自助游、生态游、历史文化游集成于红色基因上，形成"红色文化+"新模式，以红色文化为龙头牵引地区旅游产业实现新的腾飞。

第四，江油马克思主义先驱王右木红色文化的提升打造。一是提供高质量智力支撑。聘请国内知名专家组成旅游顾问团队，为王右木红色文化的策划、规划、建设、经营提供咨询服务，保证江油旅游具有国际视野和一流水平，保持旅游产业的持久竞争力。二是加强党员干部旅游法规政策和旅游业务的常态化学习，积极发展旅游职业教育，加强本土文化和旅游实用知识培训，建设高素质旅游人才队伍。三是密切与韶山毛泽东故居、重庆周贡植故居等相关革命先驱故居、纪念馆、博物馆的关系，维护好现有资源，并利用新技术等实时提升、更新馆内体验式平台。拓展特定空间，为爱国主义教育基地及研学基地提供丰富案例，充实资料。

五　特色小镇文化旅游案例研究与启示

（一）乌镇——传统水乡与现代高科技相结合的江南古镇

乌镇位于浙江省桐乡市北端，地处富饶的杭嘉湖平原中心，江南六大古镇（周庄、同里、甪直、西塘、乌镇、南浔）之一。历史上曾是两省（浙江、江苏）、三府（嘉兴、湖州、苏州）、七县（桐乡、石门、秀水、乌程、归安、吴江、震泽）错壤之地。陆上交通有县级公路姚震线贯穿镇区，经姚震公路可与省道盐湖公路、国道320公路、318公路、沪杭高速公路、申嘉湖高速公路、乍嘉苏高速公路相衔接。乌镇距桐乡市区13千米，距周围嘉兴、湖州、吴江三市分别为27千米、45千米和60千米，距杭州、苏州均为80千米，距上海140千米。镇域面积79平方千米，建成区面积2.5平方千米。

乌镇是首批中国历史文化名镇、中国十大魅力名镇、欧洲游客最喜爱的中国旅游景区、全国环境优美乡镇、国家 5A 级旅游景区，素有"中国最后的枕水人家"之誉，拥有 7000 多年文明史和 1300 年建镇史，是典型的中国江南水乡古镇，有"鱼米之乡、丝绸之府"之称。1991 年被评为浙江省历史文化名城；2013 年起，举办乌镇戏剧节；2014 年 11 月 19 日成为世界互联网大会永久会址。

1. 典型性：江南水乡和传统古镇的现代创新

（1）旅游资源丰富

乌镇是一个有 1300 年建镇史的江南古镇。十字形的内河水系将全镇划分为东、南、西、北四个区块，当地人分别称之为"东栅、南栅、西栅、北栅"。东栅水乡风貌完整，生活气息浓郁，手工作坊和传统商铺各具特色，特色展馆琳琅满目。游客们在欣赏原汁原味的水乡风景的同时也可以尽享旅游购物和美食饕餮之乐。相比于西栅，东栅小而精悍，适合忙里偷闲的游客们抽出一两日的时光来领略水乡古镇风情。

西栅历时四载磨砺，投资 10 多亿的西栅景区占地面积 4.92 平方千米，由 12 个碧水环绕的岛屿组成，真正呈现了江南水乡古镇的风貌。西栅存留了大量明清古建和老街长弄，古建筑外观上保留了古色古香的韵味，而在内部则有选择地充实进了现代化配套设施，在改善原住民生活、居住条件的同时，也给游客提供舒适的居住环境和全方位的休闲娱乐。

（2）区位优势明显

乌镇地处桐乡市北端，京杭大运河东侧，西临湖州市，北接江苏省苏州市吴江区，为两省三市交界之处。陆上交通有县级公路姚震线贯穿镇区，经姚震公路可与省道盐湖公路、国道 320 公路、318 公路、沪杭高速公路、申嘉湖高速公路、乍嘉苏高速公路相衔接。乌镇距桐乡市区 13 千米，距周围嘉兴、湖州、吴江三地分别为 27 千米、45 千米和 60 千米。

（3）文化名人众多

乌镇的名人大家荟萃，从一千多年前中国最早的诗文总集编选者梁昭明太子，到中国最早的镇志编撰者沈平、理学家张杨园、藏书家鲍廷博及晚清翰林严辰、夏同善。

乌镇古代最大的名人是南北朝（公元 420—589 年）时梁朝的昭明太子萧统，他曾在乌镇筑馆读书多年，并编撰了《昭明文选》，此书对中国文坛影响极大，可与《诗经》《楚辞》相提并论。

中国近现代有政治活动家沈泽民、银行家卢学溥、新闻学前辈严独鹤、清才汤国梨、农学家沈骊英、作家孔另境、海外华人文化界大师木心等。文学大师茅盾（原名沈雁冰）是新中国成立后的第一任文化部长，其小说如《子夜》《春蚕》《林家铺子》等是"五四"以来优秀文学的典范。

（4）景点分布广泛

如图3-1所示，东栅景区2001年正式对外开放，一期面积约0.46平方千米，保护建筑面积近6万平方米，游程2千米，由东栅老街、观前街、河边水阁、廊棚组成。工程全部完工后，占地面积约1.98平方千米，有10多个景点。

图3-1 东栅景区景点分布示意图

（图片来源：去哪儿网，作者：金辰不是天才）

如图3-2所示，西栅景区位于西大街，毗邻京杭大运河，有公路直通江苏苏州和桐乡市区，交通便利。与东栅以旅游观光为主不同，西栅以商务旅游、休闲度假为主。其占地4.92平方千米，河道9000多米，古桥72座，河道密度和石桥数均为中国古镇之最。有明清建筑25万平方米，西栅老街长1.8千米，两岸临河水阁绵延1.8千米。北部是5万多平方米的天然湿地。

西栅与东栅相比，最大的区别在于，西栅是中国罕有的"观光加休闲体验型"古镇景区，完美融合了观光与度假功能，有着各类风格的特

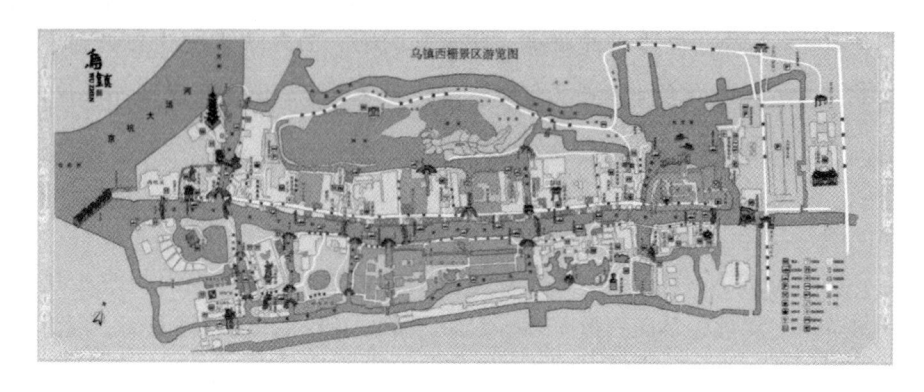

图 3-2 西栅景区景点分布示意图

(图片来源：去哪儿网，作者：金辰不是天才)

色客房和各种档次的度假酒店，还有多家设施齐全的会议中心和商务会馆，休闲场所让人流连忘返，自然风光美不胜收，泛光夜景气势磅礴。

除东、西栅外，茅盾故居也坐落在乌镇内。故居作为全国重点文物保护单位，曾由茅盾的曾祖父分两次购买，家具与布置仍保持茅盾当初居住时的样子。

（5）文旅企业实力雄厚

乌镇旅游股份有限公司坐落于浙江嘉兴乌镇，是中青旅、桐乡市政府、IDG三方共同持股的大型旅游集团。公司注册资本2.94亿元，目前拥有员工4500余人，截至2018年12月，公司总资产69亿元，净资产48亿元，年收入超过19亿元。主营景区、酒店、房产和旅游纪念品等。

公司旗下拥有两大成熟型景区——乌镇和古北水镇。东栅景区和西栅景区是国家5A级景区，古北水镇坐落于北京市密云县司马台长城脚下。

截至目前，乌镇旅游股份有限公司相继保护开发了乌镇东西栅景区、乌村高端乡村度假区、古北水镇景区、濮院古镇、贵州乌江村等，已经形成景区连锁经营管理核心优势，已成为中国休闲旅游目的地的供应商。

2. 特色经验做法

如何保护千年古镇的原貌和韵味，又能把它开发成为旅游热点而可持续发展，这是古镇保护与开发面临的难题。乌镇对此作了探索，如修旧如旧、管线地埋、地方传统文化挖掘、避免过度商业化等做法，都是在全国古镇保护开发中首创或成功运作的典范。

（1）乌镇模式——"修旧如旧，以存取真"

千年古镇经历年代更迭必然会新旧更替，所以古镇保护离不开适当的整治。乌镇的原则是，承接古镇文脉，保持古镇风貌，力求原汁原味，做到"修旧如旧，以存其真"。具体做法可归纳为"迁、拆、修、补、饰"五个字。这"五字法"是乌镇的创意之举，很好地恢复和保持了古镇原貌。乌镇案例给我们最大的启示是，一座古镇在历史保护与社区发展之间要保持平衡。保护是为了发展，而发展才能更好地保护。乌镇的经验就是认真地保护，在保护的前提下合理开发。历史遗产和城区发展共存，就是乌镇的成功之道。

（2）大力培养使用专业人才和专业团队

与多数古镇采用原住民来管理和经营古镇不同，乌镇只保留了部分对当地风俗非常熟悉的人作为顾问，在管理经营方面则是专门招聘专业人员，而且招募的多为年轻的高校毕业生，从而得以将先进的管理方法和经营理念带入乌镇。团队专业化就代表整个团队有着优秀的专业技能、明确的责任与统一的目标。这些都使得乌镇在之后的运营中表现出了其他古镇难以比拟的专业性与品牌化。专业化程度不高是中国服务业的一个巨大短板，在旅游业中尤其如此。在人们对于服务要求日益提高、个性化需求日益增加的今天，专业化团队对于景区效益的重要性不言而喻。①

（3）举办世界顶级会议

乌镇成功举办了世界互联网大会并成为大会永久举办地，还从无到有创办了乌镇戏剧节。2013年开始举办的乌镇戏剧节，在五年的成长期里，不仅凭借节庆活动开始盈利，成为国内首屈一指的旅游节庆品牌，更是在国际上崭露头角，在影响力上逐渐向"世界三大戏剧节"看齐，让乌镇这个传统的江南小镇一跃成为"中国戏剧新中心"和"世界文化度假小镇"，吸引了大量相关海内外从业人员和游客的到来，顺利完成了

---

① 崔洋铭、卢梦薇：《古镇旅游发展的乌镇模式分析》，《旅游纵览》（下半月）2017年第1期。

从"休闲小镇"向"文化小镇"的转变。

3. 对绵阳的启示

（1）古镇旅游品牌塑造

古镇旅游品牌是指古镇作为文化旅游产品，凭借其独特的旅游资源和旅游地域，传递给社会公众的核心概念并代表其产品和服务，用以识别该古镇的产品或服务，使之与其他旅游目的地的产品和服务区分开来。古镇品牌的塑造有利于提升绵阳古镇旅游品牌竞争力和城市软实力，有利于培养和提升游客忠诚度。[①]

旅游品牌的塑造方便旅游者进行旅游产品选择。由于旅游目的地产品具有先购买后消费等特点，使得旅游者在决定购买某一旅游产品之前很难对该产品进行客观评价，只能依赖旅游目的地的宣传信息和品牌形象做出判断。旅游者为了降低风险，更倾向于选择知名度、美誉度较高的旅游目的地品牌。

（2）古镇旅游创新

随着世界经济的快速发展和旅游者消费需求的不断变化，大多数旅游者不再仅仅满足于走马观花的观赏模式，而是想更多地参与活动，享受亲身体验所带来的动态的、多层次的感受。优秀的历史文化和民风民俗的展示不能只停留于浅显的表面层次，这会让游客难以体验到古镇的独特魅力和文化内涵，因此对于古镇文化的深度挖掘和将独具特色的文化融入旅游过程中有着十分显著的价值。

（3）文旅融合

文化是旅游的灵魂，旅游是文化的载体。推动文化与旅游融合发展，有利于促进业态转型升级，为传统文化传承与发展提供平台。推进文旅融合，有助于深刻认识和充分发挥本土特色文化资源价值，用特色文化去提升旅游产品的文化内涵，探索新的文化旅游发展模式。通过积极开拓文化市场空间，将文化与消费、传播相结合，变资源优势为竞争优势，可以促进文化与旅游深度融合，形成互促互进、互融共赢的发展新态势。

---

① 杨燕：《"互联网＋"背景下的四川古镇旅游品牌塑造的现状研究》，《现代商业》2019年第31期。

(4) 文创产品新思路

旅游纪念品特有的文化内涵原则。乌镇地区的蓝印花布历史悠久，其独特的文化内涵也正是它的迷人之处。旅游纪念品创新过程中最不能忽视的就是传统文化要素，这些传统文化应该好好传承下去，与现代社会的事物相结合，产生一种独特的富有内涵的美。

旅游纪念品的独特性原则。旅游纪念品顾名思义，是旅游地的纪念物品，这就提醒我们在生产制作时要与当地特色相结合，这样才有其购买的价值。现今大部分旅游景点的纪念品风格趋向单一，缺乏特有的韵味。总而言之，旅游纪念品的制作要融入当地特色，这样才符合旅游纪念品本身的意义。①

旅游纪念品的便携性原则。我们在旅途中主要是想欣赏美景的，如果带着一堆体积巨大不易携带的物品，那么心情也会大打折扣。所以旅游纪念品应该遵循便携性原则，尽量缩小体积，方便旅客携带，这样也可以拉动纪念品的销量。

旅游纪念品的多样性原则。产品档次多样化，对于持有不同消费能力的顾客多了更多的选择权；产品种类多样化，因为琳琅满目的产品会增加人的好奇心，增强人的购物欲望；产品寓意多样化，当代人的心态越来越趋向年轻化，传统图案的寓意需要带入一些现代化的气息，可以在传统文化基础上对其进行添加和改造，从而更加符合当代人的精神消费需求。

(二) 古北水镇——长城脚下的北方风情水镇

古北水镇位于北京市密云区古北口镇，背靠中国最美、最险的司马台长城，坐拥鸳鸯湖水库，是京郊罕见的山、水、城结合的旅游度假景区。与河北交界，交通便捷，距首都国际机场和北京市均在1个半小时左右车程，距离密云区和承德市约45分钟车程。景区内拥有43万平方米精美的明清及民国风格的山地合院建筑，包含2个五星标准大酒店、10个精品酒店、5个主题酒店，20余家民宿、餐厅及商铺，10多个文化展示体验区及完善的配套服务设施。古镇集观光游览、休闲度假、商务会

---

① 何妨：《乌镇蓝印花布旅游纪念品的创新》，《今传媒》2018年第26期。

展、创意文化等旅游业态为一体,是长城脚下独具北方风情的度假式小镇。古镇夜景堪称一绝,已成为北京夜游新地标。

1. 典型性:长城脚下的北方水镇

古北水镇位于北京市密云区古北口镇,是北京的东北门户,有珍贵的军事历史遗存和独特的地方民俗文化资源以及原生态的优美自然环境,是京郊罕见的山、水、城有机结合的古村落。古北水镇之所以能在众多小镇中一枝独秀,源于其特有的文化、区位和生态资源优势。[①] 如图3-3所示。

(1) 文化资源丰富

古北水镇坐落在司马台长城脚下。古北口自古以雄险著称,有着优越的军事地理位置,《密云县志》上描述古北口"京师北控边塞,顺天所属以松亭、古北口、居庸三关为总要,而古北为尤冲"。古北口以其独特的军事文化吸引了无数文人雅士,苏辙、刘敞、纳兰性德等文词大家在此留下了许多名文佳句,更有康熙、乾隆皇帝多次赞颂,以"地扼襟喉趋溯漠,天留锁钥枕雄关"来称颂它地势的险要。

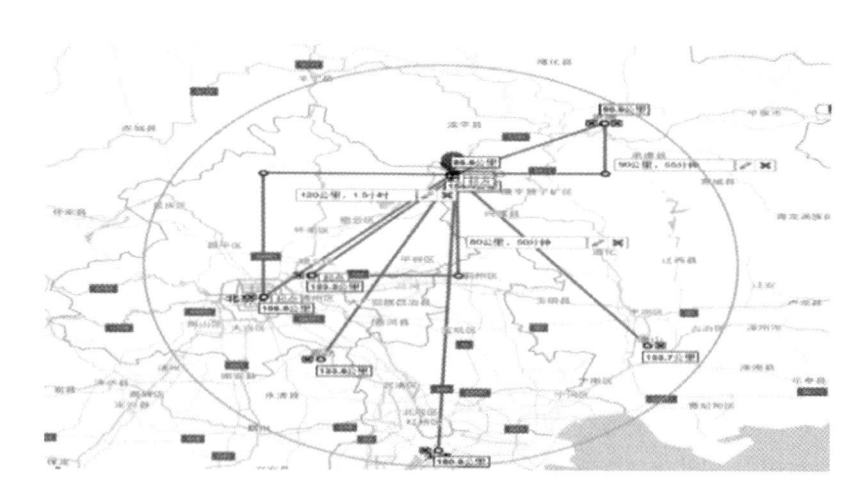

图3-3 古北水镇区位示意图

(图标来源:武凤文、任腾飞等)

---

① 丁军:《重点风口地区保护性旅游开发研究——以北京密云古北水镇为例》,《中国经贸导刊》(中) 2018年第20期。

隆庆二年（1568），明穆宗朱载垕为加强北方军事防务，特任戚继光为蓟镇总兵修筑司马台长城，在原有基础上加筑城墙、墩台等御敌设施，凸显关隘气势。直至1933年古北口战役，司马台长城遭到炮火轰击，断壁残垣间愈显苍劲。1987年司马台长城被列入世界遗产名录，是我国唯一保留了明代原貌的古长城遗址，被联合国教科文组织确定为"原始长城"。中国著名长城专家罗哲文教授如此评价："中国长城是世界之最，而司马台长城是中国长城之最"。2012年，司马台长城被英国泰晤士报评为"全球不容错过的25处风景"之首。

（2）区位优势明显

古北水镇与河北交界，拥有京承高速、京通铁路、101国道三条主要交通干线，距密云城区55千米，距离北京城区约120千米，距首都国际机场和北京市均在1个半小时左右车程，距离密云区和承德市约45分钟车程。交通便捷，车程控制在2.5小时内，是当前消费升级浪潮下城市周边游相对适宜的标准，古北口镇逐渐成为周边城市家庭节假日休闲度假的第一选择。

（3）生态资源独特

我国优质古镇集中分布在南方，如周庄、同里、乌镇、西塘、丽江等，北方的古镇虽然不少，但由于北方缺水，很难找到背山靠水、体量相当且综合美誉度能与江南"六大名镇"并驾齐驱的古镇。水资源是古北突出的生态资源，北方水资源匮乏，尤其是北京市。能在市区外100余千米的长城脚下感受到南方水韵，是北京周边许多旅游小镇所不及的。如图3-4所示。

图3-4 古北水镇规划分区图

（图标来源：武凤文，任腾飞等）

(4) 景点众多

古北水镇依托司马台遗留的历史文化,进行深度发掘,将9平方千米的度假区整体规划为"六区三谷",分别为老营区、民国街区、水街风情区、卧龙堡民俗文化区、汤河古寨区、民宿餐饮区与后川禅谷、伊甸谷、云峰翠谷。司马台长城以险、密、奇、巧、全著称。"险"是指它建在刀削斧劈的山脊之上,惊险无比;"密"是指敌楼间的距离,两敌楼相距最近几十米,最远不过300米,平均间距仅140米;"奇"是指司马台长城山势险陡、雄奇壮丽,且山下有鸳鸯湖(冷泉与温泉交汇而成),碧波荡漾,构成湖光山色的绮丽美景;"巧"体现在步步为营的障墙上,进可攻退可守;"全"是指城楼和敌楼的建筑风格形式奇特多样。

古北水镇音乐喷泉位于古北水镇望京街,由曾参与奥运舞蹈编创的主创团队倾情打造,在13米长的有限空间中,利用最新开发的"虚拟现实"水舞控制系统,将水舞动作与音乐节奏控制完全吻合,在星光璀璨的夜空下,应和着悠扬的乐曲,背靠着俊美的长城,最大限度地展现水舞之美。

(5) 高度国际化、市场化的文旅企业运营团队

北京古北水镇旅游有限公司成立于2010年7月,由IDG战略资本、中青旅控股股份有限公司、乌镇旅游股份有限公司和北京能源投资(集团)有限公司共同投资建设。公司旗下北京·密云古北水镇(司马台长城)国际旅游度假区总占地面积9平方千米,总投资60亿元,是集观光游览、休闲度假、商务会展、创意文化等业态为一体,服务与设施一流,参与性和体验性极高的综合性特色休闲国际旅游度假目的地。董事长李建光1987年毕业于北京大学经济系,1987至1992年任中国社科院研究员,现任IDG资本合伙人,北京古北水镇旅游有限公司董事长。

2. 特色经验做法

(1) 政府支持、市场化运作

2008年,古北水镇被住建部和国家文物局评为"中国历史文化名镇",是北京重点发展的42个特色小镇中历史文化遗存数量最多、类型最丰富、传统风貌保存最完好的小镇。作为北京市"十二五"规划的重点旅游建设项目,古北水镇的开发得到了当地政府的大力支持。2010年,密云区政府开始打造"沟域经济",古北水镇成为密云区政府强力支持推

进的首个项目。项目定位为集观光游览、休闲度假、商务会展、创意文化四大功能于一体的综合性特色休闲旅游度假基地。除2012年获得密云县政府4100万元基建补贴外，还构建了"政府牵头、部门协商、集中审批"的项目审批模式，更是在道路交通、征地拆迁、水电供暖等方面获得当地政府的支持。水镇建设中，密云区政府一直用"看得见的手"履行着监管服务职能，为项目建设提供保障。项目建设前期，区政府多次召开专题会议，对项目总体规划反复研讨，并提出了指导原则。项目建设过程中，区政府按照《文物保护法》和《长城保护条例》相关规定对景区的建筑高度和建设范围进行跟踪管控。

（2）地址选取精准

北京城郊散落着大量的"空心村"，而古北水镇在建设之初的三个自然村也全部如此，因此降低了开发商在获取全部产权、安置原住民方面的难度。

（3）营销手段和渠道多元化

依靠口碑发酵产生的游客流量机会成本太高，营销推广必不可少。一是营销渠道方面，运营方采取了娱乐营销、活动营销、视频营销、整合网络推广等方式。全方位的营销渠道使民众无论是在网络还是地铁站都可以轻松获取古北水镇的信息。二是营销手段方面，采取综艺植入、特色活动、明星代言、发布宣传片、借势营销、新闻宣传等多种手段。三是举办特色活动，如古北过大年、长城星空下的"圣诞夜"、水镇中秋节、冰雪嘉年华、低空飞行观光之旅等。

（4）景区规划科学严密

第一，在规划时对景区业态进行"三三制"划分，即三分之一的门票收入，三分之一的酒店收入，三分之一的综合收入。门票只是进入古水北镇的门槛，游客在景区里的二次消费才是经营者更为看重的收入来源。

第二，取消原有的夜游门票，改为全天门票，大量客流使景区运营突破了昼与夜的限制，实现了真正意义上的旅游度假区。

第三，减少淡旺季节差。基于对景区普遍存在的淡旺季问题的考虑，一是提供夜间游玩活动，推出夜游长城索道、夜游船、温泉、灯光水舞秀、传统戏剧、杂技等常规类项目；二是增加冬季项目，以"圣诞小镇"

"古北年夜饭""长城庙会"为冬季主题品牌活动,开发出雪地长城观赏、庙会、冰雕节、美食节、温泉等一系列冬季旅游产品,强化冬季氛围,提升景区人气。

第四,通过生活场景再造的方式,大大提高了游客的旅游体验,从而提高重游率。通过多个主力店营造出兼具文化韵味与体验感、辐射游客消费的多重场景。景区内的 4 家五星级酒店、2 个高档会所、4 家精品酒店、30 多个特色民宿、200 多家商铺、10 余个民俗展示体验区、全长 1256 米的长城索道以及国内首屈一指的温泉资源都成为游客重要场景体验场所。在特色民俗展示体验区,游客可以全程参与制作过程,并可以将自己制作的产品带回家。

第五,在基础设施的建设中以接近项目总投入的三分之一用于生态环保建设,投入范围与资金在国内度假村名列前茅。① 公司投资建造了达欧盟标准、可直接饮用的高品质自来水厂及污水与中水处理厂,新增改造了各种低、高压线路,建造应用生物质环保煤的集中供暖中心、液化气站,增添了绿化面积以及疏通、拓宽了度假区内河道。为了较完整地保存古朴原貌,度假区街道全部采用长条青石板铺设,将热力管道、中水管道、直饮水管道等均埋于地下,不仅有效地保护了地面,对于建设原汁原味的历史文化旅游目的地也起到了重要作用。借鉴乌镇西栅景区成熟的运作模式,古北水镇在开发时就构架了对景区的统一运营管理模式。迁出原景区居民,以颠覆式的社区重构来实现拥有景区全部商铺和住宅的产权。

第六,坚持核心服务理念,提升游客满意度,始终践行"将最大的善意释放给每一位游客"的核心服务理念。一方面坚持每周的宾客意见收集制度,每周公司管理人员及高层领导批复整改;另一方面景区在对客服务上,充分考虑游客在景区内的参与度、感受度、体验度,以此不断提升游客满意度和口碑。

第七,在规划建设阶段就重视"改厕工程"。古北水镇正式运营三年多以来,既是"旅游厕所革命"的见证者,也是积极的实践家。休息室、

---

① 冉笑涵、李祁、杨蕾:《特色小镇发展影响因素分析——以古北水镇与乌镇为例》,《时代经贸》2018 年第 7 期。

母婴室、无障碍厕位、直饮水设置、随处可见的盆栽绿萝、定时控制排气换气扇和喷香机等，无不体现出古北水镇厕所完善的配套设施，以及细致入微的人性化服务。2016年11月19日，由国家旅游局主办，人民日报社人民网承办的"世界厕所日暨中国厕所革命宣传日"，评选出"厕所革命十大典型景区"，古北水镇作为北京市唯一一家代表景区光荣入选。长城脚下泡温泉、提着纸灯游长城，走入古北水镇，能明显体会到古北水镇正在为游客创造出一个固定的、有明确画面感的体验场景，并提炼关键词来概括这些场景，从而在消费者体验过程中形成旅游产品与场景间的强关联。①

3. 对绵阳的启示

（1）因地制宜的"稀缺性"

已经成为特色小镇建设案例的古北水镇诚然有其可被学习、借鉴的地方，但每一个成功的特色小镇都要有其"稀缺性"，这是其保持生命力的关键所在。

古北水镇将远方的景观、服务、旅游产品复制到"家门口"，近距离将"异地"提供给游客的商业模式看起来是可以复制的。但事实上，抛开司马台长城身上一般历史遗迹难以企及的历史价值而言，依托记载中的"古北口"来重构历史记忆的古北水镇，具备着明显的文化根植性，在增加了长城身上所承载的历史附加值的同时，也契合北京的文化底蕴。因此，绵阳市文旅产业应考虑贴合地域文化去打造文化稀缺性，避免一味地机械式复制商业模式陷入恶性同质化竞争。

（2）利用交通优势发挥地域效应

古北水镇规划初期正值北京—承德高速路开通之际，而其选址的三个自然村位于京承黄金旅游带之上。背靠京津冀这一庞大的、淡旺季并不明显的旅游市场，为其前期的游客量提供了可预见的保障。同时，因北京的政治中心定位与近年来对外开放的扩大，古北水镇通过北京被间接推向了持续增长的潜在国际旅游市场，是未来可期待的中国文化体验空间。这些得天独厚的"地利"因素，很难再集中呈现于其他地方。

绵阳作为"大九寨"东环线关键节点，拥有李白故里这块"金字招

---

① 冯嘉：《为什么古北水镇不可复制》，《中国房地产》2019年第14期。

牌",应充分发挥文化旅游资源富集、交通便捷等优势,制定实施专项规划,将江油打造成国家级李白文化圣地、四川省枢纽性文化旅游发展基地,发挥项目引领作用,形成绵阳文旅战略支点,辐射带动全市文化旅游发展壮大。

(3) 利用市场化带动融资

古镇生态保护与旅游开发所需资金往往比较大,特点为初期投资高,后期回报慢。古北水镇的投资额高于45亿元,项目是中青旅先与密云县政府签订合作协议,由中青旅全资控股古北水镇投资有限发展公司,而后经过多轮增资,形成中青旅控股股份有限公司、乌镇旅游股份有限公司、京能集团和IDG资本按比例持股,以成熟的市场化资本运作方式共同运营北京古北水镇旅游有限公司。因而,古北水镇运营方有足够的资金来支撑"整体搬迁""修旧如旧,以存为真"的古北水镇,并全面改善其基建水平,以更符合游人审美、生活的方式来打造景区细节、展现地方风景、提升游客的地方感,这是目前国内大多数小镇所难以媲美的。

资本驱动是古北水镇取得初期成功的最直接保证。一直以来,特色小镇这一类重资产令多数开发商望而生畏的"难点"之一就在于其所需资金支持过大、回收周期过长。绵阳文化旅游想要资金投入,就要发挥市场作用,用市场这只"看不见的手"解决融资问题。

(4) 生态保护与旅游开发并举

古镇开发必须守住"发展和生态两条底线",坚持"绿水青山就是金山银山"。绵阳市在规划以及设计方面也应将保护和改善生态环境、保存古镇历史风貌列为首要任务,这样才能在后续建设中将生态环境修复、文物保护、古建筑修缮、民俗文化等工程尽力做好。

(5) 重视专业人才引进和管理团队建设

管理是特色小镇经营成败的关键,人才是管理的核心。古北水镇的成功与其出色的管理团队分不开。古北水镇项目由乌镇项目的原班团队管理,该团队拥有丰富的经验,在总结乌镇成功经验基础上,结合古北水镇的特色,改善管理制度,保证项目的高质量运行。有鉴于此,实施引进人才计划,贯彻落实"天府万人人才"文化领军人才项目、民族地区旅游人才培养引进五年行动方案,应成为绵阳文化旅游产业发展的重要任务。

六 文旅企业品牌案例研究与启示

（一）携程网——网络时代新型文旅巨头的崛起

携程是一个OTA（在线旅游服务商）公司，创立于1999年，总部设在上海。携程旅行网拥有国内外60余万家会员酒店可供预订，是中国领先的酒店预订服务中心。携程旅行网已在北京、天津、广州、深圳、成都、杭州、厦门、青岛、沈阳、南京、武汉、南通、三亚等17个城市设立分公司，员工超过25000人。2003年12月，携程旅行网在美国纳斯达克成功上市。

1. 公司特色

在携程App的页面设计中，酒店、民宿、车船机票等一系列预订服务居于视觉焦点区域，是携程的主营业务，而攻略、门票、自由行及其辅助产品则围绕在主营业务周围。客服界面以详细的菜单栏为主页面，咨询界面则主要依赖人工智能的自动回复功能。

（1）行业地位

携程在2015年通过对艺龙的入股以及去哪儿的并购，在线交通票务市场占有率超50%，在线酒店预订市场的市场占有率达59.9%。尽管当下美团、飞猪对携程有着很大的威胁，但携程仍旧是国内OTA行业的"一把手"。

（2）发展经验

携程拥有20年的国内发展经验，有自己特有的服务模式和优点，拥有丰富的供应链资源，这不仅在国内领先，对全球旅游行业的数字化都有较大影响力。随着其全球战略的推进，携程将充分利用已经建立的优势，包括庞大的业务规模、先进的移动技术、多产品覆盖以及开放平台，积累起一批全球合作伙伴。

（3）服务质量

在国内众多在线旅游企业中携程能率先走出国门，除了它在行业领先的地位，还源自它高质量的服务能够获取海外服务商以及用户的认可。例如，在携程国际版的网站和App中，除了汉语外还有英语、法语、日语等十几种语言。携程还有自己的外语客服团队。

不仅如此,携程最近还上线了景区"语音导览"服务,其覆盖了全球超过 800 个城市的 8000 多个景区,让用户说走就走,畅游无阻。这些措施都进一步提升了海外用户的体验,拉近了他们与携程的距离。

(4) 平台资源

在预订方面,携程和海内外 5000 多家会员酒店建立了合作关系,并能提供覆盖海内外主要城市的预定航线,其海量的交通和酒店资源使它在比价上拥有绝对优势。携程的运营模式接近于淘宝,更像一个集合了海量旅游要素供应商的大平台,而将各要素组合成线路产品的任务则大多由游客自行完成。其平台经营属性使它更适宜提供自由行、自驾游等高灵活度的自助旅游产品。除预订业务外,携程还提供租车、当地向导、签证代办等一系列自由行、自助游辅助产品,其在线客服基本能解决有关预定和辅助产品的相关问题。

(5) 体验自由度

携程是一个以预订业务起家的旅游要素供应平台。通过平台,游客可以自由搜索、筛选、找出最合自己心意的旅游产品,这符合旅游者理性化的行为特征。因为要求游客能独立进行大量的信息搜集工作并做出决策,所以更适合相对成熟、对旅程有较强掌控欲并具有较强安全感的自由行游客。

2. 公司战略

(1) 国际化

携程于 2015 年 1 月以 1 亿多美元投资了总部位于英国伦敦的 Travelfusion,与以往携程在大中华区投资不同的是,这是携程第一次投资完全国际化的公司。这是一家廉价航空内容整合平台和直连 GDS 解决方案服务商,合作伙伴包括 200 余家廉价航空公司、铁路运营商以及 30 余家领先的酒店批发商。紧接着 2016 年,携程发债融资约 126 亿人民币,收购英国的特价机票搜索引擎天巡,抢下了欧洲市场的流量入口。2017 年 11 月,携程收购了美国的社交旅游网站 trip.com,将其转型为携程的国际版,加强了国际机票流量入口。在 2019 年 8 月,携程成为印度领先的 OTA 公司 Make My Trip 的最大股东。同年 11 月 5 日,携程宣布与猫途鹰达成战略合作伙伴关系。双方在中国成立合资公司,共享旅游品类的库存,与猫途鹰的合作弥补了携程在海内外旅游内容上的短板。

成立于1999年的携程之所以能够在国内取得成功,战略核心之一就是中国有着庞大的人口基数,人口越多其在出行、旅游、酒店等业务方面的营收就越高。在携程这几年的并购与投资中可以发现,它已经打开了欧洲在线旅游市场的入口,同时也打开了进入印度市场的大门。如果能拿下这两块市场再加上中国国内的市场,其整个市场的人口数量将占世界总人口数的一半,届时携程将有可能成为全球第一的OTA公司。

(2) 战略性"下沉"

布局"下沉市场"是携程转向线下和二、三线城市的重要举措。为了面对一线市场逐渐饱和的困境,2016年携程开始铺设线下门店。值得一提的是,到2019年携程线下门店已经接近8000家,品牌门店覆盖240多个地级市、450多个县域市,1—8月出团销售额突破100亿大关,比2018年提前了4个月。

"下沉市场"的另一大举措是积极布局低星级酒店。OTA是OYO不可或缺的销售和营销渠道,OTA平台的优势是流量、场景、会员、数据、技术等,而OYO则是将OTA的这些能力更好地落地到单体酒店,OYO帮助OTA平台上的酒店做好品牌、服务、体验,在改善供给的同时,还能够帮助单体酒店更好地连接OTA平台。

"说走就走"的旅行不仅仅适用于高消费人群,在旅游越来越大众化的今天,低星级酒店、民宿等大众酒店的价值被凸显出来。与高星级酒店不同的是,大众酒店品种繁多,分布较散,品牌效应不强,舒适度相似,然而有的独具特色,有的除了能满足住宿需求还可满足临时娱乐需求。因此消费者在选择大众酒店时,很少从品牌角度考虑,更多地从交通、主题特色、需求等角度进行选择,这就要求平台以更全面的酒店种类来满足不同消费者的需求。换言之,要想在大众酒店吸引更多流量,就必须要有足够多的酒店选择。

携程用三年的时间持续布局低星级酒店市场,据最新财报,低星级酒店连续5个季度同比上升超过50%。数据显示,目前携程的覆盖率远低于10%的底线城市人口,这意味着未来还有广阔的市场空间,低星级酒店的深入还远远没有停止。

(3) 运营模式及营销策略

线上借助"互联网+文旅"模式迅速发展推广，结合以往的促销模式，携程根据用户反馈，总结顾客需求，在营销策略上的改进主要表现在以下几个方面。

第一，提高顾客购买的便捷性，将销售重点全面转向手机客户端，为消费者提供了更便捷的购买途径。

第二，以顾客为导向，细分消费群体，定制专属旅游产品和服务。除了低价竞争，携程更注重产品与服务上的创新，将顾客的体验放在首位，一切以顾客的满意度为中心。顾客的满意度要以满足个人需求程度来衡量。调查结果显示，使用携程手机客户端的群体中，超过50%是26到35岁的适龄青年。因此，携程将主要消费群体定位于"80后""90后"的各类群体，根据其不同需求，推出适合不同群体的旅游线路与服务。

第三，加强与顾客的沟通，降低顾客购买成本。携程联合保险公司做强"无理由取消险"旅游保险产品，消费者因任何理由取消已预订的旅游产品，都可获得实际损失金额80%到100%的赔付。同时发布"价格与服务双重保障"，确保消费者的价格真实保障、旅游特卖保障、产品透明保障以及售后服务保障，让消费者的网购旅游无后顾之忧。[①]

第四，携程的经营模式符合游客的理性消费行为特征，因此可以利用这一优势制定更为丰富的价格策略。例如，在App醒目位置标注限时秒杀产品。这不仅对有出行意向且对价格敏感的游客有吸引力，能促其消费，也可以让暂无出行意向的游客提前了解产品，便于未来促销。同时，针对预定业务，着力打造常年特卖频道（如机票尾仓产品的销售等）。

第五，依托当地向导功能，开展个性化线路产品定制服务，并解决线上、线下旅游的衔接和深度服务问题，还可以此适度满足游客对人工客服的需求，增强沟通的人性化和灵活度。

3. 对绵阳的启示

携程政府资源合作部已经和超过300个目的地合作，从品牌宣传和经

[①] 刘学玲、冯淑华、马秋芳：《基于4C理论的"双十一"旅游产品网络促销研究——以携程网与中青旅为例》，《旅游研究》2016年第8期。

济效益等多方面有效促进了合作目的地旅游品牌打造和升级,绵阳可以与携程公司政府资源合作部结成战略合作伙伴关系。

政府或国企掌握旅游资源,携程可以提供运营服务,通过旅游营销盘活资源。作为中国在线旅游业体量最大的公司,在打通产业链上的交易环节、整合产品、全方位目的地输出方案上,携程的能力已经非常成熟。无论行前的推广营销、行中的落地服务、大数据分析还是相关的旅游舆情分析,都能够给政府有价值、可信赖的建议。

携程所沉淀下来的大量用户数据,能帮助目的地实现精准营销。根据不同目的地的旅游市场情况,用户也需要分层、分类。携程的用户画像能够分析用户在目的地的消费能力、偏爱的旅游产品类型,以帮助绵阳瞄准目标群体。

OTA赋能目的地文旅融合新思路。携程可以在绵阳旅游产业升级、绵阳智慧旅游、全域营销和入境游等方面展开深入地合作,为绵阳文旅产业发展赋能。携程在人工智能、互联网技术、服务等方面的优势可以助力绵阳文旅融合实现新发展。通过贯穿春、夏、秋、冬四季丰富多彩的旅游营销,持续推广绵阳文化旅游品牌,丰富绵阳旅游产品、完善旅游产品结构。进一步发挥携程大平台、大流量、大数据等优势,深度挖掘绵阳文旅产业优势,利用trip.com多语言平台助力绵阳拓展海外客源市场,提升绵阳旅游在国际市场的知名度和影响力。丰富旅游产品类型、完善旅游产品结构,助力绵阳旅游产业转型升级。

(二) 中青旅——传统旅游巨头的创新转型

中青旅是中青旅控股股份有限公司的简称,1997年11月26日成立,是以共青团中央直属企业中国青旅集团公司为主发起人,通过募集方式设立的股份有限公司。2018年1月4日,中国青旅集团公司100%产权被整体划拨给中国光大集团股份有限公司,中青旅的实际控制人也由团中央转变为国务院。

中青旅是我国旅行社行业首家A股上市公司、北京市首批5A级旅行社,现有总股本4.1535亿元。以"中青旅观光""中青旅度假""遨游""百变自由行""耀悦"等为旅行社业务骨干子品牌,以"乌镇""古北水镇"为景区业务骨干子品牌,及"山水时尚"酒店等构成多产品品牌体系,其品牌价值深入人心,并且在拓展发展空间和开展策略性投资方面凸显出卓越的品牌资源优势。① 中青旅主要涉及的业务包括旅游产品服务、企业会展、酒店业、景区经营等。

1. 发展优势

中青旅是中国旅游行业第一家以完整旅游概念上市的公司,在品牌、规模、资本、产品服务上优势明显。它从业时间长,实力雄厚,雄居中国三大传统旅游集团之列,品牌优势明显。在规模上,中青旅客户及服务分销支持网络遍布全国、延伸全球,已和近60多个国家的1000多家客商建立了稳定的合作伙伴关系;在资本上,中青旅是行业内第一家上市公司,资本实力雄厚②;在产品服务上,中青旅不断创造精致完美的旅游服务产品,旗下遨游网是商务休闲、主题旅游的直接服务者,业务涵盖酒店、机票、商务、会议等全面旅游服务,能满足个性化、多元化需求。

(1) 品牌优势显著

我国旅行社行业首家A股上市公司、北京市首批5A级旅行社,现有总股本7.24亿元。连续四年入选"中国最具发展潜力上市公司50强",连续四年入选"中国企业信息化500强",连续三年入选"中国旅游集团20强"。

(2) 改革创新

将原有传统营销模式与网络营销模式有效整合,带动传统旅游业升级,引领旅游营销发展方向。营销理念从以企业经营者为中心、追求利润最大化,转换到以消费者为中心、根据顾客的需求决定生产的产品,同时还要兼顾与顾客长期稳定的关系、培养顾客忠诚度。建立"旅游+教育""旅游+科技""旅游+体育""旅游+美食"等系列"旅游+"战略,着力培养新的业务增长点,深化行业渗透。

(3) 市场份额乐观

中青旅旗下拥有中青旅会展、乌镇、山水酒店、遨游网、百变自由行等一系列国内知名旅游企业和产品品牌,在北京、上海、东京、温哥华、香港、广州、天津、南京、杭州、深圳等海内外30余个核心城市设

---

① 朱志红、徐贺:《中青旅经营业务分析与提升策略研究》,《时代金融》2018年第14期。
② 吕萍、周星岚:《中青旅电子商务发展战略研究》,《中国集体经济》2010年第27期。

有分支机构，年接待游客突破 150 万人次，年营业收入 80 多亿元的经营规模。

（4）产业链完备

作为中国旅游行业的领先品牌和综合运营商，中青旅坚持以创新为发展的根本推动力，不断推进旅游价值链的整合与延伸，在观光旅游、度假旅游、会奖旅游、差旅管理、景区开发、酒店运营等领域具有卓越的竞争优势。2006 年底，控股乌镇旅游股份有限公司，联营企业古北水镇旅游有限公司的古北水镇项目也于 2014 年底对外开放。

（5）旅游交易成本低

一是作为专业化的组织，相对于旅游者个人具有较低的信息收集成本。由于旅游产品具有异地性和即时性特征，旅游者在自己所在地很难对目的地旅游产品有充分的了解。要获得该产品的充分信息，需要付出高昂的成本。旅行社在成本收集方面具有规模经济效应，其成本较低。二是旅行社可以大批量购买旅游产品，其购买产品的价格要低于旅游者个人单独购买时的价格。在这一过程中，旅行社扮演的是旅游批发商的角色。三是旅行社主要提供标准化的产品，这可以极大地节约旅游产品的设计和组织实施成本。所谓旅行社的标准化产品，一般指开发比较成熟的旅游目的地和线路，满足游客的方式比较单一，不提供个性化服务。旅行社这种运作模式主要是针对主导需求单一，且是由外部因素引起的旅游者设计，如观光、购物等。这种产品设计能够最大限度地节约成本，因此旅游社提供的旅游产品的价格要低于散客旅游价格。[①]

2. 企业创新举措

中青旅正在进一步落实"4+3"战略业务体系，即文旅综合体开发建设、酒店运营与管理、会议展览与整合营销、旅行社与互联网四大业务板块和"旅游+"三大战略（旅游+教育、旅游+体育、旅游+康养）协同发展。

（1）线上发展

第一，网站建设。中青旅旅游网站在旅游社区上加强引导，为用户

---

① 刘丽华、何军：《"互联网+旅游"背景下旅游服务业重构问题探讨》，《商业经济研究》2015 年第 26 期。

提供良好的在线交流平台，同时不断加大技术投入，提升网站响应速度与稳定性，加强网络安全建设，以支持线上查询、预订、支付等全方面服务。

第二，搜索引擎优化。搜索引擎是对搜索引擎和搜索目录的统称，是进行网络营销的重要途径，中青旅有效利用搜索引擎营销，实现了以较少花费带来大量潜在客户的目标。

（2）加强品牌建设

中青旅在品牌基础上提高服务质量，优化现有产品组合，加强创新，设计更多新的个性化产品，多角度、多方位加强网站的品牌建设，线上、线下结合，系统广泛推广。

第一，合作共赢。中青旅在充分利用积累的传统优势资源基础上，加强与航空公司、银行、电信公司、景点等方面合作，争取更多优惠，进一步降低成本，提升网上价格优势。

第二，营销策略。首先，延续"全国出发"的产品设计观念，满足不同地域顾客的出行需求；其次，在顾客购买的便利性方面，提前准备资源，采取预售的方式给消费者提供更多优惠，且在设计上突出出行日期的灵活性，为顾客提供更多选择；最后，为顾客创造真正的实惠，节约购买成本。产品全面覆盖顾客喜爱的热门目的地，同时加入土耳其、大溪地等新兴小众目的地，优惠力度和产品丰富度空前。

企业在发展战略上坚持追求创新，不断推进旅游价值链的整合与延伸，扩宽业务经营。面对竞争日益激烈的旅游业市场、层出不穷的营销模式，中青旅累积了丰富的经验，掌握了充足的品牌资源和人才优势，始终把产品服务的质量和旅游者的体验作为企业发展核心。抓住互联网经营大潮，与原有资源进行有效整合，扩大在旅游业的市场。应对不同旅游者需求，进行对应模式创新，满足顾客多元化需求。

3. 对绵阳文旅发展的启示

中青旅已有乌镇和古北水镇成功运营的案例，其把古韵文化与旅游业相结合，将散落在各地的古韵文化串联在一起，形成古韵文化圈，在发展圈内旅游业的同时，带动圈内经济的发展；坚持非物质文化遗产与旅游业相结合，在保护非物质文化遗产的同时，以非物质文化遗产为吸引点，带动旅游业发展；坚持特色文化与旅游业相结合，对于古韵文化不突出的地区，着力开发当地特色文化，以特色文化带动旅游业发展。这些管理手段、人才培养模式和营销方案等文旅发展方法，值得绵阳学习和借鉴。

(1) 大力发展文创产业

随着经济文化的发展，旅游成为人们生活、娱乐不可缺少的一部分。作为"李白出身地，中国科技城"的绵阳，是中国唯一的科技城，同时还被认定为全国第二批国家级文化和科技融合示范基地。文创产业在全球范围快速发展，已成为很多国家经济发展的支柱和理论研究的热点。近年来，绵阳文化产业迅速发展，正在形成以文化用品制造与文化休闲娱乐两大主导产业、创意设计和会展两大新兴产业、现代传媒和文化艺术培训两大支撑产业为主体的"2+2+2"文化产业格局，产业集聚发展区效益凸显。[①]

对于绵阳文创产品产业，政府可以在资金方面加大投入力度，或者组织相关比赛活动，邀请相关企业、院校参与。设计专业师生把项目引入课堂，可以产生大量创新点，政府和企业可以运用这些创新点进行商业开发，形成互利、共赢的局面。另外，政府、企业还可以把优秀参赛作品申请专利，培养品牌特色。一场赛事的成功举办，一定伴随着许多优秀作品的出现。政府可以买断专利发明权，申请专利，再进行大规模生产。在这一活动中，政府为相关的企业、学校提供很好的实践机会，形成了地方性文化创意产品，培养了自己的品牌，为绵阳文创产品开发和旅游产业发展奠定了良好基础。

(2) 推动道教文化发展

绵阳的道教文化资源在四川省内仅次于成都，这些资源主要集中分布在绵阳城区、梓潼、江油、三台等地区。绵阳城区道教遗存主要集中在西山公园，这里有西山观（又名仙云观），相传为蜀八仙之一尔朱先生（唐末五代时蜀人）修炼之所。梓潼是著名的文昌帝君故里，这里有全国文昌祖庭——七曲山大庙。江油的道教文化资源主要有窦圌山道教文化、乾元山金光洞和翠屏山道教文化区。窦圌山是四川省十大景区之一，是

---

① 黄言涛、刘红英、屈慧玲：《绵阳文化创意产品设计与开发策略研究》，《中外企业家》2017年第12期。

著名的丹霞地貌风景区，山中传奇无数，更有全国独一无二的纯木质道教转经经藏。乾元山金光洞是传说中哪吒师傅太乙真人修道之所，与之毗邻的哪吒祖庙所在地翠屏山也是四川道教发祥地之一，是川西北道教徒最崇拜之圣地。江油还有著名的道观高观和老君山道教文化遗址。三台有著名道观云台观。道教文化资源开发要注重以下原则。①

第一，统一规划，加强指导。绵阳的道教文化资源非常具有旅游开发价值，但在开发过程中，政府首先要进行统一规划，突出特色，体现重点，其中大庙、乾元山、翠屏山和云台观应成为重点开发对象。其次，政府要进行必要的先期投入，如交通、环境等基础设施改造。再次，就是要完善管理体制，在政府无法全力投入的情况下，要引入相关社会资金和企业进行投入，这就需要政府在落实宗教政策、处理好所有权和经营权的问题上，拿出切实可行的办法，以此调动投资者的积极性。

第二，整合资源，综合开发。绵阳道教文化资源虽然较丰富，但单个道教旅游景点与省内其他道教旅游景点相比并没有优势。因此，在开发中必须整合资源，综合开发，以梓潼大庙、江油窦圌山、乾元山、翠屏山和三台云台观为中心形成一条重要的道教文化旅游线路，同时带动周边自然和人文景观开发，从而打造川内仅次于青城山的第二大道教旅游圣地。

第三，加强宣传，拓展客源。绵阳的道教资源除大庙和窦圌山在省内具有一定的知名度外，其他景点都不为人熟悉。因此，政府和相关投资者必须加强宣传和促销，积极向国内、港澳台及东南亚地区进行推介。

七　国内典型文旅案例的绵阳启示

以上案例的总结分析，为绵阳市文化旅游品牌发展塑造提供了可供借鉴的有益经验，比如政府如何规划引导文旅产业发展，协调解决问题，

---

① 邹勇、邹洪伟、胡晓柳：《绵阳地区道教文化资源与旅游开发》，《四川烹饪高等专科学校学报》2010 年第 3 期。

提供政策、资金支持；特色文旅品牌如何加强宣传、扩大影响；文旅企业巨头如何打造，文旅企业如何投资、运营、营销等。针对目前绵阳文旅打造存在的痛点，具体来看，有以下几点启示。

第一，清晰划定政府职能与企业效能边界，解决好谁来投资、谁来运营等问题。区域文旅发展中，投资者、出资者与获益者各不相同的现象非常普遍。文旅发展不能也无法完全依靠政府，政府的责任是规划引导文旅产业，营造良好的文旅发展环境，建设道路等配套基础设施。企业才是投资、运营主体。

第二，打造地方文旅龙头企业。政府或国企掌握着丰富的地方旅游资源，而携程、中青旅等第三方文旅企业巨头可以提供专业化、市场化运营服务，通过旅游营销盘活资源。作为地方区域文旅发展规划，虽然不可能完全复制中青旅，但绵阳可以培育类似中青旅的文旅企业龙头，做好区域内部文旅企业等资源的梳理、优化、整合，提供政策、资金等支持，各种旅游资源主要由文旅龙头企业来运营、管理，政府主要履行好监管者和出资者（控股）责任。

第三，高度关注文旅行业的公共属性与企业盈利回报的关系。旅游业本身具有很强的公共产品属性，投资大、见效慢、不确定性比较高，如何保障旅游企业的投资回报和盈利，充分调动旅游企业的积极性，如何有效计入地方年度绩效指标，需要在具体项目落地过程中做好多方统筹以及先期的全面规划。

第四，实现多维度宣传与优质品牌支撑的良性循环。新媒体时代，实现宣传路径的多样化，是提升区域文旅资源知名度、扩大影响力最直接的方式。文旅资源在宣传的同时，要尤其注重文旅资源的"名副其实"。"打铁还需自身硬"，新媒体时代文旅资源的优质品质支撑，是实现区域文旅可持续性发展的根本保障。

第五，完善绵阳各市县区旅游资源区域统筹制度。绵阳文旅资源要基于"点—轴系统"构建区域旅游圈，实现上下"一盘棋"式统合发展。无论从文旅资源层面还是投资运营角度，都需要在整个绵阳市层面加强各市县区之间的统筹和协调，构建完善的制度化保障和协调机制。尤其是在资金短缺的困境下，可以考虑在制度上进一步完善，在机制上找寻解决方案。

综上，通过国内文旅典型案例的经验分析，可以为绵阳文化旅游的发展提供启示与有效借鉴。绵阳在文旅发展实践过程中，有着自身独特的痛点与困境，唯有在结合绵阳特殊情况的基础上，明确政府、企业边界，明确投资与运营、回报的关系；在完善文旅资源区域统筹制度的基础上，打造一批文旅龙头企业，提升文旅资源品质和影响力，才能真正实现2025年把绵阳市建设成为社会主义核心价值观广泛践行、文化事业繁荣发展、文旅产业深度融合的西部文化强市和旅游强市的发展目标。

第四章

国外典型文旅案例及其启示

绵阳市不断构建文旅经济发展新格局，确定了建设三大精品旅游线路框架。以打造"李白故里·华夏诗情"文旅品牌为目标，建设李白文化旅游精品线路；以打造"白马西羌·民族风情"文旅品牌为目标，建设白马西羌文化旅游精品线路；以打造"三线记忆·革命激情"文旅品牌为目标，建设"三线记忆"文化旅游精品线路。根据上述文旅发展思路，通过对国外旅游文化典型案例的分析，有助于绵阳市在借鉴他国经验的基础上，整合本地文化旅游资源，推动文旅及产业融合与发展。从当前世界各地文化旅游体系来看，大体是通过文化、旅游资源的供需调整以及产业政策引导等几个方面来体现的，而各国又略有不同，具有一定的区域特色。如日、韩等亚洲国家就是通过发挥自身在资源、交通或产业等某些方面的优势，从而取得了良好的营销效果。欧美地区以其多样化开发思路和成熟发展模式成为全球重要文化旅游目的地。结合绵阳市对文化旅游产业的规划和发展布局，本部分从国外文旅发展中选取了九个典型案例，并分析其对绵阳文旅发展的启示。

一 地域文旅经典案例研究与启示

日本神奈川文旅融合案例与启示如下。

神奈川县位于日本关东地方西南端，东京以南，面向太平洋。该县受太平洋暖流影响，气候温暖，拥有日本最大的贸易港，丰富的温泉旅游资源、优良的工业环境、众多的人口、浓郁的文化氛围，给农业、渔业和第三产业的发展创造了良好条件。该县不仅有镰仓幕府时代的历史故事及现代文化名人,而且古迹众多的箱根还有着大涌谷、小涌谷等优质温泉资源,成为吸引全世界游客的温泉养生打卡地,是闻名全世界的文旅景点。

(一)特色经验:依托名人文化的多样化经营

第一,依托古老建筑打造名人文化。诺贝尔文学奖得者川端康成成为古都镰仓的一张名片。日本大文豪川端康成代表作有《伊豆的舞女》《雪国》《千只鹤》《古都》以及《睡美人》等。由于喜欢镰仓的古朴,他曾长期居住在镰仓,执笔了以镰仓为题材的《山之音》等作品。镰仓是日本幕府统治的政治和文化中心之一,有许多历史悠久的神社、寺院等,拥有许多毫不逊色于京都和奈良的神奈川县厚木市荻野山中阵屋等文化遗产。当地流传着许多关于川端康成的故事,神奈川县镰仓市小町1-5-7号咖啡店是川端康成常去之地,据说当时熟客们经常能看到他在店里边喝咖啡边吃松饼的身影。盛名远播的川端康成创作之地,成为世界各地参拜者向往的地方,吸引很多文人墨客及游客来这里寻找当年川端康成最后的足迹。

第二,以历史文化和现代艺术吸引不同游客。古都镰仓作为日本12世纪的政治中心,随幕府执政而繁荣,又在14世纪幕府时代结束后开始没落。幸运的是,随着江户时代的到来,镰仓作为古迹游览地再复往昔风光,与京都、奈良并称日本三大古都。虽距东京更近,但镰仓的人流和交通却难与京都和奈良相比。镰仓的整个城市静谧而安宁,因为这种气质,它成为无数游客心中的圣地,多年来无数"镰仓文士"在此流连忘返,日本很多著作中能够看到它的身影。日本著名漫画家井上雄彦出名前,就曾在此地旅居多年,因此其代表作中多次出现镰仓的场景,而这也让镰仓成为众多动漫迷们的打卡圣地。

第三,避免同质化。看似远离人间烟火的古老镰仓,也有商业的热闹与繁华。镰仓小町通是位于镰仓车站前向北延伸到鹤岗八幡宫之间的集市,也是整个城市最著名的商业街。这条主街上聚集了餐馆、精品时装店、咖啡馆、日式甜咖啡馆、纪念品店以及古城特色店等250多家店铺,而从它两侧延展出去的诸多狭长小巷里,不仅能看到充满历史韵味的和式、欧式风格建筑,还能发现香店、手工荞麦面餐馆、复古风的法式餐厅等低调又不失韵味的店铺。这些店铺经常出现在杂志或电视上，吸引无数消费者，每年仅游客就有约 1800 万人次。① 镰仓小町通的文旅商业能够充分将文化融入商业运营。小町通作为一条繁华的商业街，游客在这里除了购物消费，还能感受古城商业场景中的文化、历史底蕴，实现情感的连接。消费者可以进行各种日本传统文化深度体验——购买传统手工制品，吃日本传统地方食品，在手机上查阅当地的古老故事和传说，细细品味历史的魅力。

第四，注重日本地域特色物产和食品的品牌营销。箱根的信匣、宝石匣、杯垫、托盘等寄木细工作为传统工艺品是拥有 200 年历史的地方特产，神奈川名品足柄茶曾被评为"全国茶品评会一等奖"，它们都是神奈川重点推广的知名品牌。同时，小町通的业态和品牌重复率极低。同一品类店铺，大部分最多 2~3 家，且每家店铺都挖空心思做出特色。即使数量最多的和食店，虽然都为消费者供应镰仓特产——银鱼盖饭，但每家均独创了自己的秘籍，细品之下，皆是不同风味。得益于这种不追随的原创精神，商街里几乎不存在同质化现象。在小町通里，有几家人气很高的店铺，但它们附近却很少见到"模仿者"。另外，日本商家的经营与商店会有着密不可分的关系。商业街由商店会管理，而商店会则由商家们组成，商家们的自我约束使得商业街的业态有序发展，避免恶性竞争。

（二）对绵阳的启示

受中国传统文化影响，我国城市在运营特色商业街区时，总是希望能够热闹，并不断追求最"火"的业态和品牌。往往街区马上显现同质化问题，由放松的场景变成嘈杂的混乱市场，丧失了本来的风味。绵阳周边分布有诸多古镇，但如今很多古镇的场景打造方式以照搬为主，业态重复率很高，甚至同一个古镇设置很多同样的品牌。事实表明，浮躁的景区失去了当年的文化味道，而偏远且尚未商业化的地方成为人们的新宠。反喧闹也是对传统文旅街区的一种反思。真正受到消费者青睐和

---

① 《漫步日本文旅商业街区的思考》，http://blog.sina.com.cn/s/blog_b4e0bdb30102xnpn.html，2019 年 11 月 5 日。

追捧的，都是有着独特文化标签的场景。反观国内商业，通常一个品牌火了后，周边立刻开业几家与其相似的店铺，当游客慕名而去时，却难辨真假。

二 特色历史文化旅游案例与启示

（一）日本"祭神节"相关案例与启示

1. 特色经验：基于节庆文化的现代旅游业态

节庆起源于传统的民间节日，具有悠久的传统文化内涵，是世界各地民众在长期生产和生活中产生的。它通常每年定期举行，有着鲜明的主题，包含文化、经贸、娱乐等多种项目。随着旅游产品和旅游方式的多样化，出现了以各种文化节庆活动为依托，经过一定的旅游开发形成的一种特殊的现代旅游产品。节庆旅游的开展，对旅游目的地的影响是广泛的、深远的。它有利于拉动旅游目的地经济的发展，有利于突出旅游目的地整体形象，并且是弘扬旅游目的地优秀传统文化的重要途径。日本非常重视传统文化资源的保护和传承，并在此基础上创新发展节庆活动，通过对文化资源的开发和利用带动旅游经济发展。对传统祭文化的开发利用是日本文化旅游的一大特色。

"祭"在日语里本意是指对神灵的祭祀及举行的仪式，后被引申为和祭祀无关的节日庆祝活动。随着科技的进步，人类在不断探索征服大自然的同时，意识到与大自然和谐共生是永恒的课题，祭祀文化的意义就在于此。即使在现代社会，与时俱进的改良祭活动依然兴盛，受到广大民众的推崇和喜爱。日本文化主题祭活动十分丰富，不仅吸引了当地人，也吸引了大批国内外观光客慕名前来，形成了独特的日本祭文化游。[①]

祭神节在日语中有节庆的意味，实际上祭神节可以被看作日本式的节庆，就如同中国的庙会活动一样。祭神节是日本传统文化、宗教信仰等文化要素在现代社会的集中体现。古代日本是以农业及渔业为主的国家，由此也诞生了对各种自然现象的崇拜。后期由于受佛教、神道、阴

---

① 王文勋："文化资源创新开发——日本文旅融合发展路径探析"，《北京文化创意》2019年第5期。

阳道等宗教的影响诞生了对各种神灵的崇拜信仰。这种对自然、祖先及各种宗教的敬畏逐渐发展演变成各种民间宗教活动，而祭神节就是起源于这种宗教意义的活动，是传统宗教活动的重要组成部分。尽管今天日本各地举办的祭神节已经不再具有很强的宗教意义，但在活动中依然保留着日本传统文化及民俗的特征，因此可以说一年四季在日本各地举行的不同类型的祭神节是日本传统节庆活动的核心，也是日本传统文化的核心。

目前日本东京的神田祭、大阪的天神祭与京都的祇园祭是日本最具代表性的三大祭节。东京的神田祭是日本东京地区市民参与最多、影响最大的传统祭祀活动。神田祭开始于1316年，早期的神田祭于每年的5月14日、15日两天举行，进入近现代社会以后受旅游业发展的影响，神田祭的时间也变为了每年5月第三周的周五、周六、周日。神田祭的起源是为了纪念德川家康家族在神田地区所取得的胜利而举办的庆祝活动，随后在其发展过程中增加了其他的元素。目前神田祭神节的节目设置由传统舞蹈表演、神舆巡游等部分构成，在神田祭神节的第一天主要安排了传统舞蹈表演等表演类项目；第二天则是由浅草四十四町所制作的各种神舆共同巡游浅草地区；最后一天是神灵乘坐的神舆在浅草地区的巡游，在这一天的巡游过程中还有日本传统的农乐及舞蹈表演。

2. 对绵阳的启示

随着社会的不断发展演变，日本的祭神节已经由具有宗教意义的祭祀活动逐渐发展成为具有现代意义的节庆活动。更值得注意的是，随着经济与旅游产业的发展，日本的祭神节同样也具有了商业功能，促进了日本各地区旅游产业及地区经济的发展。但祭神节的这种商业功能仅仅是其文化功能及社会功能延伸后的产物，这种组织形态最大限度地避免了地区传统文化过度商品化的问题，在保持了地区文化原有特征的同时为到访游客提供了一种真实的体验，这也是祭神节能够传承并发展的重要因素之一。传统祭文化的创新开发为人文景观观光游注入了灵魂和活力，日本传统文化被赋予了新的生命力，文化和旅游的融合不仅增强了当地游客的黏性，也吸引了大量对日本文化感兴趣的海外游客。

(二) 英国莎士比亚戏剧旅游与启示

英国具有浓厚的戏剧文化，诞生了著名的文学家、戏剧家莎士比亚。以莎士比亚戏剧文化为中心开发的戏剧旅游已成为英国重要的文化旅游产品之一。据相关研究估计，每年参与莎士比亚戏剧文化旅游活动的国内旅游者高达200万人，同时也吸引了100多万国外旅游者，创造的旅游收入高达12亿英镑。

英国对于戏剧旅游品牌的塑造、推广、营销具有一整套运作有效、相对成熟的体系。绵阳钟灵毓秀、人杰地灵，是李白、欧阳修、文同等很多历史文化名人的出生地和活动地，特别是在全市旅游规划中将"李白故里·华夏诗情"文化旅游线路作为重点打造的文化品牌。和莎士比亚类似，这些先贤也拥有丰富文学作品和传说故事。因此考察英国发展戏剧旅游的做法非常具有借鉴意义。

1. 特色经验：基于文化背景的营销与宣传

（1）塑造文化背景氛围

在开发莎士比亚相关的文化旅游品牌时，英国政府和其他开发公司都很重视塑造与莎士比亚生平和作品相关的的文化氛围。一方面可以带给游客较好的历史文化沉浸感，提升游览体验；另一方面可以更好地发挥宣传作用。

第一，开发莎士比亚故居小镇。对于具有很大声望的文化名人和文坛巨匠，许多游客会对他们的出生地、故居等生活环境产生强烈的游览和探求愿望。顺应这一需求，在莎士比亚故居小镇，英国政府将其还原为莎士比亚年代的样貌，开发成国家级文化产业项目。小镇中建有莎士比亚博物馆、研究中心、纪念塔等，可以使游客全方位地领略到莎士比亚的经历和艺术成就。

第二，演出莎士比亚经典戏剧作品。莎士比亚戏剧作为英国传统戏剧最具代表性的作品常演不衰。例如作为英国最有影响力的剧团之一，同时也是莎剧演出最具权威性的剧团之一，皇家莎士比亚剧团积极推广莎士比亚作品，其麾下的埃文河韵斯特拉特福德剧院、泰恩河畔纽卡斯尔剧院和伦敦圆屋剧院分别在斯特拉特福德、纽卡斯尔和伦敦专门从事莎士比亚戏剧的演出。2009年之后，皇家莎士比亚剧团的一支44人的演出团队常在埃文河韵斯特拉特福德剧院演出，在泰恩河畔纽卡斯尔剧院常进行定期演出。2010年11月在伦敦圆屋剧院演出了10周的剧目，其中包括莎士比亚的《哈姆雷特》《罗密欧与朱丽叶》、《李尔王》等经典剧目。

第三，将莎士比亚剧作搬上荧幕。英国广播公司是英国最大的媒体，也是在全球拥有高知名度的媒体。其将莎士比亚经典剧目翻拍为电视剧，由于诸多戏剧界与电视界优秀人才参与其中，内容忠于原著精神，表演则是由当今演技最为精湛的一流演员担纲，因而名声大噪，引人注目。

(2) 采取综合宣传手段

宣传在品牌塑造过程中具有重要作用，莎士比亚文旅项目的推广过程中采取了一系列有效的宣传手段。

第一，组织博览会、讨论会、竞赛等活动。例如2012年4月，得到英格兰奥林匹克博彩和艺术委员会、英国石油公司等机构赞助，由皇家莎士比亚剧团组织的"莎士比亚节"活动，由于资金充裕、艺术质量较高、节目丰富多彩，受到广泛关注和较高认可。这些活动显然会相当程度上推动以莎士比亚戏剧文化为基础的旅游项目的发展。

第二，通过食宿经营者联合宣传。通过在旅行景点附近包括酒店、家庭旅馆等各类食宿场所宣传并推广促销，游客可以得到旅游信息介绍和活动打折信息。如果促销成功，推广者可以得到佣金。例如在斯特拉特福德埃文公园之家的家庭旅馆中，通过在接待室中放置大量广告传单和宣传手册的方式，介绍关于门票、娱乐等活动与服务的促销情况，并在游客入住登记时进行详细介绍。

第三，在游客中心等地进行宣传。例如在斯特拉特福德附近的游客中心放置与莎士比亚相关的宣传材料和明信片等。此外，与各类学校进行合作。例如考文垂大学每个学期都将位于斯特拉特福德的莎士比亚故乡作为学生免费或付费的观光目的地。

(3) 利用技术性媒体创新营销方式

在信息时代，依托互联网，借助较新的营销方式，可以更好地发挥宣传效果。

第一，推介与莎士比亚相关的景点服务。英国广播公司在门户网站上有专门的与新闻、体育、电视、广播、天气预报等栏目并列的旅游栏目，其中包含大量介绍莎士比亚旅游项目和歌剧演出消息的报道和介绍。莎士比亚故居信托公司的网站则对莎士比亚的出生地、纳氏大院及新居、霍尔斯农场、安妮哈萨维斯村舍和玛丽亚登农场等景点进行推介。

第二，对莎士比亚戏剧文化进行研究和介绍。英国广播公司网站设有莎士比亚戏剧专题，其中包含莎士比亚的介绍主页、由英国广播公司改编和翻拍的莎剧经典电视剧作、相关网络游戏以及以莎士比亚冠名的相关活动。

第三，推出莎士比亚相关网络游戏和活动。在网络介绍莎翁相关的文化背景时，除有关历史景点、背景介绍以及经典剧目之外，一些公司还推出与莎剧有关的网络游戏和相关活动，从而增强新鲜感和互动性，提高观众的接受程度。例如英国广播公司莎士比亚专题中的"7NK 游戏"，将莎剧《神秘谋杀》制作成游戏。"互动探寻莎士比亚"是寻找网络诗人的活动。"60 秒莎士比亚体验"是未出道的年轻制片人参与的活动。

第四，对相关活动进行网络营销。皇家莎士比亚剧团的演出销售调查中发现，大多数观众通过该公司门户网站的主页来获取剧场演出的相关信息。

2. 对绵阳的启示

以莎士比亚遗迹和戏剧作品为核心的戏剧旅游为英国吸引了大量游客，创造了巨大收益。在绵阳拥有众多知名文人，特别是以"李白故里·华夏诗情"作为重点打造的文化品牌的背景下，英国戏剧旅游具有较大的借鉴意义。

第一，充分展示古人的生活年代背景和文学魅力。一方面，对于主人公生活过的地区尽可能还原成当年的样貌，带给游客较好的历史文化的沉浸感；另一方面，根据主人公的作品和经历，制作相关的影视作品，提升影响力和知名度。

第二，采取综合宣传手段。一是在全国性媒体、绵阳市内及周边城市的车站机场、饭店、宾馆、连锁旅行社等客流量较大的地方增加对知名旅游品牌和精品路线的宣传；二是通过打折、推广佣金、广告、明信片等多种宣传方式增加宣传效果；三是通过组织博览会、讨论会等方式增加关注度。

第三，利用技术性媒体创新营销方式。依托互联网，借助较新的营销方式，以达到较好的宣传效果。一是创建网站，增加对旅游景点、相关人物、艺术作品的专业介绍和分析。这样很多人学习相关作品搜索资料就会搜到网站，从而达到宣传效果；二是通过制作与历史人物故事有关的电子游戏、专题活动等，进行宣传活动。

三 特色民族文化旅游案例研究与启示

（一）韩国"河回民俗村"文旅发展与启示

韩国河回村位于首尔东南方向约230千米左右的庆尚北道的安东市内，并非交通要塞，且距大型都市较远，属于孤点分布型小镇。就这样一个"日出而作，日落而息"的传统小镇却因独特的自然和人文资源禀赋而闻名于世。

第一，依托独特的地理生态和丰富的文化遗产带动文旅发展。安东市河回村具有独特的地理生态和丰富的文化遗产。因朝鲜半岛上第一长河洛东江贴着村庄东、南、西三个方向迂回流过，又以S形回转过来，将整个村庄包围，故得名"河回村"。河回村呈现"莲花浮水形"的美学形态，酷似太极图，故又有"山太极水太极"的美誉。河回村东面毗邻太白山的支脉华山，山脊一直延伸到村庄处，这不仅让河回村有着丰富的自然资源，也保留了朝鲜传统村庄原汁原味的民居风格。

历史上，有朝鲜显贵喜欢择此处风水宝地居住。根据历史典籍记录，在14世纪初，名门望族柳氏宗族由丰山地区迁入河回村，世代长居于此，他们在河回村修建谦菴精舍，研究儒学，成为一代儒学大家。其中就包括朝鲜时代（1392—1910）的大儒学家柳云龙（1539—1601）和国家领议政（即宰相）柳成龙（1542—1607）。所以，河回村无论在经济层面还是社会层面，一直延续着柳氏家族的生活方式。包括村庄里的建筑、文献、遗物，现在柳氏宗家宅院、忠孝堂等重要建筑仍然保留完好，柳氏后裔们还一直在河回村生活居住。位于河回村正中央的"三神堂"附近有六百多年的榉树，据说是村里的守护神，可以赐子以及护子成长。每年阴历的正月十五，村民们都会在此聚集举行"洞祭"，祈求村落安宁丰年。

第二，政府和社会协力繁荣河回村文化旅游产业。1999年英国伊丽莎白女王访问河回村及2010年河回村被评为世界文化遗产，作为轰动性事件带动了游客数量的大幅增长。河回村在发展文化旅游业过程中，始终离不开中央政府、地方政府、媒体和村庄居民的共同推动和强大的运营能力。其中，大众媒体通过持续大量报道，将河回村塑造成一个完美的民族文化、民俗旅游目的地形象，这里被认为真实展现了韩民族历史和传统生活方式，满足了现代韩国人感知民族历史、追寻文化本源的文旅需求。河回村于1986年成立由45人组成的村民自治团体"河回村保存会"，又于1987年以年轻人为主体对"保存会"进行了重组，代表全体河回村居民参与村庄修缮建设工程。1992年，"保存会"完成法人登记，实际上充当了代表村庄向政府争取改善村民权益的角色。从1993年开始，河回村开始售卖门票，"保存会"分享门票收入的40%。

第三，充分利用河回村丰富的旅游景点和特色的民俗活动。整个村落的住宅保留着传统韩式建筑风格，这些住宅以丘陵为中心，面朝低处而建，因此在村内不会看到方向一致的房子，每家住宅都会按地势呈现，这是河回村的一大特色。除了保存完美的韩式传统住宅，村庄还开发了很多旅游景点，如新罗时代建立的凤停寺、归来亭、高山书院、卧龙山、鹤驾山等，不仅对历史文物进行了有效保护，还增加了旅游吸引物，大大提升了河回村的游览休闲观赏价值。

在非物质文化遗产方面，河回村拥有本土掺杂巫俗信仰的"河回别神假面傩戏"，作为其民族传统文化的代表，它具有800年以上的历史，是韩国独一无二的存在。凭借韩国古老的传统文化，河回村举办了很多极具特色的民俗活动。例如韩国最具代表性的庆典——"安东国际假面舞节"和每年3—12月举行的"河回别神假面舞"，这都是韩国著名的文化资产。此外，当地特色美食安东烧酒、祭祀饭等也都有浓浓的传统风味。在传统文化和非物质文化遗产方面突出了韩国独特的民族特色，是韩国文化旅游取得显著成效的重要因素之一。

（二）印尼巴厘岛非遗旅游与启示

在旅游开发过程中，非物质文化遗产常常被过度商品化、庸俗化，这似乎是一种难以避免的现象。然而，印尼巴厘人在利用传统歌舞、宗教仪式、手工技艺等"非遗"旅游资源过程中，却能够很好地平衡"传统与现代"的关系，他们以"文化旅游"为中介，建构"社区参与"和"原生态利用"机制，从而既有效地保护、利用、传承其非物质文化遗产，又发展了本国的文旅事业，这一"巴厘现象"对我国文化和旅游融合具有重要启发意义。

印尼巴厘岛的大众旅游在 40 多年里，游客量从 1970 年的 24340 人次猛增到 2017 年的 5697739 人次。虽然在巴厘岛可以见到为游客提供便利的一系列现代化设施，如酒店、酒吧、超市、汉堡连锁店、纪念品商店等，但其传统的民族舞蹈、戏剧、工艺品制作技艺以及宗教仪式等非物质文化遗产几乎都被完整地保留了下来，并没有出现文化人类学家所谓的民族文化过度商品化的陷阱，同时还强化了巴厘人的文化认同感，这就是人们所称的"巴厘奇迹"或"巴厘现象"。事实上，旅游业发展既有助于巴厘艺术家和手艺人保持高标准，也可以为大众旅游市场的需要而低标准地生产游客所需要的文化商品。旅游业的外部力量并没有改变巴厘文化的内在结构，从而保持巴厘人非物质文化遗产如舞蹈、音乐、宗教仪式、手工技艺等的完整性。依赖于巴厘岛作为一个旅游天堂的权威形象，印尼政府把巴厘岛作为展示印度尼西亚形象的窗口。

第一，印尼巴厘岛文化旅游发展与"非遗"利用的经验。印尼巴厘岛非遗保护意识并非自觉产生的，而是旅游发展"倒逼"的结果。在国际、国家、地方和社区多个层面参与下，最终找到一种为各方所接受的旅游发展模式，即巴厘人所谓 Pariwisata Budaya（文化旅游）。这种发展模式以当地社区的自觉参与和无形文化的原生态利用原则为依托，共同成就了"巴厘奇迹"。现在 80% 巴厘人信奉印度教，教徒家里都设有家庙，家族组成的社区有神庙，村有村庙，全岛有庙宇 125000 多座。可以说，巴厘音乐、舞蹈、戏剧、手工技艺等非遗无不渗透着宗教成分，巴厘文化旅游产业就是依托这些非遗和物质文化遗产逐渐成长起来的。

巴厘岛入境游客数除了因 2002 年爆炸案和 2003 年"非典"影响而连续几年呈负增长之外，从 2007 年到 2016 年 10 年间，巴厘岛接待外国游客人次有了大幅上升，从 166 万多人次上升到 492 万多人次，多数年份呈两位数增长。旅游业已成为巴厘岛的支柱产业，每年创造的产值占全印尼旅游业的四分之一。旅游给巴厘岛带来了持续的经济收益，社区居民共享了收益成果，拓宽了就业渠道，一些社区居民可以将充当舞蹈家、艺术家和雕刻家作为谋生的新选择。先进技术的运用提高了生产力，政府修建并完善了基础设施，人民生活水平有了较大提高。但过度旅游开发对当地生态环境和传统文化也产生了严重威胁。

第二，准确的文化旅游定位。艺术与宗教等非遗使巴厘岛闻名世界，成为游客眼中的主要吸引物，反过来又可以把巴厘文化转变成为该岛经济发展的最有价值的资产。为此，巴厘当局出台了一项针对性的文化旅游政策，旨在通过利用文化来吸引游客、发展旅游的同时又不降低巴厘的文化品位，反过来还可以将旅游收入用于促进文化发展。这一计划就是1992年印尼政府请求世界银行帮助设计的巴厘城市基础设施改善项目，即"巴厘的可持续发展计划"。这个项目的一部分直接促进了巴厘文化遗产资产的保护、管理和开发。保护遗产的职责是由省政府承担的，巴厘文化局作为实施机构。在巴厘文化局内成立一个文化遗产保护部门，其职责是在文化遗产保护方面为省政府提供建议。

巴厘岛文化旅游产业主要是基于其非遗而发展起来的，这些产业包括起源于传统剧目的舞蹈和音乐表演，生产和销售音像制品，为非巴厘岛人和游客提供舞蹈和音乐培训的教学网络等。乌布作为巴厘岛文化旅游主要目的地，每到夜分时段就为游客提供舞蹈和音乐表演。这里节目演出的性质被认为是传统和旅游业相互作用的有代表性的一种方式，并且为巴厘人所熟练地掌控，并将音乐和舞蹈增设为创收吸引物。显然，以音乐和舞蹈为代表的巴厘岛传统歌舞在其文化旅游发展中扮演着重要角色。乌布音乐表演性质从当地传统节庆延伸到传统习俗，这种变化不仅仅与乌布民间恢复音乐活力的行动相关，也与印尼政府和巴厘岛当局推动巴厘岛国际旅游并利用巴厘文化作为旅游吸引物的长期政策密不可分。可以说，音乐和舞蹈发展的地方恰好是传统文化和旅游业的交汇点。显然，印尼巴厘岛旅游业的上述发展业绩得益于该岛的"文化旅游"的发展定位。

第三，巴厘岛文化旅游对"非遗"保护模式的利用与实践。在乌布为游客演出的舞剧"黎弓舞"，是巴厘岛传统剧目，露天舞台布景，演出道具都是传统乐器，参与人员全是当地社区居民，演出形式严格遵循传统方式，唯一"革新"之处就是利用现代音响设备。演出尽管有些枯燥，但这种"原汁原味"的表演还是吸引了不少西方游客。从 1989 年以来，乌布的夜间舞蹈表演就一直在开展，每周演出节目交替进行，常演不衰。巴厘岛非物质文化遗产展演当然不止乌布一处，但乌布的精彩演出在巴厘岛非常有名，它是巴厘无形文化的"原生地"，无论是巴厘人还是游客，在这里演出或观看代表的是"原汁原味"。可以看到，巴厘非物质文化遗产展演选址于乌布，无疑表明了巴厘人遵循无形遗产保护性利用于文化旅游的原则。

第四，健全的社区参与机制在文旅中发挥积极作用。巴厘旅游部门起初对游客的管理是相当严格的，最初的政策理念认为，游客和社区居民之间的交流少，对旅游的不稳定影响可能会较小。即使允许游客进入巴厘中心地区的文化腹地，也必须是以简单的、可控制的短途旅行为目的。这种旅游观念就把巴厘人降到一个被动的旁观者地位，这种旅游模式很少为当地人带来收益。为扭转这种不利局面，巴厘地方政府强调要维护社区参与旅游发展的权利；倡导发展"民众的旅游"，以便给当地社区带来益处。将政府部门的"旅游与艺术部"改为"文化和旅游部"，强调文化和旅游并非对立，而是一枚硬币的两面，彼此丰富对方的价值。这种旅游发展理念的变化表明，巴厘当局的目的是建立健全巴厘旅游业发展的社区参与机制，提升当地民众参与文旅事业的积极性。

四 工业旅游经典案例研究与启示

(一) 德国工业旅游与启示

工业旅游是以工业企业及其遗址为基础开发出来的新兴旅游产品，具有良好市场前景和生命力。欧洲是工业旅游发祥地，其中德国的工业旅游的开发和品牌建设具有较强的代表性。目前德国工业旅游接待游客数达到了全国旅游总人数的 1/3，区域内的鲁尔工业区是联合国教科文组织评定的世界第一个以工业旅游为主题的世界文化遗产。作为"三线建设"中崛起的工业城市，绵阳存在大量工业、企业和厂房遗存，非常适合发展工业旅游项目，特别是在全市旅游规划中将"三线记忆·革命激情"工业遗产文化旅游线路作为重点打造的文化品牌，因此德国工业旅游案例具有较强的借鉴性。以下以德国政府及企业开发工业旅游的举措作为代表性案例进行分析。

1. 特色经验：政府主导下的多元模式和互动旅游

（1）发挥政府在工业旅游开发中的主导作用

政府是工业旅游资源整合与品牌塑造的主导性因素和决定性力量。在工业旅游兴起和发展过程中，德国政府部门发挥了重要作用。以鲁尔区为例，该地区曾是德国能源、钢铁和重型机械制造基地和龙头区域。然而，20世纪60年代末到70年代的"煤炭危机"和"钢铁危机"使鲁尔区经济受到严重影响，不得不通过改造老工业区、结合本地工业优势以发展工业旅游的方式实现经济结构转变。这一过程中，政府部门从规划设计、政策支持等方面对鲁尔区的产业转型升级改造予以了全方位支持。

第一，科学统筹，合理规划设计。工业旅游发展初期，由于缺少在环境保护、土地开发、城镇建设等方面整体的发展规划，鲁尔区的自然环境和品牌形象受到严重损害。为此，政府部门统筹鲁尔区的旅游开发，整合区域资源，细化部门分工，按照区域一体化的规划原则对区域内分散的景区进行统筹规划和开发；针对该地区自身的历史渊源和自然状况，制定因地制宜的开发措施；成立了鲁尔煤管区开发协会，作为统一鲁尔区规划的最高机构，综合规划和统筹解决工业结构转型、旧厂房改造和利用、生态环境修复、就业和住房等经济和社会问题；在一些具体活动中还会成立专门的协调机构，例如在2010年埃森－鲁尔"欧洲文化之都"活动中，由埃森市政府、鲁尔区域协会、北威州州政府、鲁尔区行动会等采取公私合营方式成立了鲁尔2010有限公司，专门进行统一的协调组织；尽可能地保留原有工业建筑，进行梳理和改造；积极引入市场机制，根据市场需求进行开发。

第二，营销宣传，塑造文旅品牌。为了改变鲁尔区的传统工业区形象，塑造工业旅游品牌，政府采取多种营销方法，向世界宣传推广鲁尔区的崭新形象。采取区域联合营销方法，规划了数十条不同产品组合的精品旅游线，统一对外宣传与推广；利用改造后的展览场馆举办大型展览活动，在进行营销推广的同时，吸引客流并促进经济发展；与城市品牌塑造相结合，例如区域内的埃森市在2006年被评为2010年欧洲文化之都。

第三，财政支持，保障文旅建设。在支持鲁尔区转型升级方面，政府对开发建设给予了巨额的财政资金支持。同时，为引导市场机制，政府也为进驻鲁尔区的开发企业提供了资金扶持。

(2) 采用多元化的发展模式

传统工业区域产业在产业结构调整和经济转型的过程中，会产生大量的工厂、矿区等工业遗存。其中，一些具有代表性的工业遗存是不同时期工业文明在技术和工艺上的最集中体现，也是一个国家不断追求技术进步的见证。为了改造老工业区，充分发掘工业遗址资源，盘活工业遗存，德国将工业遗存视为文化遗产，与旅游开发、区域振兴等相结合进行战略性开发与整治，从而在区域工业遗留物的物质基础上发展一种重温和感受工业文明进程的旅游形式。在这一思路下，德国往往基于"原真性"原则，按照原本的面貌对代表性工业遗址进行保护和再利用，并按照原有工艺流程安置工业设备。在开发过程中，为提升游客体验和品牌形象，结合本地工业优势发展工业旅游项目，德国根据工业遗存设施的不同类型和用途，采取了多元化发展模式，主要包括以下几种形式。

其一，工业博物馆模式。通过将具有历史价值的厂房、建筑等工业遗产建设为博物馆的方式来展现其历史和艺术价值，是目前国际上最为普遍和有效的对工业遗产进行再利用的方式。工业博物馆通过露天或者室内的形式，再现当时的工业景观和生产场景，展示以前的生产流程和产品，配合讲解与观众互动，从而为游客提供了感受工业文化的珍贵体验。一些博物馆的导游讲解人员由原工厂的志愿者担任，一方面对游客来讲增强了历史感和真实感，另一方面对周边社区来讲激发了认同感和参与度，为整个旅游区塑造了良好的氛围。德国典型的博物馆模式包括哈廷根的亨利钢铁厂、多特蒙德市的措伦采煤厂、埃森市的关税同盟煤矿等。

其二，公共休闲空间模式。城市化进程使得很多工业生产用地变为城市发展的重要地段，从而逐渐被周边的住宅区所包围。针对这种较少的工业建筑遗存被周边大量居住用地包围的情况，采取公共休闲空间模式可以将工业遗址转变为公共休憩场所，既可以满足周边居民的休闲娱乐需求，也可以改善城市居住环境。例如位于鲁尔区的北杜伊斯堡景观公园，将蒂森钢铁公司改造为以煤—铁工业背景为主的大型主题公园，其中废旧的储气罐被改造为潜水俱乐部的训练池，堆放铁矿砂的混凝土料场被改造成青少年活动场地，厂房和仓库被改造为迪厅和音乐厅，高炉被改造为攀爬项目和露天电影院。

其三，综合开发模式。工业旅游可以与购物、会展相结合，从而可以将工业遗址开发为集商店、咖啡厅、餐馆、文化设施等场所为一体的购物休闲综合体。德国综合开发模式的典型代表是奥伯豪森市的中心购物区。该中心建立在一个工厂废弃遗址之上，并开辟了一个工业博物馆，就地保留了一个高117米、直径达67米的巨型储气罐。该中心目前是欧洲最大的购物休闲中心之一。

（3）充分开发体验互动旅游

根据德国发展工业旅游的经验，对于正在从事生产经营的工业企业，发展体验式旅游一方面可以维护和改善企业形象，从而更好地提高商品竞争力和销量。很多企业免费向公众开放，吸引大量游客参观，借此树立品牌形象，获得消费者的信赖。另一方面企业可以直接通过工业旅游活动来提高收入。甚至对于一些小微企业来说，旅游已经成为收入的重要来源之一。游客进行体验式工业旅游，是为了直接与工作人员交流，发现平时没有接触过的品牌故事，了解产品背后的历史和精神，观察产品的生产过程，甚至亲身参与其中，从而获得独特的观赏性和感受。为了满足游客的需求，德国企业注重从以下几个方面开发体验式工业旅游。

第一，确立特色突出的旅游线路。德国开发了120条工业旅游线路，大多围绕某一具体行业，从而便于展示主题相近的工业文化，例如汽车之路、啤酒之路、玻璃之路、玩具之路等。旅游过程中注重塑造浓厚的工业氛围，将工业主题文化内涵和旅游相契合，充分挖掘工业特色，同时照顾游客体验和参观便利，着重展示生产过程中的精彩部分或细节特性，更好地向游客展现企业的工匠精神。

第二，设计丰富的旅游产品内容。工业旅游固然应该充分展示企业生产景观，但也需要围绕工业主题，结合自身特点，安排丰富的旅游形式，开发不同层次的工业旅游产品，从而增强旅游吸引力，增加旅客游览和消费时间，优化游客体验。例如通过高科技手段和炫酷的方式展示企业及行业发展史；设计精致有趣的宣传材料和旅游纪念品、衍生品、定制特制产品；增加互动体验项目和DIY项目；等等。例如奔驰博物馆展示了1883年成立以来重要和经典车系的演进过程，每辆车都可以通过一个类似电话的包含中文在内的储存多国语言的导游器听取详细介绍，十分方便。在商店内可以购买十分精美的奔驰车模，很受游客欢迎。

第三，注重提升项目的交互性和参与性。工业的神秘感以及由此带来的人们的求知心理是游客参与工业企业旅游的重要原因。德国企业往往通过着力打造富有知识性、趣味性、体验性的工业旅游产品，提升旅游项目的交互性和参与性，让游客在亲身体验中获得乐趣。在奔驰公司，游客可以穿上工作服，在总装线上拧几颗螺丝钉，到工人食堂吃午饭，体验奔驰工人的生活；大众公司的汽车城有很多吸引小孩和青少年参与的活动，可以用橡皮泥捏汽车，在练习场上考取小司机的"驾照"，甚至包含一个巨大的用于展示的汽车"引擎"，游客可以钻入其中领略汽缸内部的奥秘，最后由排气管状的滑梯滑至地面。

2. 对绵阳的启示

德国是世界上工业旅游发展较有特色、成果较为突出的地区，对于绵阳发展"三线记忆·革命激情"文化旅游品牌具有较好的借鉴意义。考察德国工业旅游案例可以得到以下几个方面的启示。

第一，发挥好政府的主导作用。一是要针对本地区自身的历史渊源和自然状况，因地制宜制定开发措施，并统筹解决工业结构转型、旧厂房改造和利用、生态环境修复等经济和社会问题。二是要做好品牌塑造和营销宣传。一方面根据区域和主题规划不同的旅游线路；另一方面统一宣传工作，通过多种方式进行营销推广。三是给予充足的财政支持。

第二，采取适合的形式利用保护工业遗存。绵阳拥有大量"三线建设"时留下的工业建筑，代表了独特的工业文化和历史记忆，应当基于"原真性"原则按照原本面貌，采取工业博物馆模式、公共休闲空间模式、综合开发模式等适合的模式进行保护与再利用。

第三，以科学性、趣味性和互动性为核心打造体验式旅游。对于正在从事生产经营的工业企业和具有高端技术的科研院所，则适合发展体验式旅游，这对树立企业和院所的形象、提高自身收入具有积极意义。旅游项目的设计要结合自身特点，安排丰富的旅游形式，开发不同层次的工业旅游产品，通过着力打造富有知识性、趣味性、体验性的工业旅游产品，提升旅游项目的交互性和参与性，让游客在亲身体验中获得乐趣。

(二) 日本工业文化旅游及启示

1. 特色经验：有机整合模式下的人文旅游

第一，合理开发已有工业旅游资源。日本将19世纪的一个纺织厂厂房改建成观光旅馆，这一改造获得日本建筑界的最高奖——建筑师学会奖。观光旅馆仓敷常春藤广场由明治时期建成的仓敷纺织厂改建而成，保留红砖外墙的观光及街区原貌，红砖上攀爬着绿意盎然的常春藤，极富特色。其多功能厅"Floral Court"的装饰和墙面皆花意盎然，由建于19世纪初的工厂讲堂改造而成。宽广的酒店庭院内，建筑与空间洋溢着明治、大正时期的浪漫氛围，新与旧完美融合，并设有休憩广场、文化设施、手工坊，是各年龄层游客追求文化内涵与舒适体验的绝佳选择。

第二，日本政府利用各方力量有机整合，开发工业文化旅游。日本对于以老旧工业厂房为代表的工业遗产的保护、开发、利用的探索在东亚地区起步较早。从2007年开始，经济产业省就组织"产业遗产活用委员会"进行了专门针对工业遗产的普查和认定。此外，政府对于老旧厂房改造的推动作用和对各方力量的有机整合，成为以老旧厂房为代表的工业遗产转型升级的重要支撑。例如，群马县富冈制丝厂原本是明治维新时期引进法国技术和培训人员后设立的一所示范性机器制丝工厂，后属于片仓工业株式会社。由于产业调整，该制丝厂于1987年停止运营，但保留了完整的工业建筑和设备。然而，每年2000万日元的固定资产税和1亿日元的维护费用，成为片仓工业株式会社的沉重负担。从1995年开始，群马县富冈市开始与片仓工业株式会社进行交涉。2003年，群马县知事建议该制丝厂申报世界遗产。2005年，工业株式会社将该制丝厂捐赠给地方政府，此举既帮助企业卸下了重担，也给了政府重新利用和开发制丝厂的机会。从此地方政府成为推动富冈制丝厂开发的主导力量。富冈市充分认识到该制丝厂的历史文化价值，力求发挥它的社会功能。为此，富冈市引入各类社会团体，如产业观光学习馆、富冈制丝厂同好会、富冈制丝厂世界遗产传道师协会等，组织举办了世界遗产讲演会、学习会、科普和体验等丰富多彩的活动，让富冈制丝厂充分发挥其教育功能和旅游观光功能。在富冈市的努力下，富冈制丝厂整合了周围的遗址，组成了近代绢丝产业遗迹群，完成了核心产业和地域及其周边的整体性保护。政府的加入，让原本苟延残喘的老工业区在新的社会背景里获得了新身份，实现了新价值。这种转变单靠企业的力量是无法实现的。从企业管理到政府主导，富冈市完成了工业文化资源的优化配置，使工业遗产得到更高效率的利用。

第三，充分挖掘工业产品的人文情怀和文旅内涵。"白色恋人"是北海道札幌一款有名的巧克力点心，常常出现在日本各大国际机场和外国游客光顾的大型超市和商城，已成为日本之行游客的必购产品。根据这个享誉日本国内外的文旅品牌，札幌市创立了一个白色恋人工业文旅项目——"白色恋人公园"，吸引了海内外游客前来参观。该主题公园大体可分为两部分——美味的"巧克力工厂区"和典雅的"都铎屋"。游客可前往巧克力工厂区参观白色恋人生产线，参观巧克力的流水制作工艺，仿佛置身于"巧克力工厂"之中。而在作为巧克力吧的"都铎屋"，游客可以品尝白色恋人圣代或巧克力饮料，还可以通过专业表演来了解"白色恋人"背后的人文故事，体验巧克力制作过程。这是一个无论男女老幼都喜欢的集美食、游玩于一体的娱乐空间，成为享誉日本国内外的最浪漫的著名工业文化旅游景点之一，每天吸引着大量游客慕名前来。

又如东京大田区日本航空公司的航空博物馆（Sky Museum）、爱知县的丰田产业技术纪念馆、朝日啤酒工厂等，都推出了工业文化旅游项目，被称为"工厂见学"的工业文化旅游在日本全国各地都成为普遍现象，受到海内外游客的广泛欢迎。

2. 对绵阳的启示

随着人类工业文明的发展、全域旅游时代的到来，工业文化旅游日益兴起，成为现代旅游业的新增长点。工业文化旅游除了能够发展新的盈利模式外，还可以维持企业良好形象，扩大品牌影响力，给企业可持续发展带来良性互动，是工业技术日趋成熟和工业资源日趋丰富的产物。日本作为亚洲第一个实现工业化的国家，善于利用丰富的工业文化资源开发工业文化旅游，通过建设相关历史文化博物馆、开发场景体验线路等方式走入人们视野。绵阳在开发"三线记忆"旅游过程中可以借鉴日本的做法，将"记忆"与"现在"相结合，开发多元化旅游产品。

五 特色影视与主题公园文化旅游案例研究与启示

（一）美国迪士尼乐园开发及启示

2003年11月福布斯公布了"全球十大虚拟人物财富榜"，在拥有哈利·波特、皮卡丘等十个虚拟人物的榜单中，米老鼠名列榜首。如今凡是受到媒体影响的地方，大多数人尤其是青少年都知道"米老鼠""唐老鸭"和著名的"迪士尼乐园"。"米老鼠"与迪士尼乐园是美国文化旅游产品的象征，我们分析迪士尼的品牌建立、产品开发和营销手段，对其成功经验进行讨论和总结，无疑具有十分重要的意义。

1. 特色经验：影视发展与品牌塑造并重

（1）借助影视作品传播影响力

回顾品牌历史可以发现，迪士尼的创立和发展与一系列成功的影视作品创作发行密切相关。迪士尼这一庞大的世界娱乐业帝国是从米老鼠这一经典卡通形象发展起来的。米老鼠这一形象的成功和创始人华特·迪士尼对新事物、新技术的高度敏感、浓厚兴趣及其永不间断的创新能力是分不开的。他和他的同事们创造了独特的迪士尼动画电影造型特征原则，主要表现在迪士尼动画电影经由米老鼠及系列片的尝试，逐步建立出以写实与卡通化为原则的造型特点。另外，迪士尼和同事不断采用更新的技术，由无声电影到有声电影、由黑白片到彩色片这种对于新技术的开发应用，也是"米老鼠"受到欢迎的关键因素之一。而最可贵之处在于，华特·迪士尼不满足只是做一个出色的动画片画家，而是在一群志同道合的伙伴的参与下，成立了一家专业动画制作公司，从"创意内容"核心层出发，逐步扩大到"产业基地"，用现代工业化流水线生产的方式，大批量制作动画片并把它们销往世界各地；同时，又为米老鼠、唐老鸭等卡通形象申请了专利，在法律保护下进行特许经营开发。

基于成功的动漫作品，迪士尼公司将经营范围从纯粹的文化产品和文化产业，积极地向相关的"亚文化产业"——主题公园文化旅游业扩张。1955年7月17日，位于洛杉矶的首座迪士尼乐园正式建成，第一次把观众在电影里和卡通片里看到的虚拟世界变成了可游、可玩、可感的现实世界，公园里的"美国大街""探险奇遇""西部边境""梦幻世界"和"未来世界"激起了无数少年儿童和他们父母的好奇心。迪士尼发明的"米老鼠"这一独特创意，经过70多年的发展已经成了一个风靡世界的全新文化产品和文化产业。当别的商家模仿时，他又不断加强自身开发能力，加快价值转化战略，把优势延伸到音像和期刊出版业、零售业、旅游业、宾馆业等，通过规模化拓展，排斥了其他企业的兼并企图，成为一个全球化的跨国娱乐企业集团。

在"米老鼠"之后，迪士尼持续出品了一系列经典影片，塑造了很多家喻户晓的动画人物形象，像白雪公主、小飞象、美人鱼、狮子王、人猿泰山、玩具总动员、海底总动员等。这些备受欢迎的影片对持续保持迪士尼乐园的吸引力功不可没。

如今借助文学、影视作品"打广告"的成功案例越来越多。凤凰小城因《边城》闻名遐迩，巴黎圣母院因雨果的同名小说人尽皆知。电影《少林寺》曾让中国的少林寺走向世界，电影《魔戒》让新西兰风光名扬海内外。韩剧《蓝色生死恋》在台湾播出后大受欢迎，韩国旅游部门就和当地旅行社合作开发了一系列产品，其电影拍摄地也在后来成为知名观光地。之后的韩国电影《我的野蛮女友》等一系列作品则让"韩流"从影视界走向旅游观光领域。日本很多景区也因为动漫作品成为动漫迷们的"巡游圣地"，于是日本政府积极借助高人气动漫作品推动旅游业发展。这启发我们，旅游景区可以借助文化作品来增加文化味道，利用成功的文学和影视作品来更好地推广自己。另外也提示我们，旅游项目依靠文学性更强、更容易被接受的方式推广，才能起到更好的效果。

（2）传达明确的品牌核心价值理念

明确的价值理念对品牌形象塑造、经营与发展方向有着重要作用。建立迪士尼乐园20年之后，华特·迪士尼先生把米老鼠、唐老鸭这类品牌动画人物搬进主题公园，以新的娱乐形式给游客创造欢乐。此时他的理念提升为，由游客和员工共同营造"迪士尼乐园"的欢乐氛围。这种理念的正向推论为，园区的欢乐氛围是游客和员工共同创造的产品和体验。也许双方对欢乐的体验角度有所不同，但经协调是可以统一的；逆向推论为，如果形成园区欢乐祥和的氛围是可控的，那么，游客从中能得到的欢乐也是预先可以度量的。在把握游客需求方面，迪士尼致力于研究"游客学"，审视公司的每一项决策是否站在游客的角度。公司内设调查统计部、信访部、营销部、工程部、财务部和信息中心等部门，明确分工职责，合作完成准确把握游客需求动态的任务。

迪士尼塑造和传达品牌文化精神不只体现在游乐园建设和游玩项目规划，还体现在其他一些文化产品活动。如今当国际游客乘坐加拿大航空公司的班机时，加航的工作人员会热情地介绍一种义卖的小纪念品，并特别说明，这是加航工作人员与迪士尼公司合作设立的一个慈善项目，它的目的是给全世界贫苦儿童和残疾儿童捐款，让他们有机会去迪士尼乐园享受一天的快乐，暂时忘记黑黝黝的茅草屋、愁容满面的父母、针筒和拐杖，去和米老鼠、唐老鸭约会，这一活动受到了广泛的欢迎。这一方面表现了迪士尼公司延伸开发米老鼠等系列文化产品的巨大魅力，另一方面也体现了迪士尼努力贯彻的"共同营造欢乐氛围"的价值理念。

核心价值理念是文化旅游所蕴含的文化内容所体现的核心精神，传达明确的品牌核心价值理念才能更好地体现旅游品牌的人文内涵。迪士尼的旅游产品开发都是围绕快乐文化这一主题。不只迪士尼乐园，大量例子都表明，成功的文化旅游项目往往都会围绕特定的核心理念设计旅游项目，例如塑造美国西部文学氛围的沃思堡以传达西部边疆拓荒者的独立自由、艰苦创业、耐劳实干为核心价值，其中设置的酒吧、餐馆、牲畜养殖场都透露着西部牛仔式的粗犷情调。

（3）采取国际化的发展路线

迪士尼相比我国大部分文旅品牌有着更强的国际影响力，这和迪士尼国际化的品牌发展路线有着很大的关系。迪士尼力图传达的往往并非复杂、高深、独特的概念，而更多的是人与人之间和睦相处的快乐温馨的氛围，具有较强的大众性和普适性，各个地区的观众都可以非常容易地理解迪士尼文化产品的核心思想。迪士尼甚至将花木兰、阿拉丁等不同国家的传说故事和童话拍成动漫作品，用具有不同文化特色的故事表现相似的叙事内核。迪士尼乐园在建设中也会把不同文化的故事主人公纳入园内，并在不同国家的主题公园体现当地文化特色。可以说，迪士尼是从观众和游客的角度，提供可以满足他们心理需求的文化产品，而不是反过来强迫观众和游客接受自己的作品。

相比而言，我国很多文化旅游项目往往过于刻意地表现自身的本土性、民族性，缺乏在深刻理解本土文化内核基础上抽象出来利于不同文化背景的人们相互理解的精神内核，并围绕这一精神内核开发旅游产品，从而在文化产品对外输出时效果大打折扣。例如当下各地流行的"地方戏曲节""民俗文化节"等项目，很多项目包含过多的繁文缛节，就连非当地的中国游客都难以理解，更不用说对外传播效果。诚然对于体现传统和民族特色的文化遗产，原汁原味是相当必要的，但是对于其中一部分着眼于传播效能的文旅产品，可以基于大众的审美能力和欣赏趣味，融入更多可共享的情感和价值观，更加注重国际化的发展路线，至少将部分视角由挖掘传统、保持原样、保护传承回归到对于文旅项目开发来说更本质的目的上，即开发更有趣的、更受欢迎的具有创造性和文化性的旅游产品上。

2. 对绵阳的启示

迪士尼乐园作为美国文化旅游品牌的代表和世界旅游企业发展的典范，其品牌创建和发展经验值得我们深入研究。

第一，以文学影视作品和新媒体增强宣传营销。很多例子表明，文学著作、经典电影电视等文化作品对景点具有显著而持久的宣传作用。此外，近来很多走红的"网红打卡地"表明新媒体对旅游景区也具有很好的宣传效果。可以尝试加强与电影电视、小说、自媒体等的合作力度。例如，鼓励有影响力的导演或高知名度影片到绵阳取景拍摄，旅游部门可以协调提供便利，并在影片上映后积极借势宣传；对自媒体记者、直播平台户外板块主播提供景区门票减免等措施。

第二，从游客的角度设计旅游项目。迪士尼成功的一条重要原因在于，将"创造欢乐"作为努力目标，从而致力研究"游客学"，审视公司每一项决策是否站在游客的立场。目前一些景点缺乏从游客视角考虑如何提升景区的可玩性，只是花钱投资了一个项目，就幻想游客会"蜂拥"消费。应当沉下心来认真研究游客心理，学习其他地区成功案例，以提升游客体验为目标来设计旅游项目。

第三，注重国际化的发展路线。在设计旅游项目的时候，注重降低其所蕴含的文化内核的理解难度，使不同文化背景的游客都能轻松理解并沉浸在景区文化氛围之中。诚然，原汁原味的传统文化和民族文化是我们的宝贵财富，需要完整地传承下去。然而，本土文化背景的旅游区在开发旅游项目的时候，需要注意在传承性和普适性之间寻找平衡点，基于大众的审美能力和欣赏趣味，融入更多可共享的情感、价值观和文化叙事。

（二）"韩流"影视文化旅游与启示

1. 特色经验：以"韩流"为基础的体验式旅游

第一，通过韩剧传播的"韩流"，提升国家文旅形象。文化旅游业的营销策略就是强化娱乐意识和参与程度，借助文化体育娱乐活动，通过轻松活泼的方式来传播并营销文化旅游品牌。以往旅行社在宣传韩国景区时，并没有多少卖点，游客对韩国文化的了解也仅停留在烧烤和泡菜上，造成了韩国旅游线路的冷清局面。但近年来，韩国旅游部门借韩剧的影响力，不断根据韩剧挖掘传统文化，开发相关文化旅游产品，使韩国旅游市场场面火爆。韩剧《蓝色生死恋》使济州岛成为旅游胜地；《冬日恋歌》则让南怡岛挤满了亚洲旅游者；而《大长今》的热播，更让韩国旅游赚了一个大满贯，其卖点除了《大长今》的拍摄点外，还有品尝韩宫廷膳、穿韩服照相等各种体验活动。据统计，在《大长今》的影响下，当年前往韩国的中国游客增加了25%，去韩国游玩的日本游客也达到创纪录的240万人。"韩流"的内容十分广泛，从最初韩国的歌曲、音乐、戏剧、舞蹈、电影、电视剧、足球，进一步扩展到韩国的游戏、服装、化妆品、餐饮、电子产品和汽车等各个领域，蕴藏着巨大的旅游商机。这些产业以及其中涌现出的一批大腕歌星、影星、球星、音乐人、舞蹈家、模特等吸引了大批海外游客的目光。

第二，构建以"韩流"带动旅游业的文旅融合营销模式。在"韩流"迅猛发展之时，韩国旅游依靠影视业开创了一个新的营销模式——依靠上游产业链条中的电影、电视产品在全球形成的吸引力，根据影视情节包装推广韩国各个地区的景点。韩国旅游部门把文化对旅游的促进作用发挥到极致，通过把有比较优势、旅游者较易感知的关键性因素如地域饮食、服饰、瓷器、歌剧和节庆等与旅游结合起来，在努力挖掘体现地方特色项目的同时促进了旅游品牌塑造,使有限的旅游资源得到最大限度的利用,靠着其文化特色而获得持久的观光客源。现在,韩国每年新推出的特色旅游项目达 800 个,其中包括吸引百万游客的庆州文化博览会、光州泡菜盛典、南道饮食文化大宴、麟蹄河川漂流节等,这些富有浓郁韩国特色的旅游项目吸引了来自世界各地的众多游客,有力地推动了韩国旅游业的发展。

第三,力求打造面向国际的"韩流世界(Hallyu Wood)"大型文化中心的开发计划。"韩流"作为一种文化现象已经形成并且其影响力在亚洲乃至全世界范围内不断扩大,为韩国文化产业向外扩张打下了基础。近年来,韩国文化旅游部与京畿道政府共同确定了以"韩流"为主题,集影视剧制作、影视文化主题公园、住宿设施、商业设施、文化设施等为一体的综合性旅游开发计划,即"韩流世界"开发计划。从旅游开发角度看,"韩流世界"事实上是一个以韩国文化为核心的主题公园。"韩流世界"开发计划充分考虑到了城市未来的发展方向,并从京畿道未来整体发展趋势出发,将"韩流世界"作为京畿道新的中心地区,从其功能及与其他地区的空间联系角度出发,对其用地做出相应的规划。为达到效果的极大化,不仅考虑到主题公园、旅游住宿、旅游业务及商业设施等的互补性,同时对建成后的"韩流世界"与周边设施的联系性也做了充分考虑。"韩流世界"主题公园的核心是"韩流"文化。为了更好地通过主题公园的形式演绎"韩流"文化这一主题和核心,"韩流世界"主题公园将整个园区分为 Anime World、Festival Garden、Hallyuwood Studio 三大主题来共同演绎"韩流文化"这一主题。这一主题邀请了韩国的艺术家、电影导演、演员等相关人员通过音乐会、特别演出及互动博物馆等活动为游客提供近距离感受韩国影视文化的机会,充分展现了体验式、沉浸式文旅新模式。

2. 对绵阳的启示

进入 21 世纪后,随着世界各国间的交流日益紧密,以文化竞争力为代表的"软实力"竞争对各国的国际竞争力产生了越来越重要的影响,而文化要素作为旅游吸引物中的重要组成部分在旅游体验中起到了十分重要的作用。韩国影视文化产业的发展迅速在亚洲范围内引发了"韩流"现象,随后韩国旅游业界及政府相关部门迅速开发了各种以"韩流"为主题的文化旅游产品。这对绵阳的文旅产业发展的启示意义在于，需要重视文学影视作品对旅游的广告作用，旅游部门需要对绵阳有关的文化现象和作品保持充分的敏感性。例如，当李子柒走红网络之后，应当及时考虑如何借助其影响力提升绵阳旅游形象。

六 国外典型文旅案例的绵阳启示

通过上述国外文化旅游的典型案例分析，我们可以看到在文化和旅游融合的同时它们均突出了本国传统及现代文化特色。可以说，文化的独特性既提升了文化自信也为旅游国际化开拓了广阔市场。对于绵阳市利用本土文化旅游资源开发文化旅游，建设"李白故里·华夏诗情""白马西羌·民族风情""三线记忆·革命激情"三大精品旅游线路及文旅品牌，构建文旅经济发展新格局有以下几点借鉴之处。

第一，从日本祭神节、韩国河回村和印尼巴厘岛地域传统文化的保护性开发来看，只有在加强对传统古镇、古村落文化遗产和自然生态保护的基础上，发展"诗和远方"文旅经济才有可行性。目前，国内乡村旅游多以经济效益为着眼点，有些地区忽视对自然生态、本土文化的"原生态"保护，从而造成文化遗产的破坏。绵阳需要加强对李白故里、白马西羌和嫘祖故里等历史文化遗产的保护，加强对传统文化内涵和文化价值的发掘、整理，进而形成持续发展的动力。

第二，重视本土民众对文旅的参与及权益分配。本土民众作为乡土文化的守护者，理应是乡村发展的主体。因此，在保护、开发和利用乡村历史文化遗产进程中，需要注意保护本土民众的主体地位、利益和积极性。鼓励本土民众在保护、维持历史文化遗产的同时，以集体形式或个人入股等方式，按照市场运营的模式，发展符合当地特色的节庆庆典、民族文化展示活动，逐步形成规模、影响力和效益，而应避免抛开或代替本土民众组织、由外来商业公司操控文化旅游资源和利益的局面。要让本土文化产品在当地创造新的就业岗位和经济效益，促进本土历史文化遗产的内生性维持和发展。

第三，政府是引导，企业是主体，需要二者协调一致共谋文旅发展。综观国外发展经验，政府的规范引导起到了重要作用。比如日本群马县富冈制丝厂的产业更新，日本镰仓故城、印度尼西亚巴厘岛和韩国河回村本土古建和文化资源的保护，各级政府最大限度地发挥了其整合资源的功能。企业要发挥能动性，在市场作用下创新发展机制，形成特色服务体系，将企业产品品牌化、特色化，让政企共建、产城融合成为特色文旅发展的新趋势。

第四，重视宣传推广对旅游发展的重要作用。旅游景区的成功都得益于积极的营销宣传活动。以印度尼西亚为例，该国成立专门的旅游促销团，深入客源国进行宣传，把一些国家的媒体、企业、旅行社请到印度尼西亚亲身体验，起到了显著的文旅宣传效果。从莎士比亚戏剧旅游、迪士尼乐园以及"韩流"影视文化旅游等案例来看，在现代技术发展和时代背景下，要重视文学影视作品和新媒体的作用，通过创新营销方式达到较好的宣传效果。

第五，讲好"三线"老旧厂房的革命激情故事，既是空间再造的必然需求，也是爱国传承的必然选择。一方面，老旧厂房是城市工业文化发展的记忆。在某种意义上，老旧厂房承载城市记忆、拓展文化空间、提供公共服务、具有文化交流的社会价值，要盘活存量资源，拓展文化空间，让老旧厂房释放新活力。另一方面，绵阳市"三线"老旧厂房有革命历史和激情故事，它的改造并不只是简单的空间重塑，还包括"三线"故事的传播。对老旧厂房的保护利用，要保持工厂时代本色，更应是机器景观、标语创意、整体环境、"三线"特色文化的有机融合与统一。要将绵阳市"三线记忆·革命激情"故事讲深讲透，将其打造成全国"两弹一星"爱国群像的瞻仰圣地。

第六，文化旅游的文化性既要体现于吃、住、行方面，更要展示绵阳独特的文化气质。文旅目的地若在文化上打造成功，那就事半功倍，因为由文化去代言，可直接跟游客的情感世界相通。全域旅游时代，传统文物景点成为基础款产品，吸引游客的更多是将本土文化、现代时尚和互联网思维创意结合的爆款产品或新业态，如人文书店、网红民宿、设计酒店等，这些也是文旅产品转型的亮点。作为世界遗产之都的奈良保存了日本上百处的文物古迹，在人口增加、城市发展进程中，城市更新建设坚持与文化古迹、环境风貌保持协调一致，建筑以砖木结构、柔和的灰白色调为主，充分保留了日式建筑的典型特征，自然人文景观协调交融。结合绵阳市的现代和传统文化旅游资源利用状况，应该充分体现文化旅游实践过程中所存在的"传统与现代"的平衡与结合关系，在展示绵阳市工业文化的同时，充分体现本土文化遗产及特色资源的利用、保护和传承。

第五章

绵阳文化旅游品牌塑造与资源整合路径研究

党的十九大明确提出，我国经济已经由高速增长阶段转向高质量发展阶段。高质量发展是能够充分满足人民日益增长的美好生活需要的发展，是体现新发展理念的发展，是创新成为第一动力、协调成为内生特点、绿色成为普遍形态、开放成为必由之路、共享成为根本目的的发展。而以品牌塑造为中心的文化旅游深度融合则是经济结构转型和高质量发展的必由之路。作为第三产业的重要突破口和新的增长极，文化旅游资源品牌塑造和资源整合，则是影响区域经济高质量发展的重要因素。对绵阳市而言，要在国内文旅现有竞争格局下突出重围，必然要走文化旅游品牌塑造与资源整合之路。

一 文旅品牌塑造对旅游业发展的重要意义

旅游，通常指为了某个或者某些目的从居住地到非居住地短期游览，包括购物、观光、娱乐、休闲、探亲访友等常见活动。近年来，随着经济结构调整、信息技术发展以及消费升级等经济、技术、社会发展的转变，在旅游活动中也发生了变化和出现了一些新现象。这种新现象表现为，在购物、观光、娱乐、休闲以及探亲访友等常见旅游活动外，出现了亲身感知并实地体验异地独特文化特色从而满足文化追求的旅游活动。文化，在广义上泛指人类活动产生的物质文明和精神文明成果。在旅游活动中，文化是从狭义上来理解的关于艺术、宗教、民俗、历史等方面的人类活动及其产物。文化旅游指的是通过参观历史遗迹、欣赏艺术展览、体验民俗和风土人情等方式直接接触、了解异地文化特色的旅游。文化旅游简称为文旅，为了行文论述方便，下文中关于文化旅游的论述统称为文旅。

由于国家政策层面的推动，以及文旅发展的广阔前景和巨大空间，文旅发展已经成为全国各地区域竞争的重点领域之一。2019年，全国各省均出台关于促进文旅融合发展的目标或者实施意见。例如，河南省提出"旅游新文化！文旅融合共谱'出彩河南'新篇章"，山西省提出"文旅融合为转型发展添新动能"，浙江省印发《关于加快推进文旅融合IP工程建设的实施意见》，广西壮族自治区发布了《广西壮族自治区人民政府关于加快文化旅游产业融合发展的意见》，等等。

为了能够在激烈的市场竞争中脱颖而出，树立明确的品牌意识成为发展文旅的重要思路，文旅品牌塑造开始成为各地发展文旅的重要切入点。例如浙江省提出建设"文旅融合IP"，明确文旅融合的具体途径是在文化和旅游要素融合下打造文旅企业和产品的品牌形象（即文旅融合IP），创建100个左右省级文旅融合IP，10个省级文旅融合重点IP，形成文旅融合IP大集群。湖北省提出，打造文旅融合的具体目标是创立荆楚"十大示范品牌"。不难预见，文旅品牌塑造未来将会成为文旅发展的新趋势。

品牌，是指具有经济价值的无形资产，用抽象化的、特有的、能识别的概念来表现其差异性。在营销学中，品牌意识是营销的核心意识之一。现代营销学之父菲利普·科特勒在《市场营销学》中指出，品牌是指销售者向购买者长期提供的一组特定的特点、利益和服务。虽然关于品牌的定义多种多样难以统一，但不可否认的是，品牌具备几个基本要素。在属性上，品牌有一组特定的特点方便人们辨识；在功能上，品牌能够满足人们某方面的需求并提供服务；在经济效益上，品牌能够产生经济价值。塑造文旅品牌，就是通过选定一组具有代表性和独特性的文化元素，为满足人们品味地域文化需求，打造具有高辨识度的旅游目的地。文旅融合发展、塑造文旅品牌成为今后旅游发展的新方向。无论是在理论上，还是在现实上，对旅游业的发展都具有重要意义。

促进文旅融合、塑造文旅品牌，是解决新时代中国社会主要矛盾的重要途径之一。党的十九大报告指出，中国特色社会主义进入新时代，我国社会主要矛盾已经转化为人民日益增长的美好生活需要和不平衡、不充分的发展之间的矛盾。随着人民经济水平的提高，人们对物质的需求基本得到满足。在基本的物质生活追求之外，人们有了更高的美好追求，比如文化需求。这种变化充分地体现在近年中国产业发展的变化中。国家统计局公布的统计数据显示[1]，2018年中国文化及相关产业增加值约为4.12万亿元，占GDP的比重为4.48%，其中文化服务业增加值约为2.48万亿元，占文化及相关产业增加值的60.3%。2018年，中国旅游及相关产业增加值约为4.15万亿元，占GDP的比重为4.51%，其中旅游业增加值为3.75万亿元，占旅游及相关产业增加值的90.4%。[2] 文化和旅游及相关产业增加值均突破4万亿元，被称为"双万亿"产业，人们对美好生活的向往由此可见一斑。促进文旅融合、塑造文旅品牌，让人们在旅游中获得丰富的文化体验、增长文化知识，同时又让人们在获得丰富文化体验的过程中轻松愉悦而不会感到拘谨，是解决人们对书籍以外的精神文明追求与文旅发展不充分的矛盾的重要途径之一。

促进文旅融合、塑造文旅品牌，是贯彻落实"五位一体"总体布局和坚定"四个自信"的重要体现。党的十九大报告明确指出，中国特色社会主义事业是经济建设、政治建设、文化建设、社会建设、生态文明建设"五位一体"的总体布局。同时，报告还强调要坚定道路自信、理论自信、制度自信、文化自信，即"四个自信"。2018年8月，习近平总书记在全国宣传思想工作会议上发表重要讲话，"要推进国际传播能力建设，讲好中国故事，传播好中国声音，向世界展现真实、立体、全面的中国，提高国家文化软实力和中华文化影响力"[3]。文化建设是中国特色社会主义事业的重要内容，文化自信是中国特色社会主义的重要体现。

---

[1] 根据国家统计局官网2020年1月21日公布的数据。详细参见网址：http://www.stats.gov.cn/tjsj/zxfb/202001/t20200121_1724242.html。

[2] 根据国家统计局官网2020年1月19日公布的数据。详细参见网址：http://www.stats.gov.cn/tjsj/zxfb/202001/t20200119_1723659.html。

[3] 参见中国政府网，https://www.gov.cn/xinwen/2018-08/22/content_5315723.htm?tdsourcetag=s-pcqq-aiomsg，2023年3月31日。

促进文旅融合、塑造文旅品牌,就是要在文化自信基础上,通过文化建设讲好中国故事,对内增强人民对中国文化的深入认知,提高人民对中国的自信,提升文化凝聚力和创造力,促进中国文化的复兴,对外提高世界对中国文化的关注度和认可度,让古老的中国文化焕发勃勃生机,重新秀于世界文化之林。

促进文旅融合、塑造文旅品牌,拓展了旅游业的新领域。为旅游提供服务以及引导旅游活动的产业称之为旅游业。在交通、物流和信息技术飞跃发展带来的消费方式变革和知识传播途径变革的背景下,服务于旅游的一些产业必然会发生改变。比如,电子商务使得跨域购物越来越便利,人们并不需要通过旅游来亲自购买并搬运旅游产品,充当搬运工的角色。同时,这些进入互联网商品市场的商品必然也会在竞争中面临优胜劣汰。于是,以往仅仅只是为了短期暴利销售的旅游商品和产业将会受到较大冲击。更重要的是,文化旅游的重点在于满足人们对文化体验和知识增长的需求,借助物联网、人工智能技术,挖掘文化资源、生产文化产品、销售文化产品,服务、引导和管理文化旅游的一系列文旅产业链将会随之形成。这将意味着一切可以利用的文化资源将会得到重视和利用,能够为文化资源开发、文化产品创作的文化创新人才将会得到重用。文旅融合发展不仅带动更多无形资源的开发,而且创造更多的就业机会。

促进文旅融合、塑造文旅品牌,推动旅游目的地实现从景点到景区乃至全域的升级。传统的旅游往往以旅游景点作为旅游开发的重点,而文化旅游注重的不再是景点本身而是景象呈现。塑造文旅品牌并非要打造某个景点,而是要通过对一组特定的具有特色的文化元素进行再创造,使其呈现出独具特色的文化景象。这需要文旅发展扩大视野,不拘泥于某个景点而是以打造一番景象为目标,既要务实又要务虚。一旦文旅品牌塑造形成生产线,诞生的将不是个别的文旅品牌产品,而是系统的文旅品牌下的产品。文旅品牌塑造将产生蝴蝶效应,促进全域文化资源的开发和利用,进而推动全域旅游的实现。在地理意义上,地域是文旅品牌的载体,而在文化意义上,地域又是文旅品牌的内容。因此,文旅融合的发展和文旅品牌的塑造不仅依托于既有的景点,而且还会将原本不在旅游规划的视线范围内的旅游景点纳入文旅品牌视野,以点带面,将传统的景点、景区旅游拓展到全域旅游。

促进文旅融合、塑造文旅品牌，助推文化和旅游共同繁荣。在传统旅游中，对于文化旅游资源的理解往往停留在某些古老的文化符号上，比如历史遗迹。文旅融合发展，塑造文旅品牌依然需要借助这些固有的资源优势，历史遗迹依然是重要的旅游资源，但更重要的是，那些尚未被发现的，潜移默化地渗透人们日常生活中的地域风土人情、传统、民俗、民间艺术等有形的文化符号都将得到关注，而无形的文化也将有机会被发现。创造历史遗迹与这些尚未得到关注的文化符号之间的关联，是文旅融合发展的重要任务。通过文旅品牌塑造，对这些不同的文化元素进行重新组合，使文化元素成为可以循环利用的再生资源而不断焕发新生，通过旅游得到进一步传播而得到认同，进而使文化软实力得到提升。与此同时，文旅融合发展、文旅品牌塑造将会拓展旅游业的新领域，为旅游发展带来一次全新升级，带动多方面经济增长，为旅游业创造更大的经济效益。文旅融合发展、塑造文旅品牌将推动文化和旅游共同发展，推动文化和旅游的共同繁荣。

二 绵阳市文旅融合及文旅品牌塑造的现状与问题

随着文旅融合发展以及文旅品牌塑造在全国各地如火如荼地开展，四川省委、省政府顺应大势，把握机遇，提出"大力推动文化旅游融合发展，加快建设文化强省旅游强省"的决策部署，制定文化和旅游发展新目标，构建"一核五带"总体发展布局。绵阳市委、市政府深入贯彻省委、省政府大力发展文旅经济、加快建设文化强省和旅游强省的决策部署，于2019年8月发布《中共绵阳市委 绵阳市人民政府关于大力发展文旅经济加快建设文化强市旅游强市的实施意见》（下文简称"实施意见"），推进绵阳市文化和旅游融合发展，加快建设文化强市和旅游强市。

根据实施意见，绵阳市文旅融合发展和文旅品牌塑造的主要内容包括以重点打造"李白故里·华夏诗情""白马西羌·民族风情""三线记忆·革命激情"三个文旅品牌为文旅品牌塑造的主要目标；以江油市为四川省枢纽性的文旅发展基地，建设李白文化、白马西羌文化、"三线记忆"文化三条旅游精品线路，推动绵阳市各市县区其他人文景点融入全域旅游范畴。

为了推动绵阳市建设文化强市和旅游强市发展目标的实现，首先需要全面且准确地了解绵阳市文化资源和旅游资源的现状和面临的问题。为此，中国社会科学院绵阳挂职团前后组织了数次集体调研，对绵阳市各市县区的文化资源和旅游资源发展现状进行了深入调研。在调研过程中，不仅与各市县区政府、文广旅局、旅游开发商等不同单位代表进行座谈，而且深入各地开展实地调研，全面把握了绵阳市文旅融合发展和文旅品牌塑造现状以及面临的问题。

绵阳文化旅游资源有着文化大背景的优势，且不乏诸多亮点。绵阳地处四川盆地，距离成都约110千米，距离重庆约300千米，境内多丘陵少平地，长江支流嘉陵江右岸最大支流涪江贯穿多个市县区，具有典型的巴蜀地形特征。巴蜀地区曾因多种历史和人文原因成为风格明显的地区。特殊的地形条件曾经因为"蜀道难，难于上青天"而使巴蜀地区闻名于世。三国时期蜀国政权赋予了巴蜀地区浓厚的历史底蕴。"少不入川，老不出蜀""蜀出相，渝出将"的巴蜀传说为巴蜀文化增添了不少传奇色彩，彰显了巴蜀的人文气质。"安逸""巴适"的文化气质奠定了巴蜀文化的精神主体，使巴蜀文化在超凡之外又能够平易近人。巴蜀文化赋予了地处四川的绵阳市典型的巴蜀特色，留下了重要的文化痕迹。比如，令刘备"望蜀之全盛"，叹"富哉，今日之乐乎"的绵阳富乐山，陈列在绵阳博物馆的为古代蜀国天府之国美称提供重要证明的历史文物摇钱树，具有浓厚四川方言特色的"安逸""巴适"的口头禅，等等。虽然巴蜀文化的精神内涵还有待继续挖掘，但是早已声名在外的巴蜀文化已经成为四川的核心文化资源。绵阳地处四川境内，可以天然地受惠于这笔文化资产，这是绵阳文旅资源开发的文化大背景优势。

除以上文化大背景优势以外，绵阳文化旅游资源还存在一些自身独特的亮点。绵阳各市县区保存着不同时期的历史遗迹。例如，三台县至今依然保存着先秦时期与巴国、蜀国并立的诸侯国之一郪国的历史遗迹和明代古城墙护城河一体的潼川古城等古建筑群；平武县完好保存了明朝时期宫殿式佛教寺院建筑群报恩寺；盐亭县保留了全国数量最多的清代字库塔群；等等。此外，绵阳各市县区之间也具有不同的风俗民情和地域小传统。平武县的风俗民情融合了汉族、羌族和白马藏族等多个民族特色。绵阳各市县区的饮食习惯虽然都喜辛辣却又各有偏好。这些独特的亮点使得绵阳虽然兼具巴蜀文化特有的文化气质，却又能够在多元文化的融合中求同存异，并未完全丧失自身独特的亮点，从而使得绵阳的文旅融合发展和文旅品牌塑造具有独特的文化旅游资源优势。

虽然绵阳市由于兼具巴蜀文化以及本土独特的文化气质，具有丰富的文化资源和旅游条件发展文化旅游，但是从全市文旅融合发展和文旅品牌塑造现状来看，还存在以下一些不足。

首先，对于文化的理解视角过于偏狭，文化资源开发不足，文化资源利用程度不高。这种文化视角的偏狭体现在两个方面。第一个方面是将文化缩小到文化元素，或者称为文化符号；第二个方面是将文化固化。虽然本文关于文化的定义是从狭义上来理解的，但是这并不意味着文化等同于某些既有的著名文化符号（比如名人、历史遗迹）。文旅融合发展需要以资源的眼光看待文化。所谓资源，并非照搬和重现，而是需要按照一定的规则进行转化才能够被利用并满足人们的需要。例如李白故里，固然是绵阳重要的文化符号，要使李白故里这个文化符号成为绵阳的文化资源，就需要对其进行重新发现和创造。类似情况还有平武县的羌族和白马藏族文化符号、三台县潼川古城、郪江古镇等类似历史遗迹。文化符号是孤独的，需要被讲述、被呈现、被再创造才能够被认同，从而形成有力的资源。此外，在实地调研过程中还发现，各市县区在介绍本地文化资源时，重在强调一些可视化的文化符号，比如少数民族服饰、建筑、刺绣等，而一些非可视化的文化现象或者文化精神却并没有得到关注。这些非可视化的文化现象或者文化精神融入日常生活，但是由于本地人习以为常而并不容易被察觉，只有在与本地以外的文化产生对照时才能够显现，比如风俗人情、民俗等。这些文化符号只是文化元素，还不能称之为文化资源甚至文化资本，因而不能构成文化景象。

第二个方面的文化理解偏狭在于对文化的固化。这一方面与第一个方面相互关联。由于对文化理解的偏狭拘泥于某些文化元素，尤其是可视化的文化元素，认为某些文化元素就代表了文化本身，从而造成了因文化元素的固化而产生的文化固化思维。在调研绵阳各地文旅发展现状时，我们发现各地对本地文化的理解基本上都局限在当下重点发展的文化符号。例如，三台县力推潼川古城、郪江古镇，盐亭县推广嫘祖陵、字库塔，对于这些建筑背后的故事却鲜为人知。这种思路不但不利于塑造具有广泛影响力的品牌，反而矮化和缩小了各地的文化。文化既然包括风土人情、民俗、艺术、宗教等，那么这些文化符号必然也融合了各地的风土人情、民俗、艺术、宗教，并且在适应社会的发展中也必然会不断调整而产生变化。不同时期的文化所体现出来的形式可能并不一致，而新时代对文化的功能需求又并不相同。这些调整和变化不断拓展了文化的维度。文化符号是有限的，文化却是无边的。同时也应该注意到，变化未必是颠覆性的，即通过完全舍弃旧的传统而直接产生新的要素，而是渐进式的，甚至有时候是相对滞后的。在适应社会发展的过程中风土人情和民俗有些变化了，而有些却没有产生变化。这就需要以变化的眼光看待文化，在变与不变中把握文化。

地处四川盆地的绵阳，西北与阿坝州藏区、甘肃省陇南市接壤。在古代，绵阳也是连接四川盆地与中原地区的交通要道。这样的地理位置，使绵阳既融合了巴蜀文化"巴适""安逸"的精神气质，又在与古代中原地区、藏区长期频繁的往来中有了接触中原文化、藏族文化的最有利条件，从而形成了兼具巴蜀文化、中原文化以及藏族文化的精神气质。但是如何进一步发掘融合了巴蜀文化、中原文化和藏族文化等多种文化气质的绵阳文化，这一课题尚待解决。与此同时，绵阳市各市县区在各自的地理条件和历史背景下形成的异于绵阳市的区域文化资源也没有被挖掘出来。各地独特的地域文化传统目前看来都没有进入文化资源的考量范畴。绵阳下辖的各市县区虽然都地处巴蜀，喜辛辣食物，但是各地不同的地形气候条件和历史渊源塑造了不同的民俗风情。虽然四川地区都喜欢腌制腊肉，但是平武县人民喜食烟熏过的腊肉，而三台县却倾向于食用晾晒的腊肉。江油人喜食肥肠，而三台人却喜食米粉。虽然同处绵阳，但是信息、物流和交通的便利并没有让各市县区之间的饮食文化同化。这些重要的文化现象并没有被纳入文旅融合发展下的文化资源范畴，而它们又恰恰是讲好各地故事的重要素材。

其次，文旅品牌与文旅景点混淆，文旅融合发展的力量过于分散，文旅影响力偏弱。品牌指的是一组具有特定的特点、能够提供利益或服务的具有经济价值的无形资产。品牌之所以成为品牌，是因为它通过集中反映品牌核心特点的系列产品，满足了人们的各种需求且获得人们对该品牌价值的认可。在商品市场中，产品以固定品牌方式售卖已经成为常态。在这个意义上，商品市场中产品的竞争也是品牌的竞争。在品牌的竞争中，品牌价值有了高低之分，包括一般品牌、知名品牌甚至奢侈品牌。品牌价值的高低也导致了产品价值的高低。例如，美国钻石珠宝品牌蒂凡尼曾经因为一枚普通的黄金回形针售价1500美元而引发热议。品牌通过产品体现品牌作为无形资产的价值，而产品则是通过品牌来使产品的价值得到提升。品牌的独特性最外在的体现是具有高辨识度的特殊徽标，或者原创性的口号。但无论是徽标，还是口号，品牌与产品并非同一个概念，也并非同一种事物。文旅品牌的塑造需要区分品牌与产品，就是要避免传统的文化旅游以某处独立景点为核心的孤立性和局限性，建立系统性的思维，联结不同文化元素建构本地文化旅游的核心理念。

在调研过程中我们发现，绵阳各市县区文旅品牌塑造的路径存在一个普遍倾向，即以文旅产品代替文旅品牌，出现品牌与产品的混淆。例如，绵阳市文旅发展提出了"李白文化""三线记忆"和"白马西羌"三大文旅"品牌"，三台县则提出"潼川古城""郪江古镇"和"西平古镇"三大"文旅品牌"，盐亭县提出的是"嫘祖文化品牌"等。以上文旅"品牌"的最大共同点是，这些所谓的品牌是旅游界依托一些文化元素打造的旅游产品，可以称之为文旅产品，但尚不构成文旅品牌。虽然这些产品具有一定的独特性，比如郪江古镇，它是先秦时期郪国留下来的宝贵文化遗产，但是这些文旅产品很难彰显作为文旅品牌的价值。例如，白马藏族并非平武独有的少数民族，在甘肃等其他地区同样存在。更为重要的是，以上系列产品并没有成功地融入本土文化。李白是著名诗人，家喻户晓，但是李白与绵阳之间的故事却鲜为人知。嫘祖传说与盐亭之间的渊源究竟有多深也尚未可知。平武白马藏族与生活在其他地区的白马藏族的不同之处同样有待发掘。这些文旅产品与本土文化之间已经严重脱节。这种脱节带来的后果是缺少绵阳文旅品牌的核心价值和标志。当人们在游览这些文旅产品时既难以产生视觉上的冲击，又无法形成思维上的连贯性，从而导致人们无法通过短暂旅行对绵阳文旅产品留下深刻印象。

最后，绵阳文旅融合发展的力量过于分散，从而导致整体的文旅影响力偏弱。目前绵阳文旅融合发展的主要方式是以各市县区分别独自结合本地既有的各种资源和资本来发展。从各市县区目前所能够整合的主要力量来看，包括市县区政府、文化旅游局、部分小企业。但是，各市县区的文化旅游资源以及可利用的资本力量各不相同。作为农业大县的三台县在可以利用的社会资源和社会资本方面就远远不及绵阳市。在分散式文旅发展规划下，三台县能够调动的资源和资本的力量不足极大制约了三台文旅融合发展和文旅品牌塑造。正如品牌产品生产需要生产线一样，文旅品牌塑造以及文旅产品的打造同样需要生产线。产品研发、生产、营销、售后服务的生产流水线需要各种不同的力量的加入。文旅品牌塑造同样如此。谁来发掘本土文化精神？如何生产文旅产品？在什么样的平台营销文旅品牌效果和收益最佳？如何应对游客对文旅品牌的评价以及应对负面评价的影响力？上述这些工作都需要有足够专业且有力的资源和资本的支撑。显然，各市县区难以完全驾驭这样完整的生产线。虽然文化和旅游融合发展规划已经提出，但是文化和旅游融合程度不高，在分散式发展的情况下难以产生绵阳文旅品牌整体效应，削弱了绵阳文旅影响力。人们谈及巴蜀文化旅游会首先想到成都，绵阳很难进入全国乃至国外游客视野，目前专程前来绵阳旅游的外地游客依然偏少。

三 绵阳市文旅融合及品牌塑造发展不足的原因

文旅融合发展是现代旅游业发展的主导方向，而具有独特性的文旅品牌塑造是文旅融合发展的核心生命力。要实现这个目标，应避免雷同化、趋同化，要根据对自身资源优势的系统分析与研究，筛选出既能体现自身文化内涵，又有一定容量的物质载体，形成城市代表符号的独特文化名片。然而，在绵阳市文旅融合及品牌塑造进程中，目前仍然存在品牌发展分散、主导方向不明、具体定位不清，缺乏顶层设计、内容整合不足，财政投入不足、社会投入分散，基础设施滞后、交通瓶颈制约明显等问题。

(一) 主导方向不明，具体定位不清

文化旅游是旅游业近年来兴起的旅游发展新方向，文化旅游产业也是具有广阔发展前景和巨大消费市场的产业。绵阳文旅融合发展和文旅品牌塑造虽然具有一定的优势，但是从以上分析不难看出，文旅发展依然存在诸多不足。导致绵阳文旅融合发展和文旅品牌塑造不足的主要原因可以总结为四点。

首要原因在于主导方向不明，具体定位不清。正如上文所指出的，从对绵阳各市县区文旅融合发展和文旅品牌塑造现状来看，存在两个重要的误区，即文化与文化元素、品牌与产品之间的混淆，即文化元素代替文化、产品代替品牌。正是在这样的认识误区之下，对于用哪种文化符号能代表本土文化，哪种旅游产品能代表本土文旅品牌至今依然存在巨大争议。这些争议的存在就是源于对文旅融合发展和文旅品牌塑造的主导方向不够明晰，各市县区对本地文旅融合发展的定位也不够清楚。绵阳文旅融合面向怎样的市场，绵阳文化与巴蜀文化应该怎样融入文化资源开发，既有文化资源与全国文化资源是否存在重合或者又有怎样的独特性等关键问题都不清楚。现阶段各市县区文化和旅游融合发展规划虽然加入了历史遗迹、民俗风情等文化元素，但是几乎无一例外地延续了传统旅游发展模式，即对本地所有旅游景点逐一单独地展开宣传，直接将景点推向旅游市场。

绵阳文旅融合发展和文旅品牌塑造主导方向不明，以及对自身定位的不清，使得绵阳文旅融合发展的精神内核尚不明朗，相应文旅品牌所体现的本土文化的独特性也尚未被完全开发出来，缺乏市场竞争力，难以获得市场青睐，与市场需求之间产生严重脱节。目前绵阳文旅发展除了吸引一部分本地人以外，对于外地人的吸引力并不大。文旅发展规模相当于是在集市进行，而不是进入市场竞争。集市以本地消费者为主要对象，而市场则是以本地人和外地人多元化消费者为主要对象。文旅发展如果只囿于集市而不走向市场，那么只会圈禁文旅发展，使绵阳文旅规模过于狭小，文旅产业收益极为有限。囿于以本地人为对象的视野局限性还将扼杀文化资源的延展空间和本土文化的创造。文化，是人类活动产生的集体记忆或者共同经验，而不是个体印象或意识。文化的属性

是集体性的，而不是个体性的。但是，作为可以成为旅游资源的文化资源需要经过再创造之后才有机会得到市场的认可，引起人们对地方文化特色的关注，产生近距离接触和了解的兴趣。作为集体记忆和共同经验的文化虽然不能成为他者的经历，但是可以成为他者的阅历。

以多元消费者为目标的文旅市场，需要呈现的是绵阳文旅品牌在巴蜀文化背景下保留的绵阳文化的通俗而不媚俗的独特性。具有独特性的文化资源未必能成为具有竞争力和市场的文化旅游资源。旅游，吸引的不是独特个体，而是具有相似行为模式和审美取向的大众。独特性是孤独的，只有通俗才能够被大众所接受和认同，通俗是为了使大众获得基本的理解。文化资源的独特性只有在以通俗的方式使大众获得基本的理解之后，才能显示独特性的存在价值，获得大众的认同，从而成为旅游资源。文旅发展切忌"曲高和寡"。值得注意的是，通俗既不是流俗，也不是低俗。通俗是指浅显易懂，能够被大众接受和理解。流俗是一般的风俗习惯或者流行的俗见。低俗指的则是低级趣味和庸俗，使人萎靡颓废。文化资源要成为旅游资源、文旅品牌要获得市场认可，如果持有流行的俗见就侵蚀了自身的独特性，如果借用低俗手段博眼球就贬低了文化的价值。只有以通俗的方式展现独特性，才能够被市场所认可。

但是，这也并不意味着本地人就可以完全排除在目标人群之外，因为文化属于时代性的精神文明，对文化资源的开发而产生的产品也随着时代的变化而出现新的形式和内容。苟日新，日日新，又日新。尽管本地人对于本地文化有一定的集体记忆和共同经验，但是对于不同历史时期创造的文旅产品未必有共同的认识，对于新创造的文化产品更加缺乏共同的经验和记忆。如此一来，本地人也可以成为文旅融合发展和文旅品牌的目标消费人群，前提是文旅产品符合本地消费者的旅游需求。

（二）缺乏顶层设计，内容整合不足

绵阳文旅融合发展及文旅品牌塑造由于主导方向不明，具体定位不清，导致文化和旅游融合发展依然缺乏清晰明确的顶层设计，对文化资源的整合严重不足。顶层设计，原本是系统工程学的一个概念，本义是统筹考虑项目各层次和各要素，追根溯源，统揽全局，在最高层次上寻求问题解决之道。这一概念通常被广泛应用于政治文件当中。从现阶段

绵阳市以及各市县区发布的绵阳文化和旅游发展的实施意见和规划来看，虽然出现了部分地理位置上较近的旅游景点的统筹规划，但是依然缺乏统筹各市县区的文化资源和社会资本，及对这些文化资源进行系统性研究和开发的规划内容。由于缺少顶层设计，导致文化资源之间的整合不足，文旅影响力整体偏弱，缺少有足够竞争力的文旅品牌。

文旅融合发展重在融合。融合，是使不同的文化元素因为某个共同的主题组合在一起而形成系统性的文化篇章，成为可以对外传播的价值共同体。如此，文化资源才能成为旅游资源，旅游资源才能为文化资源提供服务。就文旅融合发展而言，文化是内容，旅游是载体。没有内容的载体是空洞的，没有载体的内容是难以成形的。文化赋予旅游新的内涵，而旅游提供文化进入市场的重要形式。文旅融合实际上已经有过典型的成功案例，例如中央电视台的美食纪录片《舌尖上的中国》。饮食习惯，可以称为最为司空见惯的文化传统。但是，这些在本地人看起来平淡无奇的饮食特色结合在一起，却成为吸引异地人的重要文化资源。该纪录片讲述着中国各地饮食的不同侧面，或是各地食材的不同腌制发酵习惯，或是面食的各种不同吃法，等等，从食材的获取，到食材的储存，制作和食用，讲述了关于美食的完整故事。通过对每一个不同主题的讲述，整合各地相似的饮食文化素材，以纪录片这种能够被大众广泛接受的传播形式，催热了各地饮食文化对游客的巨大吸引力和饮食文化旅游，诞生了文旅融合的典型成功案例，饮食文化旅游也成为近两年文旅重要活动之一。例如，2019年十一黄金周期间，长沙一家著名的小龙虾餐厅因为排队的食客超过2万桌，甚至食客连续排队两天都没有吃上该餐厅的小龙虾而成为新闻热点。同时，如果没有好的旅游服务，那么再好的文化传统也难以成为吸引游客的旅游资源；而如果没有整合好文化元素、利用好文化资源讲好故事，那么再优质的服务也难以持续吸引大量游客前往。文旅融合发展和文旅品牌塑造的顶层设计，就是对文旅资源进行融合，对各种力量进行统筹，使资源利用最优化。缺少顶层设计的文旅融合发展将会加大文旅资源整合难度，造成部分资源的浪费，甚至可能带来部门之间的不恰当竞争方式，直接掣肘文旅融合整体发展。

此外，从已公布的《中共绵阳市委　绵阳市人民政府关于大力发展文旅经济加快建设文化强市旅游强市的实施意见》的具体内容来看，绵阳市文旅发展的三大重点项目分别是李白文化旅游精品线路、白马西羌民族风情旅游和三线记忆。但是绵阳文旅的品牌核心价值以及文旅独特性尚不明确，各市县区文旅规划更是如此。例如，平武的白马藏族是否是纯粹的藏族文化，如果不是，那么它与平武区域文化，乃至巴蜀文化之间又进行了怎样的融合。这些问题悬而未决。文化资源和旅游资源融合程度不高，尚未形成统筹规划格局。例如，盐亭县有全国至今保存得最多的清代字库塔，但是这些字库塔群有哪些区别和联系、又反映了盐亭县曾经怎样的地域文化传统、这种地域文化传统与现代盐亭之间又发生了怎样的融合等问题模糊不清。再例如，三台县的郪江古镇、西平古镇、潼川古城属于三台县不同历史时期的重要建筑，反映的不仅是三台地区的社会历史变迁，更是巴蜀文化在古建筑上的集中呈现。但是，这些重要文化资源之间也没有整合成为有竞争力的文化旅游资源，推动三台的旅游和文化的共同繁荣。无论是盐亭的字库塔群，还是三台县的巴蜀古建筑群，各有千秋，反映的是不同的地域文化。但是这些地域文化的内容并没有得到适当的整合，进而形成巨大的文化合力，并为当地文化旅游发展增添动能。

如果这些文化符号能够得到系统性整合，使它们成为有竞争力的旅游资源，那么它们将不仅实现作为资源的价值，还将增长地方文化自信。文旅融合发展和文旅品牌塑造的目标是推动文化和旅游的共同繁荣。文化的繁荣并非对文化元素零散、孤立地直接呈现，而是要经过整合和创造以后以系统化的方式推广。故事吸引人的首先并不是故事中零散的元素，而是故事的完整性。虽然最后留在人们记忆中的也许是零散的片段或者元素，但是紧凑的故事情节和首尾连贯的完整性是故事吸引人的首要原则。这就决定了文化资源要得到利用和开发就不能"散装"。只有根据本地文化特色对分散的文化元素以适当的方式进行整合，才能焕发文化元素应有的生机，使文化元素产生出作为资源的价值，形成文化资源，使本地文化能够呈现出繁荣之势，才能够吸引游客前来旅游，将文化资源转化为旅游资源，进而带动旅游业发展。

（三）财政投入不足，社会投入分散

绵阳文旅融合发展以及文旅品牌塑造不足的第三点重要原因在于财

政投入不足以及社会投入分散。文旅品牌塑造与产品生产流水线一样，是一种生产过程。生产需要有资本，有了资本持续投入，产品的生产才能够持续进行。资本的来源可以是多样化的，包括政府、企业、非营利组织等。无论是哪一种形式的资本，对于文旅品牌塑造和文旅产品的生产都具有重要的经济意义。其中，财政投入是国民经济发展中最常见的资本来源。财政投入的意义具有双重性。财政投入不仅能够提供经济支持，而且能够对资本运作提供政治支持和意识形态的把握。文化旅游融合发展，开发的是文化资源，不是复原本地所有历史时期的文化。文化是在特定社会经济条件下的产物，具有时代性，不同历史时期的文化具有不同特点。一些文化价值并不符合习近平新时代中国特色社会主义思想，也有悖于社会主义核心价值观，比如为女性立的贞节牌坊等封建社会传统就有悖于男女平等的价值理念。如果这些文化传统被开发成文化资源甚至旅游宣传口号，那么它就偏离了社会主义核心价值观。因此，财政投入不仅是为文旅发展提供经济支持，也是为文旅发展的意识形态进行把关。

但是，目前绵阳对文旅融合发展及文旅品牌塑造的财政投入不足以支持绵阳文旅融合产业的发展。目前绵阳市级文旅融合发展财政投入只有1100万元。根据绵阳市文旅融合发展的"实施意见"，绵阳对文旅融合发展并非开发式投入，而是奖励性投入。例如，绵阳市规定只有在创建了旅游名县、国家级度假区或者5A级景区等成果以后，才能够获得政府给予的从50万元到1000万元不等的奖励补助。换言之，只有在各市县区已经建成了一批有影响力的旅游景点或者景区以后才能获得财政投入。显然，这样的投入不足以支撑文旅融合发展。三台县目前正在打造的潼川古城总投资约7亿元，目前已经投入了5亿元。相比较起来，绵阳市级文旅发展财政投入还没有县城一个景点的资本投入多。四川省委办公厅和省政府办公厅公布的《关于开展天府旅游名县建设的实施意见》明确指出，创建天府旅游名县的省内各县，本级财政投入应不少于1000万元（深度贫困区500万元）。绵阳市级文旅财政投入还未达到旅游名县的县级财政投入标准。

除了财政投入以外，社会投入也是文旅发展的重要支撑力量。这里的社会投入是指政府财政投入以外的投入，包括企业和非营利性法人等资本以及资本以外的社会力量投入。旅游业要面对的是市场，要参与市场竞争。在市场竞争中，最具竞争经验和实力的是企业资本。企业资本虽然有政府企业和民营企业之分，但是对于只有财政投入支持却需要参与市场竞争的旅游业发展而言如虎添翼。除此以外，非营利性法人也是一种社会投入来源。非营利性法人通常对公共服务、自然保护、社会福利、文化艺术等事业的投入较多。这些投入对作为文化资源一部分的城市整体形象具有积极作用。

目前绵阳市文旅融合发展的社会投入结构是以企业资本投入为主，以非营利性的法人投入为辅。但是这些投入过于分散，没有形成产业链进行文旅品牌的集中研发和文旅产品的集中生产。绵阳市的主要社会投入来源是绵阳市投资控股（集团）有限公司下属的文旅集团。三台县的文旅融合发展的社会投入主要由三个企业资本构成，包括绵阳江心岛旅游开发公司专门负责涪江美丽岛项目建设，绵阳郪海文化旅游投资经营有限公司负责潼川古城项目建设，绵阳市康超游乐有限公司专门负责狂欢小镇项目建设。位于盐亭、三台和梓潼三县交界处的西部写生基地的社会投入力量是四川文化艺术学院。这些投入过于分散，规模不一，彼此独立，缺少合作。

（四）基础设施较为滞后，交通发展不平衡

绵阳文旅融合发展及文旅品牌塑造不足的最后一个主要原因在于基础设施较为滞后，交通发展不平衡导致存在交通瓶颈。交通工具是旅游必不可少的运输工具，交通设施是决定性的基础条件。一座城市如果要成为旅游目的地，必不可少的基础条件就是有便利的交通。机场、铁路、高速公路等交通基础设施，飞机、火车、汽车等基本交通工具，都是旅游活动必备的客观条件。现目前全国绝大部分地区已经具备这些基础条件。然而，随着技术的升级，人们对于交通工具要求也在不断提高，这意味着为旅游服务的交通基础设施应该随着技术进步而得到更新，提供更加优质的交通服务才能够满足市场需求。交通基础设施以及交通条件如果没有及时升级并达到全国一般水平，便会造成一种相对落后的局面，从而影响旅游业发展。

绵阳基础设施建设较为滞后，交通发展不平衡，存在交通瓶颈，在

一定程度上制约了绵阳文旅融合发展和文旅品牌塑造。全市没有形成高速铁路网，机场规模小，公路居多且部分条件不佳，发展不够完善。在全国"八横八纵"高速铁路格局下，不仅所有大城市都已经有了高铁线路，诸多中小城市也实现了高速铁路的零突破。然而，目前绵阳大多数市县区都还没有接入高铁网。比起同样地理条件处于劣势的贵州省，四川省高速铁路建设甚至处于相对滞后状态。此外，虽然绵阳市已经建设有南郊机场，但是这一机场规模较小，只与部分一线城市和临近城市通航。总体而言，绵阳境内的公路建设状况较好，三台县、盐亭县、江油市基本都与临近的县内外城市之间联通了高速公路。例如，盐亭县成巴高速、绵西高速为盐亭县通往周边县市提供了便利条件。三台县同样有成渝环线高速和成巴高速两条重要的高速公路。但是，公路交通所需要的时间对于短时间内快速移动的旅游通行要求而言并不算优势。例如，三台到成都和绵阳这样的周边城市的市内需要两个小时左右的时间。平武县的交通条件在绵阳各市县区中处于下游水平。虽然平武有可以通往九寨沟的道路交通，但是平武境内多有不同海拔的高山，弯道较多，路面不平，道路交通基本条件并没有占据优势，很难吸引游客前往。

四　绵阳市文旅品牌塑造思路与资源整合路径

由上述分析可见，绵阳市应进一步明确文旅融合发展的主导路径，聚焦打造全国视野下的旅游目的地定位，加强核心文旅品牌顶层设计、统一规划和内容整合，以核心品牌辐射带动文旅资源开发，逐渐形成梯次结构和集群效应，构建立体化发展的绵阳文旅融合新格局。

（一）扩大视野精准定位，强化文化创意策划

为了使绵阳文旅发展增添强劲动能，推动绵阳市向文化强市和旅游强市发展，实现绵阳文化和旅游的共同繁荣，需要转变思路，以系统性思维从多个方面着力于绵阳文旅品牌塑造。首先应该扩大视野精准定位，强化文化创意策划。绵阳文旅融合发展以及文旅品牌塑造需要以更宽广的视野和更大的商业格局来精准定位绵阳文化在中国文化中的特殊性，

明确未来文化旅游的发展方向。更宽广的视野，指的是在巴蜀文化和中国文化等大文化背景之中重新精准定位绵阳文化的包容性和独特性，体现绵阳文化的和而不同，为绵阳文化提炼出新注解，从不同的角度以不同的主题、面向全国乃至全球讲好绵阳的故事。这样的视野只有在与其他的文化的比较中才能显现自己的特性。更大的商业格局，指的是使绵阳文化产业和旅游产业融入全国文化产业和旅游产业市场，不仅仅以本地游客为目标对象，而更应该以非本地游客为重点目标对象，提供优质文化旅游资源参与市场竞争。因为本地人沉浸式的文化体验使得本地人在对本土文化的发现上总是落后于他者的眼光。此外，这样的商业格局还是由市场经济环境和竞争机制的促进作用所决定的。只有在这样的视野和格局下，绵阳文化旅游才能焕发生机和活力，文化产业和旅游产业才能通过竞争机制促进发展质量的提升，从而有机会在市场经济中获得更大效益。

绵阳文旅融合发展和文旅品牌塑造不仅应该从大处着眼扩大视野格局，还应该从小处着手强化文创策划。文创，是文化创意产业的简称，依靠创意人的智慧、技能和天赋，借助高科技对文化资源进行创造与提升，通过知识产权的开发和运用，产生出高附加值的文化产品、文化服务和智能产权。2018年，腾讯集团副总裁程武还提出了"新文创"概念，即以更加系统的发展思维，通过广泛的主体连接，推动文化价值和产业价值的互相赋能，从而实现高效的数字文化生产与IP构建。文化产品不是文化资源，是需要经过创造提升之后形成的具有经济价值的产品。文化品牌更是如此。文创策划并非成形的文化产品或者文化资源，却是融入在文旅品牌中的技术含量和智慧含量，如同神经末梢贯穿文旅品牌的始末，看似细枝末节，却支撑了文旅品牌的框架。

文化产品以及文化品牌要成为具有广泛吸引力的旅游资源、形成文化和旅游融合发展态势，就需要借助技术力量以及人才智慧力量对文化元素进行创造性地研发，为文化赋能，使文化鲜活起来，成为具有巨大吸引力的旅游资源，如此才能产生文旅产品和文旅品牌。在数字经济渐渐成为国民经济重要组成部分的形势下，尤其应该借助互联网、云技术、移动客户端、手机软件等多渠道创建融合了绵阳文化元素的文化产品，包括纪录片、影视剧、摄影作品等传统影像，以及短视频、游戏等新兴的数字文化 IP，使本土文化走出绵阳，成为旅游市场关注的对象。人才提供的创意同样是不可缺少的智慧力量。文旅产品和文旅品牌与商品一样，需要经过包装才能够上市流通。文创策划，是使文旅资源成为文旅产品的必要包装手段。例如，一直以来对杭州旅游发展具有重要宣传效果的文案"上有天堂，下有苏杭"至今都可以堪称旅游业的经典文案。对于文化产业和旅游产业这样极大依赖宣传推广和口碑效应的产业而言，包装是打开知名度的重要抓手。这些宣传推广都需要依靠创意和创想才能产生优质效果，而这些创意的来源需要有人才提供智力支持。文创策划，是文化和旅游互相赋能的重要推动力量。

（二）优化文旅顶层设计，着力文化内容整合

为了使绵阳文旅增添强劲动能，尽快推动绵阳向文化强市和旅游强市发展，还需要优化文旅顶层设计，着力文化内容整合。优化顶层设计、着力内容整合，就是要从绵阳文旅发展的全局进行统筹，统揽绵阳文旅发展和文旅品牌塑造的定位、目标和根本方向，对各市县区文化资源进行深入挖掘，根据不同的主题对各市县区文化资源进行内容整合，集中财政和社会等各方资本投入，研发绵阳文旅品牌下的各项文旅 IP，建立打造文旅品牌和各项文旅 IP 的完整生产线，使文化资源升级为旅游资源，创造文化和旅游的共同繁荣。优化顶层设计，是从绵阳文旅发展全局出发，对绵阳文旅各方面和层次有全局性把握，这既是文化和旅游共同繁荣的需要，也是从意识形态上引领文化和旅游朝着正确方向发展的政治需要。着力内容整合，是为了使绵阳文化资源不再以微弱优势进入旅游市场竞争而陷入孤掌难鸣之势，而是抓住重点，着力于使不同文化资源之间相互借势并产生系统性，成为具有竞争力的文旅产品和品牌。

具体而言，优化顶层设计、着力内容整合，就是要研究绵阳文化的精神内涵，并围绕这样的精神内涵创造具有代表性的文化旅游品牌，以生产线的方式生产文化旅游品牌下的核心文旅产品，然后推动与核心文旅产品具有相似性的却又具有一定独特性的周边文旅产品的生产和研发，从而产生集群效应。相比较文旅单品而言，文旅产品的集群效应显然能够发挥集群内部各元素之间的整合优势，产生更大的影响力和吸引力。以三台县为例，三台县具有潼川古城（甚至在最新的施工进展中发现了

护城河)、西平古镇以及郪江古镇三大反映四川不同历史时期建筑风格的巴蜀建筑群,这三处不同的历史遗迹目前只有潼川古城作为重点打造和宣传的旅游资源。但是,就潼川古城本身而言,目前在绵阳、四川乃至全国的名气极为有限。要使三台县的历史遗迹能有效发挥自身优势,需要发现这几处不同历史遗迹的特点以及与三台本地的历史和文化的关系,打造三台巴蜀古建筑集群这一具有三台本土文化特点的文旅产品。值得注意的是,历史遗迹是沉寂的,它同样需要融合三台本土文化以及绵阳文化的精神内涵所赋予的鲜活的记忆和故事,才能被人们认识并认可。换言之,三台巴蜀古建筑集群作为文化资源的核心元素需要以更多元的平台和多样化的路径向市场推广,进入公众视野,才能产生品牌效应、获得市场青睐。

此外,虽然集群效应在规模上和吸引力上都比文旅单品更大,但是这并不足以支撑起人们旅游的各方面需要。文化旅游的主要目的是文化体验,但是这并不代表文化体验完全取代了食、住、行方面的体验和要求。在文化旅游中,伴随旅游产生的饮食、住宿、出行依然是基本要求,甚至还会对其他公共服务有更高要求。不同的公共服务实际上也是文旅品牌的重要构成部分,是本土文化的日常化展现。因此,在打造集群效应的同时,需要注重不同层次的旅游需要,形成梯次结构,使集群效应得到最有效的发挥。这些梯次结构不是指同一地域内同质的文旅产品,而是指异质的文旅产品,大到公共设施服务、住宿,小到饮食文化以及餐饮业服务等构成的能够供给文旅全过程的结构性服务。与核心文旅产品相同的是,构成梯次结构的各项服务同样是以绵阳文化精神内涵为核心,同时以彰显绵阳各市县区地方文化传统和特色为亮点,体现出梯次结构各层级之间的连贯性和独特性。通过顶层设计的提升和内容整合的着力打造,创造品牌核心精神和核心产品,形成集群效应和梯次结构,改变现有文旅经济结构,使文旅立体化发展。

整合各项资本力量,靶向投放妥善运营。为了使绵阳文旅增添强劲动能、尽快推动绵阳向文化强市和旅游强市发展,需要对各项资本的力量进行整合,并针对文旅品牌下的不同文旅产品的产供销进行靶向投放和妥善运营。绵阳文旅发展和文旅品牌塑造需要借助以生产线的方式开展的系统性和综合性工程,对于资本的要求极高。从文旅产品研发,到文旅产品生产和包装，再到文旅产品宣传推广，以及文旅产品形象维护都需要有大量资本集中投入。如果资本继续保持分散投资和运营的现状，将很难使绵阳文旅优势和利益最大化。文旅融合发展的资本投入包括财政投入和社会资本投入，这些投入优势各不相同。整合各项资本，不仅涉及资本的总量，还涉及资本的结构和管理，整合各项资本就是为了使不同的资本之间能够优势互补，使投入资本得到最有效利用，改变目前各项不同资本各行其是、分散投资而导致的资本投入收效甚微的现状。整合各项资本的目的并不是使资本集中，而是为了使各项资本能够集中起来为绵阳文旅服务。各项资本的整合是手段，资本服务文旅发展才是目的。

整合各项资本，服务绵阳文旅发展，最重要的是围绕绵阳文旅品牌靶向投放资本，并对资本进行妥善运营。为了改变当前绵阳文旅发展分散投资的现状，对财政、社会资本进行整合以后，应该以绵阳文旅品牌的核心精神以及反映文旅品牌核心精神的产品的发展需求和薄弱环节为核心投资目标，进行资本的靶向投放，好钢用在刀刃上，使产出的文旅产品和文旅品牌既能彰显绵阳文化的精神内涵，又能成为具有吸引力和影响力的旅游资源，而不是仅仅为了追求短期效益进行跟风式投资，制造一时旅游效应而创造噱头。靶向投放的意义在于绵阳文旅发展和文旅品牌塑造的可持续性，解决的是绵阳文旅最根本的问题。各项资本在文旅资本投入中的结构和作用并不一致，要使资本得到可持续的有效利用，既要顾全绵阳文旅发展大局，又要结合绵阳下属各市县区实际，因地制宜、合理布局，使各地文化资源在整合后的资本的运作下将优势最大化，只有对资本进行了妥善的运营，才能保证投放资本的靶向性和资本使用的全局性。

（三）改善基础设施水平，保障旅游全域通畅

为了使绵阳文旅增添强劲动能，尽快推动绵阳向文化强市和旅游强市发展，需要改善基础设施水平，保障旅游全域通畅。改善基础设施建设水平，就是指在现有基础设施水平之上提高交通、通讯、卫生等公共服务设施建设水平。保障旅游全域通畅指的是，绵阳交通基础设施建设能够更全面有效地连接各市县区，减少人们在绵阳境内旅游的时间成本，

为绵阳境内的全域旅游铺垫好交通基础；同时，推动绵阳境内各地公共网络服务建设，为人们的旅游提供便捷快速的公共网络服务；建设良好的公共卫生基础设施，做好厕所革命，建立良好的公共厕所卫生环境，创造人们在绵阳旅行的安心和舒适感受。

绵阳目前的交通基础设施建设达到了通行的基本条件，但是，在全国"八横八纵"的高铁网格局下，绵阳高铁建设处在相对滞后阶段。此外，绵阳下辖各市县区之间虽然也已经有各级公路连通，但是各市县区之间通达时间过长，对于游客而言所需要的旅游时间成本过高，这样的时间成本并不利于绵阳全域旅游的开展。因此，为了推动绵阳文旅发展，绵阳交通基础设施建设水平需要得到改善。此外，在数字经济已经成为国民经济重要构成部分的形势下，公共网络服务应该纳入基础建设服务范畴。数字经济的基本特点之一是，经济行为随时随地进行。旅游的移动与手机客户端的移动是同步发生的行为，需要有良好的公共网络服务为文化旅游服务。良好的公共卫生基础设施实际上也是城市形象的靓丽名片，但是，公共卫生基础设施一直是被广大人民诟病的话题。绵阳要成为文化强市，就需要有良好的城市形象为文化和旅游同时加分。在全国公共卫生基础设施建设普遍不够完善的形势下，绵阳应该率先进行"厕所革命"，抢占先机，才能使绵阳更有机会在全国文旅融合发展趋势中脱颖而出。值得指出的是，这些基础设施建设也应该从突出本地文化特色的角度考虑，不仅仅要突出基础设施的功能性，也要注重基础设施的艺术性，或者称为参观可行性，使基础设施也能成为一种文化资源和旅游资源。

（四）推动体制机制创新，创建专业化人才队伍

为了使绵阳文旅增添强劲动能，尽快推动绵阳向文化强市和旅游强市发展，还需要推动体制机制创新，创建专业人才队伍。推动文旅发展体制机制创新，以及建设专业人才队伍的基本思路是产、学、研一体。产、学、研一体格局将不再仅仅局限于科学技术领域，还应该成为推动文化旅游发展现代化的重要思路。正如上文所述，绵阳文旅发展需要整合企业资本和社会资本投入，并对这些资本进行妥善运营。但是，这必将给现有文旅管理体制带来新问题。如何权衡各方力量在绵阳文旅发展

和品牌塑造中的作用，以及各种资本在文旅发展和品牌塑造中的权重，也将成为新课题。需要相应的体制机制创新，才能够应对将会面临的各种问题。更重要的是，绵阳文旅品牌塑造的关键是要形成一条完整的产业链。从绵阳文化精神内涵的研发，到文旅品牌的塑造，再到文旅产品的生产、供应、销售，都需要在资本集中的产业链下完成。这决定了产业链的每一个环节都需要相互合作、共同发力，以保证产业链有效运转。

基于以上思路，绵阳文旅融合发展和文旅品牌塑造需要创建专业人才队伍。创建专业人才队伍就是根据市场思维，利用人才的专业优势和专业团队整合不同专业人才的优势，充分发挥专业人才的积极性和活力，营造人尽其才、各司其职的氛围，形成共同打造绵阳文旅品牌的专业队伍。按照市场思维，绵阳文旅品牌的打造不是建设某个孤立的景点，而是类似于商品生产线，在生产线上的每个环节，都需要不同的智力和资本的投入，这些都对专业性提出了高要求。例如，绵阳文化精神内涵的挖掘和文化资源的深入研究，就需要由专门的文化学者或者人类学者带领主持才能够确保绵阳文化精神内涵的确切性，不再使绵阳文化继续保持模棱两可的状态。这类专业学者的视角不仅仅拘泥于绵阳本土，而是在放眼于绵阳以外的四川、全国乃至全世界文化的基础上，通过缜密研究得出来的经得起验证的结论。再如，文化从资源到产品，最后走向市场，就需要经过商业包装和营销，这些包装和营销需要专业的文案广告策划以及营销学专业的人才贡献智力。这些工作如果由非专业人才打造，可能会出现资源不能得到充分有效利用的问题，而只有将不同的工作交给专业人才操作，才能物尽其用，使文化资源变成旅游资源、文化资源兑现为文化资本。如此，绵阳文旅融合发展才能焕发生机和活力，才能推动绵阳文化和旅游长期共同繁荣。

第六章

中国区域文化旅游品牌发展和资源整合现状、问题及对策

本部分在前述研究基础上，探讨中国区域文化旅游品牌发展和资源整合的发展态势以及存在的问题，系统分析区域文化旅游品牌发展和资源整合规律，并从宏观层面提出针对中国区域文化旅游品牌发展和资源整合的建议。据此落脚到绵阳市探讨本地地域文化旅游资源及文化旅游发展中存在的不足，并分析了提升绵阳区域文化旅游发展地位的相关对策。

一 以区域文化为基础的中国文化旅游发展模式及困境

文明特别是思想文化是一个国家、一个民族的灵魂。中国有坚定的道路自信、理论自信、制度自信，其本质是建立在5000多年文明传承基础上的文化自信。在悠久的历史中，中国形成了具有多样性的区域文化。

（一）区域文化资源与旅游经济的融合

对中国区域文化的划分从不同维度看有不同种类。从历史维度看，在新石器时代，根据考古发现，大体可以划分为黄河流域文化区、长江流域文化区、珠江流域文化区和北方（以燕山南北、长城地带为重心）文化区。在那时，已经奠定了后来农耕文化区和游牧文化区的基础。经过文化融合和碰撞，大致形成了以下几种区域文化——齐鲁文化、燕赵

文化、三秦文化、三晋文化、楚文化、吴越文化、巴蜀文化和其他区域文化（如岭南文化和东北文化）。从文化地理维度看，中国地域文化区不仅是空间地域概念，而且是一个随着时间的演替、历史的发展而不断变化的空间单位。具体来看可以划分为三级文化区，如图6-1所示。从产业集聚维度看，根据产业生产要素聚集力、社会文化根植性、空间布局结构和产业规模、关联程度等条件，中国文化产业经济带主要分布在六大区域，形成了六大区域性文化产业集聚区：环渤海文化产业集群（以北京为核心）、长三角文化产业集群（以上海和杭州为核心）、珠三角文化产业集群（以广州和深圳为核心）、滇海文化产业集群（以昆明、大理和丽江为核心）、川陕文化产业集群（以西安、成都和重庆为核心）以及中部文化产业集群（以长沙为核心）。[①] 在丰富的区域文化资源下，以文化资源为基础的文化旅游融合发展，为进一步提升文化旅游产业价值和效益提供了动力。而推进区域文化旅游品牌塑造，则是推动文旅产业深度融合的有效途径。

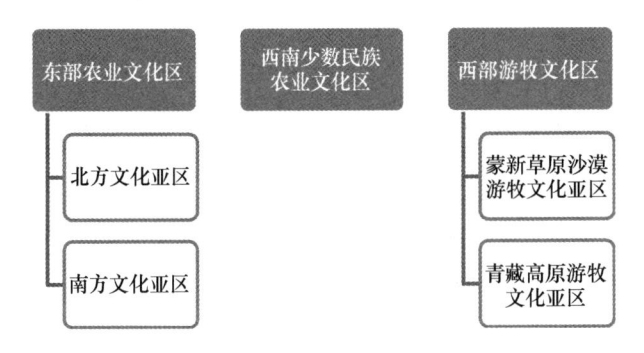

图 6-1 中国地域文化区划分

当代旅游已经从"观赏型"向"体验型"转变。由于中国具有丰富和多样化区域文化资源，而这些区域文化经过包装和开发，能满足游客对异域文化的体验需求，从而转化成区域文化旅游资源。文化与旅游具有相互依存的关系，文化是旅游活动的重要内容和基础，也是旅游开发

---

① 高乐华、张美英：《中国区域性文化产业集群发展模式与趋势》，《企业经济》2018年第6期。

的客体对象。而旅游则是文化传播的载体和媒介，旅游本身也可以被赋予文化意义。在实践中，文化对于旅游发展的重要意义也是不言而喻的。例如，有以名胜古迹发展起来的旅游景区，如秦始皇陵兵马俑、龙门石窟、都江堰等；有以民族文化为基础的景区，如蒙古包、吊脚楼、竹楼等；有以美食文化吸引游客的景区，如北京全聚德、内蒙古涮羊肉、广东"龙虎斗"等。

（二）区域文旅品牌发展和资源整合模式分析

文化旅游资源整合是对区域内外所有文化资源进行综合利用开发，最终促进该区域及周边旅游共同发展，从而使该区域文旅价值最大化的行为过程。区域文化旅游资源整合是一个系统工程，主要内容有优化配置区域内外文化旅游资源、整合文化旅游产品、整合文化旅游形象、整合文化旅游市场，以及对区域旅游产业系统进行整合。文化旅游资源整合和品牌发展是相辅相成的，在文化旅游资源整合过程中考虑文化旅游品牌塑造，以及在品牌塑造过程中考虑资源整合，这将为文化旅游业发展创造更大的价值和效益。

1. 文化旅游资源整合与品牌发展

文化旅游品牌与其他产业中的品牌塑造一样，能通过"品牌杠杆力"提升产品吸引力。品牌具有聚合、衍生、带动、宣传、放大等效应，文化旅游产业凭借品牌塑造体现区域差异，凸显竞争优势。旅游品牌的构建是一个动态过程，包含品牌定位、品牌设计与开发、品牌营销与传播、品牌保护、品牌延伸和品牌创新等多个流程，如图6-2所示。

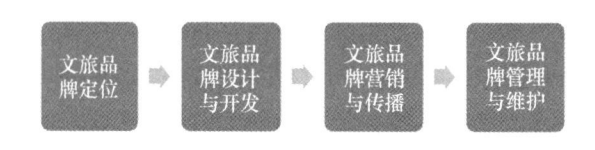

文旅品牌定位 ➡ 文旅品牌设计与开发 ➡ 文旅品牌营销与传播 ➡ 文旅品牌管理与维护

图6-2 文化旅游品牌的构建过程

在文化产业与旅游产业不断融合的背景下，旅游目的地品牌建设越来越依赖于具有鲜明文化主题和特色的旅游产品和服务，以吸引游客的注意力。当前中国旅游产业的竞争已经由数量、规模化发展转向以文化为主要竞争力的时期。文化旅游品牌建设应该建立在景区产品的基础上,提升旅游产品的品质、品位,并结合当地文化内涵不断进行文化创意和创新,由文化品牌带动景区品牌发展。如图6-3所示,文化旅游品牌构建至少包含三个要素,即文化主题与文化特色、融合型产品和文化创意。文旅融合趋势下的品牌建设应突出文化主题、文化底蕴,突出独特性和差异性,使游客能够在游览中享受到深刻的文化体验。旅游品牌是旅游资源形象的体现。旅游品牌塑造一方面能提高旅游产品的辨别度,另一方面也能在市场竞争中增加旅游产品价值和美誉度。

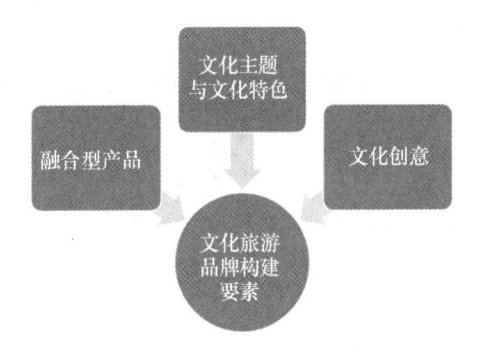

图6-3 文化旅游品牌的构成要素

2. 资源整合下文化旅游品牌发展模式

随着文旅融合和品牌化发展政策的推出,许多旅游目的地已经意识到了构建旅游品牌尤其是文化旅游品牌的必要性,如课题前面部分所梳理总结的,存在着许多成功案例。我们按照文化旅游品牌塑造要素,将已有文化旅游品牌发展概括为以下三种模式。

第一,融合型开发模式。融合型开发是指将文化产品与旅游产品结合起来开发新的产品和业态以满足消费者的需求。这种模式的特点是文化产品直接嵌入旅游市场,成为旅游业重要组成部分。如各地旅游市场中举办的旅游演艺晚会。旅游演艺就是文化产业中的演艺产业与旅游产业有机融合而衍生出来的新兴业态和旅游产品类型。通过文化与旅游融合,拓展了传统演艺表演空间,扩大了传播范围,同时也丰富了旅游的内容和文化含量。通过演艺这种产业形式与旅游业的结合，融入地域最经典的文化元素和创意思路，加上声光电等多媒体的点缀等，文化演艺产品也成为旅游目的地重要的旅游吸引物。现在很多城市和旅游景区都在积极引进或打造具有地域文化特色的演艺产品，利用当地文化资源进行产品转化。在这方面，《印象·刘三姐》是最为成功的案例。《印象·刘三姐》立足本土资源、民族特色，依托一流的山水风光、经典的刘三姐文化根基和成熟的阳朔旅游市场，大胆进行艺术创新，将文化与旅游结合，打造文化旅游精品，发展特色经济。《印象·刘三姐》于2003年10月面世，吸引了来自世界各地的游客，带动了当地交通、住宿、餐饮、娱乐、商品零售等业态的增长，有效拉动了相关产业的快速发展，形成了良性循环。《印象·刘三姐》的成功，使很多景区看到了旅游演艺的巨大潜力，接着又出现了印象丽江、印象西湖、印象大红袍等，还有宋城的千古情系列。其中杨丽萍创作的《云南映象》将云南彝族、苗族、白族等少数民族文化遗产重新组合和创意编排形成的演艺产品，不仅传承和传播了传统文化和艺术，也丰富了观众的文化生活和艺术体验。以上这些文化演艺品牌都是以当地物质文化遗产或非物质文化遗产资源为蓝本进行的创意演绎和呈现。旅游演艺不仅是对当地文化资源的转化和利用，而且丰富了旅游区的产品结构，延长了游客停留时间。有的演艺品牌还推出了衍生品，如《云南映象》衍生品就有音像制品、书籍、纪念品、工艺品、服装等。除实景演出外，主题公园演艺和剧场旅游演出也占有一定份额，如长隆演艺系列和刘老根大舞台等。旅游演艺投资额巨大，投资回收存在很大的不确定性，而在旅游演艺成功案例吸引下，许多景区跟风发展，其发展前景令人堪忧。

第二，挖掘型开发模式。挖掘型开发模式是在本地历史文化资源基础之上，深入挖掘旅游景区文化内涵，突出有区域特色的文化资源。根据旅游景区的类别可以具体分为以下三种模式，即城市历史街区开发模式、古村镇旅游开发模式和自然风景区文化旅游开发模式。优秀的历史建筑和院落街区是城市历史变迁的载体，是文化遗产重要组成部分，保护历史文化街区具有重要文化意义。中国改革开放之后，大多历史街区面临着种种现实问题，如建筑老化、空间破碎、功能衰退、生活服务设施匮乏、人口结构老龄化等，再加上对原有历史街区和城市遗址的利用和保护意识较弱，导致中国许多历史街区被拆除、改建等。基于历史街区的文化价值和商业价值，目前国内很多城市都着力于历史街区的恢复重建，对其文化传承、旅游、展示、生活、商业功能加以重新定位，其中不乏像北京的前门大栅栏、成都的宽窄巷子这样的成功案例。中国古村落遗产资源丰富，这些村落具有浓郁的历史风貌、优美的自然环境、合理布局的人文景观、纷呈的民族特色，成为中国文化旅游又一大亮点。自然风景区文化旅游开发通常是以一个面积较大的自然景区为基础，深度挖掘景区保存的文化遗迹，以提升旅游资源的文化内涵和知名度，吸引人们前来旅游。

第三，创意型开发模式。2016年5月15日，文化部、财政部、国家发展改革委、国家文物局四部委联合发布《关于推动文化文物单位文化创意产品开发的若干意见》，意见指出，深入发掘文化文物单位馆藏文化资源，发展文化创意产业，开发文化创意产品，弘扬中华优秀文化，传承中华文明，推进经济社会协调发展，提升国家软实力。近年来，创意旅游日益受到各地重视，各省市开始加大力度推动创意旅游产品研发。文化创意的开发，突出旅游产品的文化性和体验性，把传统与现代表演技术巧妙结合起来，增强趣味性和吸引力。这其中的一种思维方式是文创产品思维，聚焦于商业结果，强调文化服务于产品。结果会带来短期文创价值，创作往往会受制于某一时期的流行元素，创作者会进行一些嫁接、复制等低创造力工作。另一种思维方式是文创的文化思维，聚焦于文化和艺术浸入过程，强调产品服务于文化。在这样的过程中，一个文创品牌的发展往往是可持续性的，文创的价值是通过一个系统漫长的创作过程逐步得以显现的。值得一提的是，由于文化和艺术的内生动力驱动，文创产品已经不仅仅是看得见、摸得着的实体形态，可能会衍生为一个空间、一段影像、一种行为。文创旅游发展较为成熟和成功的案例之一是台湾地区的文创发展。文创产业的发展与不断创新，成为台湾地区观光文化的重要组成部分；地域特色文化的挖掘与开发利用，成为台湾地区民族特色旅游的重要品牌。

（三）中国基于区域文化的文化旅游发展困境

文化产业与旅游产业的融合在一定程度上具有相互促进的作用。一方面，文化产业增加了旅游产业的文化附加值，延长了旅游业的产业链。另一方面，旅游产业为文化产业发展提供了新平台和新市场。自2009年文化部与国家旅游局联合出台《关于促进文化与旅游结合发展的指导意见》以来，中国文化旅游事业呈现迅猛发展势头，也对社会产生了广泛影响。中国拥有宏伟的山脉河流，丰富多彩的民俗风情，不计其数的名胜古迹，别具一格的戏剧、音乐、舞蹈、美食，等等。经过多年发展，文化旅游资源在旅游发展中已成为重要载体。根据目前的开发情况，大致有三大类文化旅游资源转化的旅游产品。一是基于文化景观的旅游产品，二是基于文化遗产的旅游产品，三是基于文化转化的旅游产品。在文化旅游资源开发过程中，中国既有成功经验，也存在一些不合理的地方，包括资源开发、资源保护、配套设施等六个方面。

其一，历史文化资源保护力度不够。目前，中国很多地方和景区在进行旅游资源开发过程中，只注重资源开发而忽略了资源保护，比如非物质文化遗产保护问题。中国是一个具有悠久历史的国家，不仅具有大量历史文化遗产，同时也具有丰富的非物质文化遗产。一方面，随着社会经济发展，传统艺术的传承存在断代现象。随着科技的进步，许多又省时又省力的技术相继出现，使得年轻人对枯燥乏味的传统手工艺失去了兴趣并且转向了新技术。学习传统手工艺非常辛苦，收入也较少，所以老艺人一旦离世，一些技艺便失传了。另一方面，有些发展较落后的地方对历史遗迹的保护力度还不够。如历史遗迹年久失修，保护工作不力，已失去古时的风采，或者与现代民居差异不大，可观赏性较低。且旅游基础资源不足、周边环境差、私拆乱建等现象严重。

其二，文化旅游项目内涵深度不够。文旅项目区分于普通旅游项目根本的差异就在"文化"上。一般来说，文旅项目可分为两种，一种为先天的历史人文旅游景区，另一种则是新开发的文化旅游景区。前者拥有更强烈的历史背景和先天积聚的文化资源；而新开发的文旅项目，则需要依托项目所在地的历史，深度挖掘它的文化内涵，不能空谈文化。无论哪一种形式，"文"与"旅"都要紧密相连，没有牵动人心的文化内涵支撑的"文旅"是空洞的，终究会失去魅力和粘性。从目前国内文旅项目来看，仍有部分项目表面重文化，实际上没有文化内涵，也没有很好地挖掘、利用历史文化资源，没有为景区凝聚灵魂和个性。游客在这样的景区内，很难产生文化价值的认知和更多的停留时间。文旅和商业是相互依托的，商业能给旅游添加点睛一笔，但纯粹的商业功能只会被弱化，将商业自然过渡到旅游当中，根据项目的文化特色引进新颖的业态和品牌，注重顾客的参与感，让顾客在欢乐中产生消费，才是更高层次的文旅商业形态。当前有部分文旅项目在商业开发中，过多增加商业色彩，而降低了游客的旅游体验感。

其三，文化旅游配套设施便利度不够。在旅游资源开发过程中，很多项目忽略了基础设施建设。文化旅游基础设施，不仅包括传统意义上的旅游、交通、酒店，也包括与新媒体、新技术结合的旅游信息化基础设施。中国目前一些经济不发达或欠发达地区虽然有着丰富的文化旅游资源，但因缺乏相应的配套设施，导致了文化旅游业受到限制。此外，在一些旅游景区，虽然有丰厚的硬件设施来吸引游客，但往往不注重软件配套，其中最明显的就是缺乏服务质量意识，服务意识淡薄的工作者是不能提供出优质服务的。导致这种现象的原因有很多，如现在有很多旅游企业不重视人才选拔和培养，有些顾客提出的基本要求员工都达不到，更有甚者将顾客拒之门外。再者，有些旅游企业不关心员工的发展前途，不重视如何才能留住人才，使得人才流失情况频频发生，这对企业的服务质量也产生了严重影响。

其四，文化旅游项目融合度不够。文化和旅游是一种双向互动，需要在文化和旅游两个层面深度开发，才能实现文化旅游深度融合。从目前中国文旅融合现状来看，从文化层面进行开发，主要是通过创意深入挖掘文化内涵，例如历史片段（如重庆利用龙门浩、弹子石等老街对传统文化的挖掘），思想脉络（如曲阜传承和发扬儒家文化，不断丰富新的儒家文化旅游项目），情结故事（如非宗教信仰下的祈福活动等方面的挖掘）。但是，在旅游产品策划过程中，单纯地注重单项产品开发而忽略产品之间的组合。一些景区通过标志性旅游资源，但却没有起到连带作用，缺乏全局性、整体性、系统性，彰显不出特色，使得旅游产品看起来单一，吸引不了游客。旅游产品应该注重联合管理和开发，只有这样才能产生聚集效应，获得更大的效益。

其五，文化旅游专业人才支撑度不够。中国旅游业在人才培养方面明显存在落后和不足，尤其是专业旅游人才相对稀缺。旅游文化产业发展所需要的专业化人才不仅要涵盖文化产业、旅游产业等各个方面，还要对当前旅游文化发展趋势及市场发展动态有清晰的把握。中国文化旅游人才培养体系尚不完善，在学科设置、人才认定等方面还不够完善，这导致缺少高素质、高层次文化旅游人才，从而影响中国旅游文化产业竞争力的提升。此外，在"互联网+"背景下，旅游产业无论是在技术手段还是产业结构上都发生了较大变化，因此人才需求较传统旅游人才需求无论是在专业技能还是知识层面都发生了较大变化。当前旅游业的人才需求从过去的单一技能转变成具有综合技能的复合型人才。从深度上看，要求旅游人才能够顺应中国旅游者对旅游文化需求的提升，提供具有较强文化内涵和极具文化特色的专项旅游服务或定制旅游服务。从广度上看，随着中国旅游市场运营范围不断扩大和互联网技术的推进，旅游行业经营限制逐渐放开，海外旅游市场逐步扩大，要求旅游人才不仅能够着眼于国内市场，更需要具有国际视野，成为具备国际旅游运作能力的国际化人才。

其六，文化旅游法律体系健全度不够。当前中国旅游法律政策体系还不够完善，各项旅游专业法规也不够健全，缺乏对旅游产业的监督和法律管理，导致恶性竞争、虚假广告，甚至对消费者的欺诈现象频频出现，严重影响了文化旅游产业的长远健康发展。具体来看，包括文化旅游发展与保护的法治环境尚未完全建立，缺乏完善的立法、科学的执法和强有力的司法保障，这都将阻碍文化旅游产业的健康成长。市场机制不健全导致法律风险增大。文化旅游经济属于市场经济，理应受市场调节，需要法律加以规范引导。从执法方面看，文化旅游产业执法管理不足。一个健全的执法管理机制，需要行政管理部门与执法部门明确各自的职权与职责。在司法方面，文化旅游产业维权专业人才存在短缺。

二 中国区域文旅品牌发展和资源整合的对策

旅游业是国民经济发展的战略性支柱产业，其中以文化作为底蕴及内在精神的文化旅游业是整个旅游业的核心，代表其未来主要发展趋向。文化旅游是助力地方经济发展、提高区域文化素养、满足人民日益增长的美好生活需要的有效手段。从本课题前面提到的诸多国内外文旅案例以及绵阳市文化旅游发展现状可以看出，近年来国内文化旅游市场快速增长，产业格局逐渐形成，市场规模品质日益提升。与此同时，在中国的区域文化旅游品牌塑造与资源整合也存在着文旅规划缺乏系统性、文旅产业与其他产业融合度不够、传统文化资源保护力度不强、文化资源与旅游发展分离、脱离当地群众民生改善、文旅市场秩序不规范、体制机制不够健全等若干问题。在全民旅游成为时代潮流的今天，如何增强文化旅游业作为优势产业的地位，这不仅仅依赖于该区域得天独厚的自然风光、悠久厚重的历史文化、完备先进的硬件设施，还需要统一的规划布局、合理的整合资源、有机的文化融入、有效的民生共建、全面的规划营销以及完备的配套保障。基于对中国区域文化旅游发展现状的分析、对国内外成功案例有益经验的总结，以及对绵阳市文化旅游发展现状、问题的梳理，本章针对中国区域文化旅游发展提出以下政策建议。

（一）注重区域文化旅游品牌塑造与资源整合的系统性

文化旅游产业发展需要资源、资金、人才、土地等必备要素，但这些并不代表文化旅游发展的全部环节，健康持久的文化旅游品牌还需要一个能够将这些要素有机整合起来的系统方案，这个方案基于国内外文旅发展共同规律以及区域社会文化发展实际，应具有专业性、可行性、前瞻性，而不是任由区域内散、乱、弱的同质化项目遍地开花。系统的文化旅游方案的制定，犹如艺术家之于一幅画作、建筑师之于一幢大楼，直接决定着作品的品质。这期间政府应该提供平台与政策保障，同时引导方案的落实并实施监督。文化旅游品牌方案的系统性主要表现在以下几个方面。

第一，国家、省市相关政策法规的运用与整合。2009年文化部与国家旅游局联合出台了《文化部国家旅游局关于促进文化与旅游结合发展的指导意见》，这是我国第一份关于文化旅游发展政策的实施文件。自此之后，国家相关部门日益重视文化旅游事业，陆续出台多项措施。经过多年发展，2017年10月发布的首份《中国文化旅游发展报告2017》中明确指出，文化旅游业已经成为新时期中国旅游业发展的重要力量。2018年3月9日，国务院办公厅印发实施《关于促进全域旅游发展的指导意见》，旨在促进各区域旅游业统筹协调、融合发展，这其中文化旅游成为全域旅游的重要内容与精神载体。2018年3月17日，十三届全国人大一次会议表决通过国务院机构改革方案，批准文化部、国家旅游局合并为文化和旅游部，这为今后文化旅游产业优化发展提供了体制保障。2019年8月，国务院办公厅发布《关于进一步激发文化和旅游消费潜力的意见》，提出推出消费惠民措施、提高消费便捷程度、提升入境旅游环境、推进消费试点示范、着力丰富产品供给、推动旅游景区提质扩容、发展假日和夜间经济、促进产业融合发展、严格市场监管执法等九项激发文化旅游消费潜力的重要任务，为中国文化旅游发展明确了方向。各省市纷纷响应国家发展文化旅游产业的号召与部署，召开文化旅游产业发展大会，出台相关文件。比如，中共四川省委、省政府在2019年4月25日发布《关于大力发展文旅经济加快建设文化强省旅游强省的意见》，提出"以文促旅、以旅彰文，充分释放文旅经济活力，把四川文化和旅游资源优势转化为发展优势，为人民美好生活提供丰润文化滋养，为经济社会发展夯实强大产业基础，奋力推动治蜀兴川再上新台阶"的发展目标。

相关文件的频繁发布一方面凸显了文旅产业在中国国民经济发展中的重要性，同时也预示着文化旅游产业未来蓬勃发展的必然趋势。这些文件内容不仅涉及文化、旅游本身，还关涉国土资源、农业农村、保险金融、教育科技等诸多领域。在领会各级文件精神的同时，如何将文件中有关文化旅游的内容加以梳理、整合，结合区域文旅资源实际情况加以精准定位，运用好政策红利，主线突出、循序渐进、狠抓落实，是现阶段各地发展文旅事业面临的一项重要课题。实际上，通过前述国内外典型文旅案例分析，我们可以看到利用国家相关政策法规的支持来发展文旅产业是很多地区塑造文旅品牌的关键。比如德国著名的鲁尔工业区的工业旅游项目便是在德国北威州州政府和埃森市政府政策扶持下发展起来的；韶山的发展除自身的红色基因外，离不开国家对于爱国主义教育基地项目的支持；乌镇的崛起也是在国家培育特色小镇等一系列措施的背景下产生的。

第二，区域相关产业的融合。文化旅游产业虽着眼于旅游自身的发展，但在发展旅游的同时，与区域内其他产业的深度融合亦十分必要。

《国务院办公厅关于促进全域旅游发展的指导意见》中明确指出："从区域发展全局出发，统一规划，整合资源，凝聚全域旅游发展新合力。大力推进'旅游+'，促进产业融合、产城融合，全面增强旅游发展新动能，使发展成果惠及各方，构建全域旅游共建共享新格局。"这些产业融合领域比较突出的有文化旅游与农旅、工旅相互融合，在深入体验农耕绿色文化以及现代工业文明的同时，促进旅游产品的生产、加工、组合、分配与营销，实现"提升一产、促进二产"的产业融合效应。文化旅游与现代服务业相互融合，使游客在满足旅游需求的同时，享受高质量的住宿、餐饮、购物等体验。文化旅游与创意产业相互融合，基于非遗、文博、民俗、民族等文化研发创意产品的同时，增加游客购物体验，并传承区域文化。文化旅游与现代科技（5G、超高清、虚拟现实、人工智能等）相互融合，发展新一代沉浸式体验型文化旅游消费内容；文化旅游与展会经济相互融合，通过展会进行产品展示、信息推广等。

通过对国内外文旅品牌经验的总结，我们发现，文化旅游与教育、培训、科技、工业、农业、军工等诸多产业息息相关，在产业发展中能够互相补益、有机共构。乌镇的发展融合了互联网技术，甚至成为世界互联网大会的永久会址；云南丽江、浙江德清、贵州西江千户苗寨的走红带动了精品民宿产业蓬勃发展；崇礼的兴旺与体育产业密不可分；杜甫草堂的人气与其艺术、文创产业相互促进。这些成功的案例一一印证了在发展文化旅游过程中异业结盟的重要性。

第三，区域内外文旅资源的结合。发展区域文化旅游，并不是主张区域内文化项目和景点遍地开花，也不是倡导各地文化旅游各自为政、互相攀比，而是统筹运用好区域内外文旅资源，避免相关资源闲置，合作共赢、多方受益，促进区域内外文化旅游品质整体提升。区域内外文化旅游资源需要在一个总体规划中加以整合，这一规划既要兼顾文化旅游资源的丰富性，同时需重点突出、层次分明、开发有序。要注重区域内旅游产品、设施项目的特色，避免模仿复制，防止千城一面、千村一面、千景一面。对此，四川省为各区域文旅产业发展提供了一个很好的可供参考的外部架构。在2019年发布的《关于大力发展文旅经济加快建设文化强省旅游强省的意见》中，四川明确提出了建设"十大"知名文旅精品的构想，分别为依托九寨沟、黄龙、川西北大草原等打造"大九寨";依托峨眉山、瓦屋山、三苏祠等打造"大峨眉";依托卧龙、碧峰峡、唐家河等打造"大熊猫";依托稻城亚丁、泸沽湖等打造"大香格里拉";依托海螺沟、木格措等打造"大贡嘎";依托蜀南竹海、沐川竹海等打造"大竹海";依托都江堰、东风堰等打造"大灌区";依托剑门蜀道、阆中古城等打造"大蜀道";依托三星堆、罗家坝等打造"大遗址";依托蒙顶山、松潘古城等打造"茶马古道"。接下来各地如何结合这"十大构想"整合区域内外文旅资源及相关产业，将成为未来五年四川省区域文旅发展的重要路向。

（二）强调区域文化旅游品牌塑造与资源整合的文化底蕴

文化旅游需基于文化，"以文促旅，以旅彰文"，有文化作为底蕴的文旅品牌才是有生命力的。作为历史悠久的文明古国，中国各个地区都不乏优秀传统文化资源，即使从当代社会发展来说，因为人文地理环境的差异，我们也都形成了各具特色的区域文化特征。那么如何将旅游有效嫁接到文化上来，这不但需要我们在发展旅游产业的过程中拥有文化自觉，且需要政策与机制保障。

第一，以文化作为底蕴。2017年5月，中共中央办公厅、国务院办公厅印发《国家"十三五"时期文化发展改革规划纲要》，指出文化是民族的血脉，是人民的精神家园，是国家强盛的重要支撑，强调要推进文化市场建设，加强文化消费场所建设，开发新型文化消费金融服务模式，发展文化旅游，扩大休闲娱乐消费。综观国内外成功区域旅游品牌，我们发现脱离文化底蕴，旅游业很难取得长足发展。音乐之都维也纳、浪漫之都巴黎、水上城市威尼斯、韩流缔造者首尔，国内如潮州文化、韶山文化、敦煌文化、晋商文化、苗寨文化无不是建基于当地历史和区域特色文化之上的。四川省之所以能够成为旅游大省，与其文化产业的迅猛发展密不可分。2018年，四川省首次迈入旅游"万亿级"产业集群俱乐部，旅游总收入达到1.01万亿元，增长13.4%。而与之对应，四川省文化产业增加值1500亿元，增长16.1%，二者之间的相互促进作用十分明显。文化是旅游产业的生命力和根基所在。以市场和利益作为唯一追求目的的旅游产业注定是短命的，以文化作为底蕴的旅游事业将会得到持久发展。

第二，以文化带动旅游。文化旅游是指人们通过旅游活动实现认知、体验、传扬人类文化具体内容的行为，是旅游者对旅游资源进行切身体验的过程。这些文化内容包括地域传统文化、民族文化、民俗文化以及追寻文化名人遗踪、参加当地举办的各种文化活动等，文化旅游往往与风景观光相互配合，成为当前旅游者的一种风尚。文化旅游具有历史性、民族性、艺术性、神秘性、互动性等特征。通过以上界定，我们可以获知文化不仅仅是旅游的底蕴，还应该成为旅游的内在动力，文化旅游的发展路向必须以多元文化的发展作为主要依托。这些文化资源有建筑古迹、文物遗产、民族宗教、民俗艺术、文化活动多个层面。某种程度上说，文化旅游的发展，是以区域文化资源保护、利用、发扬为基础的。我们在前面列举的成都杜甫草堂的专业策划、协同发展，江南古镇乌镇的"修旧如旧、以存取真"，德清"土洋结合"的"洋家乐"，攀枝花的三线文化都是这方面的代表作。成都市也是以文化带动旅游的典型城市，它最近几年成功跻身国内新一线城市，与其文化助力密不可分，其传媒影视、创意设计、现代时尚、音乐艺术、电子竞技等产业都大大增强了成都旅游的吸引力和影响力。文化的发展复兴同时带动了旅游产业发展，传扬了区域文化，增加了区域品牌效应。

第三，以文化提升作为文旅产业的重要衡量指标。文化旅游固然是旅游业的重要组成部分，也是国民经济健康发展的生力军，但旅游业的发展以及由此带来的经济增长只是文化保护、利用的副产品，在此过程中文化自身的保护、利用以及传承也是文化旅游产业发展的重要目的。文化活化的最高境界是生活化，旅游是离不开文化内因的生活化体验之旅。能够让游客参与文化的旅游具有生命力，也只有能够吸引人参与的文化才是具有生命力的文化，否则文化便成为博物馆中的样本，至多具有观赏价值。旅游是彰显区域文化的重要手段，而非目的。一些地方为了旅游，伪造文化、"文化搭台，经济唱戏"，均违背了文化发展的本质精神，失去长久发展的动力。从文化角度来说，文化旅游具备审美情趣激发功能、文化知识扩充功能、教育启示深化功能和民族宗教情感寄托功能，其所具备的一个重要直接功能是促成游览者文化素养的提升，以及区域文明素养的改进。开展文化旅游不仅可以增强产品吸引力，提高经济效益，还可大力弘扬区域文化，让游客了解该地域风土人情、历史文化等信息；同时经济的增长也可助推区域文化的保护、开发、利用、传扬，形成一种良性循环。前述韶山并不是为了旅游增收的目的才来打造研、学一体的红色教育基地，而是为了更好地传扬红色爱国文化才开发了其旅游价值；四川攀枝花也不是为了将三线文化建成博物馆来吸引国内的游客创收，其原初的想法是将三线精神加以弘扬作为城市的名片。而贵州西江的千户苗寨也不是为了旅游才改造成少数民族特色村落，而是为了更好地保护民族文化，解决当地苗族群众生活困难问题，并达到可持续发展的发展目标。

（三）凸显区域文化旅游品牌塑造与资源整合的本土性

旅游的本质是追求新体验，追求与自己原来的生活环境、生活习俗不同的感受和观感，是旅游者寻找和感悟文化差异的行为和过程。因此，在塑造品牌形象时，应坚持特色性原则，只有具备鲜明的形象特色，才能便于旅游者认识，进而利用区域特色在竞争中取胜。特色文化根植于特定地区，在塑造本地文化旅游形象时，要深化对文化资源的挖掘，并根据其地域特点进行整体包装、提升和推广，通过无形资产增值带动有形资产升值，从而提高文化旅游品牌的整体价值。当然，旅游不能为了"新"而"新"，搞文化旅游更不能好大喜功，不能赶时髦，要契合文化旅游的本质精神。文化旅游是文化价值、民生价值、产业价值、生态价值的整合，这决定了文化旅游要基于地方的地理样貌、文化传统、产业特色、民生实际的基本特点与规律，不能脱离实际搞形象工程，背离文化旅游和全域旅游的根本目的，损害民生、伤害文化、破坏产业。结合区域实际和特色，系统规划、打好基础、创造精品、以点带面，集中优势资源、分批突破才是关键。

第一，结合当地自然景观。文化旅游需要依托区域内别致的自然景观，将其作为载体附加文化的精神体验。脱离自然观光而孤立地谈文化旅游不是不可能，而是将旅游的消费面变窄，旅游会变成小部分专业人士的奢侈品。文化是旅游的核心资源，但不是唯一核心。有了文化赋能，才有旅游所必须具备的精神升华。但自然资源在旅游行为中永远是不可或缺的，这由区域内自然风光的独特性决定。"一方水土养一方人"，文化是在特定地理自然环境中产生出来的，人是文化的缔造者，区域内的人文特色往往与其自然山水融为一体，同时带着独特的地域特征和色彩。乌镇的保护与开发离不开它的江南水乡身份，新疆禾木图瓦人村落离不开阿勒泰当地美丽的自然风光，人们到丽江旅游时除了体验丽江古城的民俗，还要瞻仰一下玉龙雪山的雄伟，人们到莫干山所领略的不仅仅是"土洋结合"的文化特征，还有莫干山的秀丽多姿。游客到绵阳来旅游，也绝不仅仅是来游览一下李白故里青莲古镇，还要去感受王朗的自然风光；停留于绵阳市区的游客，绝不仅仅满足于看看西山的子云亭、爬爬越王楼，欣赏完美丽的三江夜景，绵阳一行才算得上完美，自然景致始终与文化旅游相伴而行。

第二，符合当地文化特色。地域性是准确把握和认识中国文化样貌特征的一个重要切入点。中华民族拥有数千年发展历史，在这个过程中各区域拥有各自的文化发展形态。这些文化资源是中华民族优秀传统文化的重要组成部分，是当代中国人文精神传承、文化繁荣和发展的重要内容，也是文化旅游所依托的重要资源。文化旅游的客户群体一是来自共同文化圈内的游客，他们更多的是参与休闲、康养、公共文化类旅游项目，而外地游客是文化旅游的更大群体。这一方面要求我们的文化旅游资源必须与国内外旅游市场接轨，但同时还应该将区域特色作为切入点。文化旅游必须处理好文化旅游产品的普遍性与区域特色之间的辩证关系。有的地区片面追求国际化，而造就了诸多"四不像"文化工程，粗制滥造，劳民伤财，结果名利双失，这种案例在国内并不少见。有的地方虽基于本土文化，但好大喜功，追求奢华大气，远远脱离区域实际，加之没有优秀的文化旅游主体及合理的营销策略，最后变成"鸡肋"，找不到出路。正如国际化不是向国际看齐、普遍性不是千篇一律，文化旅游需追求差异化、凸显区域文化的独特性，将区域做到极致，便成为普遍性的旅游资源，为国内文化旅游资源增光添彩。越凸显区域特色的，越是全国的，越是国际的。整体布局需要有国家眼光、国际格局，但切入点一定是区域文化资源的传承、复兴、弘扬与融入，这二者相辅相成。四川省在自然风光、民族特色、产业特色、文化传统、文博考古等方面具有非常鲜明的地域特征，很多自然及人文资源都是国内绝无仅有的，这为四川省各区域文化旅游产业发展提供了先天优势与必备条件。

第三，立足当地产业特色。文化旅游虽然根在文化、意在旅游，但总要通过一种产业形态加以表现。这一方面表现在文化本身作为一种产业对于旅游业做出的贡献；另一方面，既然是产业，如前所述，它便不会以孤立的形态单独存在。我们在国内外区域文化旅游品牌成功案例研究部分已经列举了诸多文旅与产业结合的成功案例，比如德国因为其精湛的工业技术成就了其工业旅游产业，米兰因为其艺术、设计传统成就了时尚之都，韩国随着其影视文化的发展成就了"韩流世界"主题公园，张家口市崇礼区利用独特的自然条件成就了滑雪避暑产业。四川省在其文化旅游发展规划中明确提出建设藏羌彝文化产业走廊，以藏羌彝民族文化资源转化为基础，建设一批文化旅游、演艺娱乐、工艺美术、文化创意等领域示范项目，形成以大九寨世界遗产旅游区为中心，香格里拉文化生态旅游区、羌族文化生态保护实验区等为支撑的藏羌彝文化产业走廊的四川布局，同时提出强化"熊猫家园·天府四川"文旅形象标志的推广，将大熊猫打造成为四川独具魅力的文旅名片，带动川剧、川灯、川景、川菜、川茶、川酒等走出去，吸引更多游客走进来。这些都是将旅游产业与当地特色文化产业加以有机融合的具体尝试。

（四）关注区域文化旅游品牌塑造与资源整合的民生价值

国务院办公厅发布的《关于进一步激发文化和旅游消费潜力的意见》（国办发〔2019〕41号）提出，"提升文化和旅游消费质量水平，以高质量文化和旅游供给增强人民群众的获得感、幸福感"为文化旅游发展目标。文化旅游从一定意义上说就是感受旅游地群众在历史与现实中所创造的文化形态和生活方式。文化旅游不但是外地人的旅游，也是当地群众的产业。文化旅游有助于当地群众获得感的提升，有助于当地公共文化服务水平的改善，有助于当地文明社会的构建，文化旅游绝不是鼓励创造吸引眼球的文化项目，而是一项涉及民生的系统工程。

第一，经济收入的增长。文化旅游品牌的塑造离不开当地民生问题的解决以及当地群众的融入。当地群众参与地方文化旅游事业，一方面为文化旅游注入了消费活力，提供了群众基础；另一方面也在提升区域文化素养的同时，为群众的生活带来切身的实惠。文化旅游产业发展可以保障区域内群众就业，游客的消费可以促进当地服务业发展，尤其是民宿、餐饮、零售等行业直接与群众的切身利益相关。如何规范引导文化旅游事业发展与区域内群众民生之间的关系，是各地政府不得不解决的问题。绵阳市在这方面进行了一些积极的尝试，近年来政府出台多个文件来推进旅游扶贫和旅游富民。比如在平武县农村，政府大力实施乡村旅游扶贫富民工程，通过资源整合发展旅游产业，通过民宿改造提升、安排就业、输送客源、培训指导以及建立农副土特产品销售区等方式，增加贫困村集体收入和建档立卡贫困人口人均收入。同时在条件成熟地区推动农家乐向精品民宿、乡村酒店等方向转型、升级。虽然这些政策在全市范围内没有得到普遍开展，但在平武的虎牙、白马，涪城的杨家镇等地都进行了一些有益的尝试。

第二，公共文化资源的提升。区域文化旅游的发展，不等于孤立的文化项目策划，而是整个区域整体文化水准的提升，这其中区域内公共文化服务体系发达程度是一个区域文化旅游产业成熟度的重要指标。公共文化服务不仅仅针对外来游客，更多时候是面向本地群众。目前各地兴起的博物馆游充分说明了这一点，这一方面在于群众对于历史考古兴趣的提升，同时也与政府及相关部门的舆论引导，以及博物馆等公共文化服务机构硬件设施、展览内容的丰富不无关系。国家博物馆品牌的塑造及其相关文创产品的热销便具有极强的借鉴意义。与此类似，台湾的诚品书店也曾经是一个非常成功的公共文化服务平台，吸引众多国内外游客前去参观、参与。在国家政策的支持与鼓励下，全国各地现代公共文化服务体系基本形成，大部分地区实现了文化馆、图书馆、博物馆、非物质文化遗产馆、美术馆、大剧院、乡镇综合性文化服务中心等全覆盖的标准，但如何在此过程中提供高质量的公共文化服务产品，仍需进一步探索。这些公共文化服务举措还包括鼓励各地实施景区门票减免、淡季免费开放、演出门票打折等政策；鼓励发展假日和夜间经济，丰富夜间文化演出市场，优化文化和旅游场所的夜间餐饮、购物、演艺等服务，鼓励建设24小时书店；等等，这些思路均与区域内群众的公共文化生活息息相关。

第三，文化素养的提升。发展旅游业、开展文化旅游不仅可以增强产品精神赋能，提高经济效益，还可以大力弘扬区域文化，让国人了解中国文化，让世界了解中国，进而提升区域内外群众文化素养，增强国家文化软实力。上述对图书馆、文化馆、博物馆、科技馆等公共文化设施的利用,很大程度上在助推市民文旅消费需求本地转化的同时,也培育了区域内民众的文化素养。和文化旅游相关的类似惠民政策还包括培育区域文化艺术团队,改善基层文艺单位创作、生产、演出条件,形成艺术产业集群;持续推动当代文学艺术创作、影视精品创作;实施舞台艺术精品、重点主题美术创作计划,打造反映区域优秀传统文化的文艺精品,搭建优秀作品多元传播展示平台;等等。这些演艺团队和作品有利于区域内演艺资源与旅游资源的融合,丰富文化旅游产品,同时这些举措也有利于深入开展全民文化艺术普及工作,引导群众生活健康发展,提升市民知识及审美修养,夯实文化旅游发展的群众基础。

(五) 注重区域文化旅游品牌塑造与资源整合保障工作

文化旅游品牌的塑造一方面依赖于高质量、多样化的文化旅游资源,同时依赖于高水准的旅游配套设施、高质量的旅游服务水平以及合理的营销策略,这些工作是区域文化旅游产业发展的基本保障。

第一,改善配套设施。旅游的便捷依赖于有序、发达的交通网络。绵阳应完善综合交通运输体系,优化旅游旺季以及重点客源地与目的地的航班配置;改善公路通达条件,推进干线公路与重要景区连接;强化旅游客运、城市公交对旅游景区、景点的服务保障;推进城市绿道、骑行专线、登山步道、慢行系统、交通驿站等旅游休闲设施建设;推动高速公路服务区向集交通、旅游、购物、餐饮等服务于一体的复合型服务场所转型升级;规范完善旅游引导标志系统,完善集散咨询服务体系;提高旅游景区、旅游线路以及机场、车站等场所厕所管理水平,这些配套设施的改进都是提升游客文化旅游体验的重要举措。

第二,提高服务质量。文化旅游的服务质量主要由旅游直接从业人员的服务、区域内服务咨询设施、住宿餐饮、购物娱乐等多方面因素决定,而这些要素的改进常依赖于政府管理部门的要求、培训、投入、督导。相关措施应包括加强涉旅行业从业人员以及导游培训,规范服务礼仪与服务流程,增强服务意识与服务能力,塑造规范专业、热情主动的旅游服务形象;推进服务智能化,完善旅游场所的网络、通信服务,主要旅游消费场所实现在线预订、网上支付,主要旅游区实现智能导游、电子讲解、实时信息推送等智能化旅游服务系统;完善区域内商业区旅游服务功能，提升区域内娱乐、餐饮、特产的文化附加值，开发地方特色工艺品、老字号产品、文化旅游纪念品等创意商品；打造一批主题酒店、特色民宿、汽车旅馆、露营地等服务设施，引导支持区域内酒店业上档升级；在商业街区、交通枢纽、景点景区等游客集聚区设立旅游咨询服务中心，有效提供景区、线路、交通、气象、海洋、安全、医疗急救等信息与服务。这些服务水准的提升以及相关设施的完备有利于形成区域内布局合理、功能完备的文化旅游服务体系。

第三，完善营销策略。文化旅游资源的丰富以及旅游治理规范化、旅游服务品质化是区域文化旅游产业发展的基本要件，同时一个区域内文化旅游品牌的知名度、美誉度离不开一套合理的营销策略。综合国内外典型文化旅游品牌案例研究，我们认为营销策略至少应包含如下层级。一是拓展与国内外知名文旅机构，比如中青旅、携程网的合作路径，提升区域旅游的曝光率、吸引力，最终实现客流量的增加；二是加强与运营商、在线旅游、传统媒体、新兴媒体、国内各交通枢纽的合作，开展全媒体精准化营销推广；三是着力塑造特色鲜明的旅游目的地形象，打造主题突出、传播广泛、社会认可度高的旅游目的地品牌，提升区域内各类旅游品牌的影响力；四是做好科技产业、文化节庆、商贸活动、体育赛事、特色企业、知名院校、城乡社区、乡风民俗、优良生态等旅游宣传推介，增强旅游整体吸引力；五是建立政府、行业、媒体、公众等共同参与的整体营销机制，整合利用各类宣传营销资源和渠道，建立推广联盟等合作平台，形成上下结合、横向联动、多方参与的全域旅游营销格局；六是借助大数据分析加强市场调研，充分运用现代新媒体、新技术和新手段，提高营销精准度。

此外，文化旅游产业的健康发展离不开相关法律法规的制定与完善，要通过制度手段规范地方政府、旅游景区、开发商以及游客等相关主体的行为，使文化旅游开发和保护有法可依、有章可循。

三 区域文旅发展视角下的绵阳市文旅发展机遇与对策

绵阳位于成都、重庆、西安"西三角"的腹心地带，是成都平原城市群的重要节点城市,已成为四川省西北部的次级交通枢纽城市。2020年1月3日,中央财经委员会第六次会议召开,研究了推动成渝地区双城经济圈建设问题,力图在西部形成高质量发展的重要增长极。成渝城市群以重庆、成都为中心,是西部大开发的重要平台,是长江经济带的战略支撑,也是国家推进新型城镇化的重要示范区。成渝城市群具体范围包括四川省的成都、自贡、泸州、德阳、绵阳等15个市。作为成渝城市群中的第三大城市,成渝双城经济圈建设为绵阳经济和城市发展提供了重要契机,也为绵阳文化旅游产业发展提供了新的机遇。

(一)绵阳地域文化概况

绵阳自古有"蜀道明珠""富乐之乡"之称,是我国重要的国防科研和电子工业生产基地,是国务院批准建设的中国唯一科技城。从历史文化维度来看,绵阳属于巴蜀文化区;从文化地理纬度来看,属于西部少数民族农业文化区;从文化产业纬度来看,属于川陕文化产业集群。而从具体地域文化内涵来看,绵阳区域文化包含嫘祖文化、大禹文化、文昌文化、三国蜀汉文化、李白文化等历史传统文化;羌族文化、白马藏族文化等民族文化;以及以核工业文化和三线文化为代表的特色国防科技文化。绵阳拥有丰富的地域文化资源,为绵阳城市发展提供了历史文脉与现实潜能,如图6-4所示。

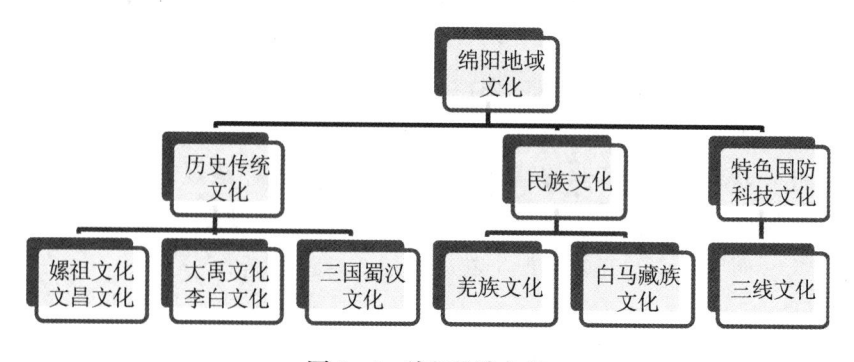

图6-4 绵阳地域文化

(二) 绵阳基于地域文化的文化旅游发展困境

绵阳具有丰富的文化资源、较好的区位优势和独特的科技氛围，但绵阳文旅产业的发展还存在品牌效应不足、文旅与相关产业深度融合不够、文旅与科技城建设结合不紧等若干问题。具体说来，绵阳文化旅游业缺乏区域性整体旅游发展规划和项目策划，景点规模参差不齐，品牌多而不强，缺乏核心竞争力、连片带动力、规模影响力；文化旅游融合大多浮于表面，文旅业态相对单一，缺乏同科技、教育、农业等相关产业的有机融合；文旅企业"散""小""弱"问题突出，缺乏本土文化旅游领军团队，缺乏专业策划运营能力，导致部分景区盲目上马，开发中只重规模、不讲质量，只考虑当前、不顾长远，可持续发展能力较弱。此外，绵阳整个旅游市场还存在基础设施薄弱、人才队伍匮乏等若干弱项。如何整合文旅资源、培养文旅市场主体、增强文旅产业融合、结合区域文化特色、完善文旅保障机制成为当务之急。绵阳市文化旅游产业发展现状除符合全国文化旅游的总体发展现状外，其局限性主要表现在以下六个方面。

第一，文化旅游核心品牌不凸显，吸引力有待提升。绵阳市文化旅游资源丰富，很多资源在国内乃至国际文化界都具有相当的影响力。前述文昌、嫘祖、大禹、李白、涪翁、扬雄等均为绵阳传统文化中的亮点，而绵阳所拥有的两弹城、科技城的荣耀也足够吸引眼球。但到目前为止，这些潜在的文化品牌在绵阳文旅产业发展中并没有得到很好的传承、发展、推广和利用。在着力打造文旅品牌方面，绵阳发展仍然任重道远。

第二，文化旅游产业转型升级不够，产业链有待完善。传统旅游产业是依托传统旅游资源，提供吃、住、行、游、购、娱等6个基础环节的服务的产业集合。而现代旅游产业是在传统历史文化、自然生态观光旅游基础上，随着旅游者需求变化，对要素不断扩充，对功能不断拓展而发展成的集生产性和消费性为一体的旅游产业。它需要在传统旅游产业之上附加新要素、新业态。目前绵阳文旅产业链条尚不完善，还停留于传统旅游模式，文化资源仅仅作为标本被参观或者作为符号被张贴利用，旅游过程中文化体验感不强，或文化与旅游两张皮现象明显。在发展文化旅游过程中，未能很好地实现旅游产业升级与融合发展。

第三，科技优势应用广度不足，特色性有待深化。由于旅游业发展，游客对旅游产品的要求也逐渐提升，以科技过程或科技含量作为旅游吸引点的旅游产品和开发形式逐渐流行，如科技馆、科技实验室参观、工业旅游等。绵阳是中国唯一的科技城，科技资源丰富，但绵阳科技优势未能在城市形象以及文旅发展中得到充分发挥，也未能有效地运用到旅游基础设施建设中。绵阳旅游信息网络、数据库、旅游咨询服务体系等基础设施相对滞后，各景区、交通枢纽科技含量不高，未能体现绵阳科技之城、智慧之城的魅力。就连市内的科技博物馆，也存在设施老旧、更新缓慢、科技体验感不足等问题。

第四，文化创意产业缺乏培育平台，文创资源有待进一步整合。近年来，国内文化创意产业蓬勃发展，北京、成都、西安、苏州等城市文旅事业的持续发展均从文化创意产业中获益良多。据统计，故宫博物院文创产品在2017年已经突破1万种，其收入已达15亿元，这样的收入已超过1500家A股上市公司。绵阳拥有中国科技城的称号，科技是文化创意构成要素中的重要环节，绵阳科技城建设无疑为文化创意产业发展提供了无形助力。此外，绵阳拥有悠久的历史文化及人文积淀，造就了众多家喻户晓的典故传说以及丰富多彩的非物质文化遗产。绵阳还具有多家艺术院校及众多艺术专业人才，这一切均为绵阳文化创意产业的发展奠定了良好基础。但实际情况是，这些文创产业发展的有利条件在绵阳并没有得到有效整合，绵阳文化创意产业还主要以初级娱乐和演艺为主，缺乏科技、文化、艺术赋能的高水平文创产品，文化创意研发和展示平台并没有形成。

第六，文化旅游产业发展模式单一，市场化机制有待健全。如前所述，古北水镇、浙江乌镇的打造离不开市场化运作模式，比如乌镇旅游股份有限公司是中青旅、IDG、桐乡市政府三方共同持股的大型旅游集团，其在管理方面招募专业人才队伍，将先进的管理方法和理念带入乌镇的经营。在市场、资本、专业团队以及政府有效监管的共同作用下，乌镇用短短几年时间创造了国内传统与现代相互融合的文旅产业领域的当代奇迹。绵阳市的文旅发展不在于资源匮乏，也不在于资金不足，而在于缺乏结合国际视野与区域特色的顶层设计、行之有效的市场运行机制以及专业人才队伍的培育。既有的市场化运作模式还是以政府主导或市场自由发展这两种模式运作，缺乏国内外权威文旅机构及人才队伍的引入，而这恰恰是避免文旅资源浪费、从长远来看节约政府开支、充分调动社会各方积极性、达致多方共赢的关键环节。

（三）绵阳市文化旅游产业发展的建议

依据我国文化产业与旅游业融合发展的基本态势和特点，需要把绵阳文化旅游发展放在整个四川乃至全国的背景下去比照和审视。合理、科学、系统地规划绵阳文化旅游产业融合发展，需坚持以下基本原则。第一，政策引领与市场主体相结合。在推进文化旅游融合发展上，要发挥政府在宏观规划、监督调控、优化投资环境、完善管理机制等方面的作用。在这个基础上，强调发挥市场主体作用，尊重市场经济发展规律，充分发挥市场配置资源的基础性作用，以市场需求为导向，推进文化旅游业在融合发展上取得良好市场效应和经济效益。第二，文化传承与文化创新相结合。文化旅游融合发展模式产生的影响是多元的，甚至可能给一些传统文化区域造成负面影响。旅游发展可为复兴传统文化提供条件和契机，但同时也可能对传统文化造成破坏。因此，在文化旅游融合发展的过程中，要坚持传承为主、保护为主原则，不能因为利益最大化诉求，过度消耗和破坏历史文化资源。第三，绿色发展与经济增长相结合。在文化旅游融合发展中，要坚持绿色可持续发展理念，注重生态效益、社会效益、经济效益统筹兼顾，实现文化旅游与整体环境协调发展。妥善处理短期利益与长期利益的关系，在融合发展周期和议程设置上体现智慧和理智。第四，旅游为主与异业整合相结合。在构建文化旅游融合发展机制时，要始终贯彻多赢互利、统筹发展的理念，充分考虑文旅产业与不同产业领域市场主体间的相互融合、互利互惠，建立绵阳文化旅游产业协调机制、资源整合机制、项目带动机制等一系列有益于推进文旅与多产业融合发展的架构。第五，全面发展与品牌构建相结合。兼顾文旅产业整体发展的同时，在创新创意理念下打造特色绵阳文化旅游品牌。在绵阳地区文化旅游业的发展中，要将鲜明的地域特色文化和民族特色文化，作为文化旅游融合发展的基础纽带和核心元素，打造一批有代表性的历史文化街区和景区、品牌民族节会、文创工艺品牌以及生态旅游景区等，达到以品牌带动文化旅游走向深度融合发展。

推动绵阳文化旅游融合发展，应着重在理念、机制、平台、品牌、政策等层面下足功夫，具体建议如下。

一是要树立文化旅游统筹发展理念。立足绵阳文旅资源特色，做精做细绵阳文旅发展顶层设计，培育完备健全的市场化运营体制；进一步做好文化产业与旅游业深度融合的工作，避免文化与旅游两张皮现象，旅游业从业者要深刻认识到文化对发展旅游的特殊作用，在推介旅游产品、设计旅游线路时，注重注入文化元素，将丰富的文化因素渗透到旅游的方方面面，以文化来提升、丰富、赋能旅游产业；统筹国内外文化旅游资源与规划布局，注重文旅产业发展中的科技融入，利用好绵阳市作为"科技城"的优势，打造特色"文化+旅游+科技"品牌；加强文化旅游相关部门、管理运营团队及文旅从业人员培训、交流工作，提升业务素养与能力；召开年度文化旅游产业发展大会，推介优秀文旅项目，就绵阳市文旅相关问题进行研讨、相关文创科技产品进行展示，增强全民文化旅游参与意识。

二是创新文化旅游融合发展机制。为形成文化旅游深层次内在融合发展，形成新的产业形态，绵阳市需创新文化旅游融合发展机制。建立文旅产业相关部门间协调机制，全力协调区域内文化旅游业的管理机制、市场体制、政策措施与发展环境，构建一体化文化旅游业运行市场及服务体系，完善产业融合配套措施；在资金扶持、项目支持、土地使用、贷款融资、招商引资、技术更新等方面对文化旅游产业给予政策优惠，促进相关业态、区域、市场主体、从业人员等各方协作共赢、全面发展；建立市内以及周边市州间资源协调机制。加强市县区间资源整合，促进内部文化旅游资源互补和优化，打造特色文化旅游产品，并加强自然资源与人文资源的整合提质；推动绵阳融入全省"大九寨""大蜀道""大熊猫"等发展规划，构建与周边市州资源共享、客源互送、推广互动、线路共建的全方位合作格局。

三是建设文化旅游产业融合展示平台。支撑文化旅游产业发展的平台主要有三个。一是文化旅游业及文化创意产业自身发展实力展示平台；二是将文旅资源进行宣传推广的现代传媒业；三是将各种产业资源加以整合、展示，并吸引各类投资的会展业。结合绵阳本地特色，发展体验型和学习型旅游，在所有旅游者心目中形成一个清晰的绵阳形象、这是绵阳文旅相关部门及行业从业者必须下大力量去思考并落实的重要任务。要建设绵阳市文化创意研发及展示园区、街区，打造具有绵阳本地特色的、有助于增强绵阳品牌认知的"伴手礼"。另外，绵阳文旅产业发展离不开现代传媒网络平台的支撑。要加强与各大运营商、在线旅游、传统媒体、新兴媒体、国内各交通枢纽的合作，开展全媒体精准化营销推广，建立政府、行业、媒体、公众等共同参与的整体营销机制，加强与国内外知名文旅机构比如中青旅、携程网的合作，提升区域旅游曝光率，这些都是打造绵阳形象、吸引客流量的有效手段。绵阳市还需加强科技馆、博物馆、文化馆等公共文化场所建设，在为当地群众做好文化服务工作的同时，将这些场馆打造成文化旅游宣传窗口与平台，在此基础之上做好科技、文化、商贸、体育、特色文创等方面的宣传推介，并每年举办相关展会及赛事活动，提升绵阳旅游整体吸引力，把绵阳打造成为有温度、有故事、有品位、有体验的新晋旅游目的地。与此相关，要推动景区、度假区、乡村旅游区、精品民宿以及旅游集散中心、游客服务中心等旅游场所注入文化元素，增加文化体验项目，使它们成为传播文明、体验文化、展示特色的重要窗口。

四是打造文化旅游融合发展品牌。重点突出绵阳文化旅游品牌的综合性、文化性和地域性。协调组织文化旅游、城乡规划、环境及生态保护、艺术美学、建筑设计等部门，共同对区域文化旅游进行调查挖掘、整体规划设计，一张蓝图绘到底，将品牌核心文化要素贯穿品牌塑造全过程，实现品牌文化始终如一。文化特色是旅游品牌的价值基础，要在充分体现区域自然特色、地域文化背景基础上，把地方文化特色融入品牌的价值构成中，增加特色文化价值含量，凸显品牌内核的独特文化魅力，增强区域文化旅游品牌的吸引力。绵阳市印发的《关于大力发展文旅经济加快建设文化强市旅游强市的实施意见》明确提到，要深入挖掘、转化区域历史、民族民俗和现代科学与工艺等文化资源，成功打造"李白故里·华夏诗情""白马西羌·民族风情""三线记忆·革命激情"这三个文化旅游品牌，并利用李白文化国际品牌影响力，将江油打造成为国际化、国家级李白文化圣地，推动李白文化资源创意转化，建设李白文化主题精品线路，从而带动窦圌山、佛爷洞、百年好合爱情谷、中华洞天、青龙峡等景区的升级。该文件反映出，绵阳市文旅发展思路清晰、问题意识较强，同时我们也应该看到，这些区域特色文化资源已经被开发利用多年，但并未形成有效的品牌影响力。如何针对存在的具体问题加以分析研判、调整既往品牌发展思路，并提供相应的政策导向与支持，是这一顶层规划得以顺利落地的关键。

五是出台文旅产融合发展支持政策。今天我们谈文旅融合多，谈文旅产融合少。实际上，只谈文旅融合，文旅发展仍然缺乏动力支撑，而文旅发展的动力就在于文旅的产业化，因此，实现"文旅产融合"才是文旅发展的真正出路。实现产业化就能将产业这一维度通过制定一系列规范和引导绵阳文化旅游产业发展的规章制度、扶持政策以及激励机制，全方位促进绵阳市文化旅游资源挖掘保护、更新利用和协调发展，打造一张靓丽的城市文化名片。文化旅游资源开发是系统工程，涉及地方政府、企业及个人利益，完善的法律法规体系是文化旅游产业开发规范、合理运行的依据和保障。绵阳市在发展文旅产业过程中，需进一步完善旅游市场规划、监督及管理办法，进一步细化部门职责，以制度形式，明确相关部门在文化、旅游、交通、环境、安全、宣传、人才培养等领域的管理权限与职责，加快机构改革的融合发展进程，为文化旅游产业开发提供制度保障；要加强文化旅游开发的评估审批及过程监管。在文化旅游开发中充分考虑区域文旅资源特点和环境的承载力、文化的正统性，做到有限度合理开发，坚持"事业与产业相统筹、保护与开发相协调、融合与创新相结合、质量与效益相统一"的原则；要进一步明确文旅产业扶持政策。完善补贴机制，对促进本地旅游市场发展、提升城市影响力的优秀个人和企业，给予一定比例的资金支持或税收优惠。对一些尚处于起步阶段的文化产业，可以试行免税或免房租等扶持政策，同时在融资贷款等领域给予一定的政策倾斜。

《关于大力发展文旅经济加快建设文化强市旅游强市的实施意见》（简称《实施意见》）出台后，绵阳市文旅产业在品牌、主体、业态、营销和服务等各个层面都拥有了全新布局。2020年是《实施意见》发布后的开局之年，也是"十三五"规划收官之年，我们坚信在绵阳市文化和旅游产业领导小组安排部署下，绵阳市文旅经济能够充分释放活力，为绵阳人民的美好生活提供丰润的文化滋养，为绵阳市经济社会发展夯实强大的产业基础。文化旅游产业事关国民经济高质量发展、事关国家文化事业振兴、事关群众民生幸福，文化旅游品牌的塑造与资源整合离不开国家相关部门的大力支持和引导，离不开各级政府和相关部门在政策层面的贯彻实施。区域文化旅游发展离不开系统规划、文化底蕴、本土特色、民生关怀、保障机制等多个方面。有了系统的顶层规划，区域文化旅游便可有的放矢、循序渐进；具备文化底蕴，文化旅游才有灵魂和生命力；聚焦本土特色才能实现文化旅游的差异性、精品化；关注民生领域，文化旅游才真正实现其产业价值、拥有群众基础；注重保障机制，文化旅游产业才能最终健康有序发展，造福于民，造福国家。

附　录

旅游资源类型划分

主类	亚类	代码	基本类型	简要说明
A 地文景观	AA 综合自然旅游地	AAA	山丘型旅游地	山地丘陵区内可供观光游览的整体区域或个别区段
		AAB	谷地型旅游地	河谷地区内可供观光游览的整体区域或个别区段
		AAC	沙砾石地型旅游地	沙漠、戈壁、荒原内可供观光游览的整体区域或个别区段
		AAD	滩地型旅游地	缓平滩地内可供观光游览的整体区域或个别区段
		AAE	奇异自然现象	发生在地表面、一般还没有合理解释的自然界奇特现象
		AAF	自然标志地	标志特殊地理、自然区域的地点
		AAG	垂直自然地带	山地自然景观及其自然要素（主要是地貌、气候、植被、土壤）随海拔呈递变规律的现象

续表

主类	亚类	代码	基本类型	简要说明
A 地文景观	AB 沉积与构造	ABA	断层景观	地层断裂在地表面形成的明显景观
		ABB	褶曲景观	地层在各种内力作用下形成的扭曲变形
		ABC	节理景观	基岩在自然条件下形成的裂隙
		ABD	地层剖面	地层中具有科学意义的典型剖面
		ABE	钙华与泉华	岩石中的钙质等化学元素溶解后沉淀形成的形态
		ABF	矿点矿脉与矿石积聚地	矿床、矿石地点和由成景矿物、石体组成的地面
		ABG	生物化石点	保存在地层中的地质时期的生物遗体、遗骸及活动遗迹的发掘地点
	AC 地质地貌过程形迹	ACA	凸峰	在山地或丘陵地区突出的山峰或丘峰
		ACB	独峰	平地上突起的独立山丘或石体
		ACC	峰丛	基底相连的成片山丘或石体
		ACD	石（土）林	林立的石（土）质峰林
		ACE	奇特与象形山石	形状奇异、拟人状物的山体或石体
		ACF	岩壁与岩缝	坡度超过60°的高大岩面和岩石间的缝隙
		ACG	峡谷段落	两坡陡峭、中间深峻的"V"字型谷、嶂谷、幽谷等段落
		ACH	沟壑地	由内营力塑造或外营力侵蚀形成的沟谷、劣地
		ACI	丹霞	由红色砂砾岩组成的一种顶平、坡陡、麓缓的山体或石体

续表

主类	亚类	代码	基本类型	简要说明
A 地文景观	AC 地质地貌过程形迹	ACJ	雅丹	主要在风蚀作用下形成的土墩和凹地（沟槽）的组合景观
		ACK	堆石洞	岩石块体塌落堆砌成的石洞
		ACL	岩石洞与岩穴	位于基岩内和岩石表面的天然洞穴，如溶洞、落水洞与竖井、穿洞与天生桥、火山洞、地表坑穴等
		ACM	沙丘地	由沙堆积而成的沙丘、沙山
		ACN	岸滩	被岩石、沙、砾石、泥、生物遗骸覆盖的河流、湖泊、海洋沿岸地面
	AD 自然变动遗迹	ADA	重力堆积体	由于重力作用使山坡上的土体、岩体整体下滑或崩塌滚落而形成的遗留物
		ADB	泥石流堆积	饱含大量泥砂、石块的洪流堆积体
		ADC	地震遗迹	地球局部震动或颤动后遗留下来的痕迹
		ADD	陷落地	地下淘蚀使地表自然下陷形成的低洼地
		ADE	火山与熔岩	地壳内部溢出的高温物质堆积而成的火山与熔岩形态
		ADF	冰川堆积	冰川后退或消失后遗留下来的堆积地形
		ADG	冰川侵蚀遗迹	冰川后退或消失后遗留下来的侵蚀地形
	AE 岛礁	AEA	岛区	小型岛屿上可供游览休憩的区段
		AEB	岩礁	江海中隐现于水面上下的岩石及由珊瑚虫的遗骸堆积成的岩石状物

续表

主类	亚类	代码	基本类型	简要说明
水域风光	BA 河段	BAA	观光游憩河段	可供观光游览的河流段落
		BAB	暗河段	地下的流水河道段落
		BAC	古河道段落	已经消失的历史河道段落
	BB 天然湖泊与池沼	BBA	观光游憩湖区	湖泊水体的观光游览区域段落
		BBB	沼泽与湿地	地表常年湿润或有薄层积水，生长湿生和沼生植物的地域或个别段落
		BBC	潭池	四周有岸的小片水域
	BC 瀑布	BCA	悬瀑	从悬崖处倾泻或散落下来的水流
		BCB	跌水	从陡坡上跌落下来落差不大的水流
	BD 泉	BDA	冷泉	水温低于20℃或低于当地年平均气温的出露泉
		BDB	地热与温泉	水温超过20℃或超过当地年平均气温的地下热水、热汽和出露泉
	BE 河口与海面	BEA	观光游憩海域	可供观光游憩的海上区域
		BEB	涌潮现象	海水大潮时的潮水涌进景象
		BEC	击浪现象	海浪推进时的击岸现象
	BF 冰雪地	BFA	冰川观光地	现代冰川存留区域
		BFB	长年积雪地	长时间不融化的降雪堆积的地面
生物景观	CA 树木	CAA	林地	生长在一起的大片树木组成的植物群体
		CAB	丛树	生长在一起的小片树木组成的植物群体
		CAC	独树	单株树木

续表

主类	亚类	代码	基本类型	简要说明
生物景观	CB 草原与草地	CBA	草地	以多年生草本植物或小半灌木组成的植物群落构成的地区
		CBB	疏林草地	生长着稀疏林木的草地
	CC 花卉地	CCA	草场花卉地	草地上的花卉群体
		CCB	林间花卉	灌木林、乔木林中的花卉群体
	CD 野生动物栖息地	CDA	水生动物栖息地	一种或多种水生动物常年或季节性栖息的地方
		CDB	陆地动物栖息地	一种或多种陆地野生哺乳动物、两栖动物、爬行动物等常年或季节性栖息的地方
		CDC	鸟类栖息地	一种或多种鸟类常年或季节性栖息的地方
		CDD	蝶类栖息地	一种或多种蝶类常年或季节性栖息的地方
天象与气候景观	DA 光现象	DAA	日月星辰观察地	观察日、月、星辰的地方
		DAB	光环现象观察地	观察虹霞、极光、佛光的地方
		DAC	海市蜃楼现象多发地	海面和荒漠地区光折射易造成虚幻景象的地方
	DB 天气与气候现象	DBA	云雾多发区	云雾及雾凇、雨凇出现频率较高的地方
		DBB	避暑气候地	气候上适宜避暑的地区
		DBC	避寒气候地	气候上适宜避寒的地区
		DBD	极端与特殊气候显示地	易出现极端与特殊气候的地区或地点，如风区、雨区、热区、寒区、旱区等典型地点
		DBE	物候景观	各种植物的发芽、展叶、开花、结实、叶变色、落叶等季变现象

续表

主类	亚类	代码	基本类型	简要说明
遗址遗迹	EA 史前人类活动场所	EAA	人类活动遗址	史前人类聚居、活动场所
		EAB	文化层	史前人类活动留下来的痕迹、遗物和有机物所形成的堆积层
		EAC	文物散落地	在地面和表面松散地层中有丰富文物碎片的地方
		EAD	原始聚落遗址	史前人类居住的房舍、洞窟、地穴及公共建筑
	EB 社会经济文化活动遗址遗迹	EBA	历史事件发生地	历史上发生过重要贸易、文化、科学、教育事件的地方
		EBB	军事遗址与古战场	发生过军事活动和战事的地方
		EBC	废弃寺庙	已经消失或废置的寺、庙、庵、堂、院等
		EBD	废弃生产地	已经消失或废置的矿山、窑、冶炼场、工艺作坊等
		EBE	交通遗迹	已经消失或废置的交通设施
		EBF	废城与聚落遗迹	已经消失或废置的城镇、村落、屋舍等居住地建筑及设施
		EBG	长城遗迹	已经消失的长城遗迹
		EBH	烽燧	古代边防报警的构筑物
建筑与设施	FA 综合人文旅游地	FAA	教学科研实验场所	各类学校和教育单位、开展科学研究的机构和从事工程技术实验的场所观光、研究、实习的地方
		FAB	康体游乐休闲度假地	具有康乐、健身、消闲、疗养、度假条件的地方
		FAC	宗教与祭祀活动场所	进行宗教、祭祀、礼仪活动的地方
		FAD	园林游憩区域	园林内可供观光游览休憩的区域
		FAE	文化活动场所	进行文化活动、展览、科学技术普及的场所

续表

主类	亚类	代码	基本类型	简要说明
建筑与设施	FA 综合人文旅游地	FAF	建设工程与生产地	经济开发工程和实体单位，如工厂、矿区、农田、牧场、林场、茶园、养殖场、加工企业以及各类生产部门的生产区域和生产线
		FAG	社会与商贸活动场所	进行社会交往活动、商业贸易活动的场所
		FAH	动物与植物展示地	饲养动物与栽培植物的场所
		FAI	军事观光地	用于战事的建筑物和设施
		FAJ	边境口岸	边境上设立的过境或贸易的地点
		FAK	景物观赏点	观赏各类景物的场所
	FB 单体活动场馆	FBA	聚会接待厅堂（室）	公众场合用于办公、会商、议事和其他公共事物所设的独立宽敞房舍，或家庭的会客厅室
		FBB	祭拜场馆	为礼拜神灵、祭祀故人所开展的各种宗教礼仪活动的馆室或场地
		FBC	展示演示场馆	为各类展出演出活动开辟的馆室或场地
		FBD	体育健身场馆	开展体育健身活动的独立馆室或场地
		FBE	歌舞游乐场馆	开展歌咏、舞蹈、游乐的馆室或场地
	FC 景观建筑与附属型建筑	FCA	佛塔	通常为直立、多层的佛教建筑物
		FCB	塔形建筑物	为纪念、镇物、表明风水和某些实用目的的直立建筑物
		FCC	楼阁	用于藏书、远眺、巡更、饮宴、娱乐、休憩、观景等目的而建的二层或二层以上的建筑

续表

主类	亚类	代码	基本类型	简要说明
建筑与设施	FC 景观建筑与附属型建筑	FCD	石窟	临崖开凿，内有雕刻造像、壁画及具有宗教意义的洞窟
		FCE	长城段落	古代军事防御工程段落
		FCF	城（堡）	用于设防的城体或堡垒
		FCG	摩崖字画	在山崖石壁上镌刻的文字，绘制的图画
		FCH	碑碣（林）	为纪事颂德而筑的刻石
		FCI	广场	用来进行休憩、游乐、礼仪活动的城市内的开阔地
		FCJ	人工洞穴	用来防御、储物、居住等目的而建造的地下洞室
		FCK	建筑小品	用以纪念、装饰、美化环境和配置主体建筑物的的独立建筑物，如雕塑、牌坊、戏台、台、阙、廊、亭、榭、表、舫、影壁、经幢、喷泉、假山与堆石、祭祀标志等
	FD 居住地与社区	FDA	传统与乡土建筑	具有地方建筑风格和历史色彩的单个居民住所
		FDB	特色街巷	能反映某一时代建筑风貌，或经营特色商品和商业服务的街道
		FDC	特色社区	建筑风貌或环境特色鲜明的居住区
		FDD	名人故居与历史纪念建筑	有历史影响的人物的住所或为历史著名事件而保留的建筑物
		FDE	书院	旧时地方上设立的供人读书或讲学的处所
		FDF	会馆	旅居异地的同乡人共同设立的馆舍，主要以馆址的房屋供同乡、同业聚会或寄居

续表

主类	亚类	代码	基本类型	简要说明
建筑与设施	FD 居住地与社区	FDG	特色店铺	销售某类特色商品的场所
		FDH	特色市场	批发零售兼顾的特色商品供应场所
	FE 归葬地	FEA	陵寝陵园	帝王及后妃的坟墓及墓地的宫殿建筑，以及一般以墓葬为主的园林
		FEB	墓（群）	单个坟墓、墓群或葬地
		FEC	悬棺	在悬崖上停放的棺木
	FF 交通建筑	FFA	桥	跨越河流、山谷、障碍物或其他交通线而修建的架空通道
		FFB	车站	为了装卸客、货停留的固定地点
		FFC	港口渡口与码头	位于江、河、湖、海沿岸，进行航运、过渡、商贸、渔业活动的地方
		FFD	航空港	供飞机起降的场地及其相关设施
		FFE	栈道	在悬崖绝壁上凿孔、架木而成的窄路
	FG 水工建筑	FGA	水库观光游憩区段	供观光、游乐、休憩的水库、池塘等人工集水区域
		FGB	水井	向下开凿到饱和层并从饱和层中抽水的深洞
		FGC	运河与渠道段落	正在运行的人工开凿的水道段落
		FGD	堤坝段落	防水、挡水的构筑物段落
		FGE	灌区	引水浇灌的田地
		FGF	提水设施	提取引水设施
旅游商品	GA 地方旅游商品	GAA	菜品饮食	具有跨地区声望的地方菜系、饮食
		GAB	农、林、畜产品及制品	具有跨地区声望的当地生产的农、林、畜产品及制品
		GAC	水产品及制品	具有跨地区声望的当地生产的水产品及制品

续表

主类	亚类	代码	基本类型	简要说明
旅游商品	GA 地方旅游商品	GAD	中草药材及制品	具有跨地区声望的当地生产的中草药材及制品
		GAE	传统手工产品与工艺品	具有跨地区声望的当地生产的传统手工产品与工艺品
		GAF	日用工业品	具有跨地区声望的当地生产的日用工业品
		GAG	其他物品	具有跨地区声望的当地生产的其他物品
人文活动	HA 人事记录	HAA	人物	历史和现代名人
		HAB	事件	发生过的历史和现代事件
	HB 艺术	HBA	文艺团体	表演戏剧、歌舞、曲艺杂技和地方杂艺的团体
		HBB	文学艺术作品	对社会生活进行形象的概括而创作的文学艺术作品
	HC 民间习俗	HCA	地方风俗与民间礼仪	地方性的习俗和风气，如待人接物礼节、仪式等
		HCB	民间节庆	民间传统的庆祝或祭祀的节日和专门活动
		HCC	民间演艺	民间各种表演方式
		HCD	民间健身活动与赛事	地方性体育健身比赛、竞技活动
		HCE	宗教活动	宗教信徒举行的佛事活动
		HCF	庙会与民间集会	节日或规定日子里在寺庙附近或既定地点举行的聚会，期间进行购物和文体活动
		HCG	特色饮食风俗	餐饮程序和方式
		HCH	特色服饰	具有地方和民族特色的衣饰

续表

主类	亚类	代码	基本类型	简要说明
人文活动	HD 现代节庆	HDA	旅游节	定期和不定期的旅游活动的节日
		HDB	文化节	定期和不定期的展览、会议、文艺表演活动的节日
		HDC	商贸农事节	定期和不定期的商业贸易和农事活动的节日
		HDD	体育节	定期和不定期的体育比赛活动的节日

资料来源：中华人民共和国国家质量监督检验检疫总局发布的《旅游资源分类》。

参考文献

一 专著类

［澳］希拉里·迪克罗、［加］鲍勃·麦克彻：《文化旅游》，朱路平译，商务印书馆2017年版。

包亚芳、孙治、薛群慧编：《旅游品牌竞争力：理论、案例》，浙江工商大学出版社2012年版。

毕丽芳：《民族文化旅游发展路径与开发模式研究：以大理、丽江为例》，云南大学出版社2015年版。

曹成伟：《旅游商品品牌文化》，南海出版公司2015年版。

程瑞芳：《京津冀旅游资源整合与产业关联发展研究》，人民出版社2017年版。

［日］稻盛和夫：《阿米巴经营》，曹岫云译，中国大百科全书出版社2016年版。

范建华、郑宇、杜星梅：《节庆文化与节庆产业》，云南大学出版社2014年版。

菲利普·科特勒、加里·阿姆斯特朗：《市场营销原理》，李季、赵占波译，机械工业出版社2013年版。

侯兵：《区域文化旅游空间整合的理论与实践探索》，中国轻工业出版社2014年版。

侯兵：《文化旅游的区域协同发展：模式与对策》，经济科学出版社2019年版。

黄永林编：《从资源到产业的文化创意》，华中师范大学出版社2012

年版。

黄郁成：《新概念旅游开发》，对外经济贸易大学出版社2002年版。

匡翼云、刘海汀、邹卫等：《民族文化旅游开发及其案例研究》，四川大学出版社2016年版。

李季、范玉刚：《中国文化产业园》，社会科学文献出版社2012年版。

李江敏、李志飞：《文化旅游开发》，科学出版社2000年版。

李炯华：《工业旅游理论与实践》，光明日报出版社2010年版。

李蕾蕾、刘会远：《德国工业旅游与工业遗产保护》，商务印书馆2007年版。

李天元：《旅游学概论》，南开大学出版社2003年版。

梁明珠编：《城市旅游开发与品牌建设研究》，暨南大学出版社2009年版。

刘晖：《旅游民族学》，民族出版社2006年版。

刘晓辉：《文化视角下的旅游品牌构建及评价》，哈尔滨工程大学出版社2016年版。

柳伯力主编：《体育旅游概论》，人民体育出版社2013年版。

陆嵬喆：《中国文化旅游的多维研究》，中国商务出版社2016年版。

［美］罗伯特·麦金托什：《旅游学：要素·实践·基本原理》，蒲红译，上海文化出版社1985年版。

马东跃、何伟、张明：《文化符号与城市旅游品牌管理研究》，中国环境科学出版社2015年版。

马健：《产业融合论》，南京大学出版社2006年版。

马勇、舒伯阳：《区域旅游规划》，南开大学出版社1999年版。

彭一刚：《传统村镇聚落景观分析》，中国建筑工业出版社1992年版。

撒露莎：《跨文化交流与社会文化重构：丽江旅游的人类学阐释》，中国社会科学出版社2017年版。

佘曙初：《区域文化资源与旅游产业经济协同发展研究》，经济日报出版社2019年版。

宋国琴、颜澄、郑国华编：《旅游市场营销学》，浙江大学出版社2016年版。

孙九霞：《传承与变迁——旅游中的族群与文化》，商务印书馆2012年版。

孙启明：《文化创意产业前沿》，中国传媒大学出版社2008年版。

孙亚辉：《文化旅游产业的研究》，天津科学技术出版社2017年版。

唐代剑、池静：《中国乡村旅游开发与管理》，浙江大学出版社2005年版。

陶宇平：《体育旅游学概论》，人民体育出版社2012年版。

田轩：《创新的资本逻辑：用资本视角思考创新的未来》，北京大学出版社2018年版。

王爱华、王刚、刘丽等：《多维视野下的红色文化》，西南交通大学出版社2011年版。

王跃伟、陈航：《旅游目的地品牌评价与管理研究》，经济管理出版社2019年版。

王云才、郭焕成、徐辉林：《乡村旅游规划原理与方法》，科学出版社2006年版。

韦复生、刘宏盈：《民族文化创意与区域旅游发展研究》，人民出版社2016年版。

韦家瑜：《民族文化旅游品牌建设研究》，广东旅游出版社2019年版。

［美］维克托·迈尔-舍恩伯格、肯尼思·库克耶：《大数据时代：生活工作与思维的大变革》，盛杨燕、周涛译，浙江人民出版社2013年版。

吴必虎：《区域旅游规划原理》，中国旅游出版社2001年版。

吴春焕：《红色旅游的社会效应研究——基于红色文化认同的视角》，旅游教育出版社2019年版。

吴国清：《旅游度假区开发：理论·实践》，上海人民出版社2008年版。

吴国清主编：《旅游资源开发与管理》，重庆大学出版社2018年版。

向勇、刘静：《中国文化创意产业园区实践与观察》，红旗出版社2012年版。

谢彦君：《基础旅游学》，商务印书馆2015年版。

徐建新主编：《文化遗产研究》（第二辑），巴蜀书社2013年版。

徐菊凤：《中国休闲度假旅游研究》，东北财经大学出版社2008年版。

徐仁立：《中国红色旅游研究》，中国金融出版社2010年版。

徐燕：《旅游城市品牌的设计策略研究》，中国建材工业出版社2018年版。

徐尤龙：《基于品牌理论的旅游目的地口号资产价值研究》，科学出版社2017年版。

［英］约翰·厄里、［丹麦］乔纳斯·拉森：《游客的凝视》，黄宛瑜译，格致出版社2016年版。

张岱年、方克力：《中国文化概论》，北京师范大学出版社1994年版。

张宏梅、赵忠仲：《文化旅游产业概论》，中国科学技术大学出版社2015年版。

张魏：《云南少数民族非物质文化遗产保护与开发研究》，商务印书馆2019年版。

郑元同等编：《旅游资源整合视野下的区域旅游合作研究：以川西南、滇西北旅游区为例》，西南财经大学出版社2009年版。

中国旅游研究院：《中国旅游集团发展报告2018》，旅游教育出版社2019年版。

朱红红：《旅游景区品牌延伸机制与应用研究》，经济科学出版社2015年版。

二 期刊、论文类

安宇、沈山：《国外文化产业：概念界定与产业政策》，《世界经济与政治论坛》2004年第6期。

白鹏飞：《区域文化与红色旅游融合发展研究——以延安市为例》，《四川旅游学院学报》2017年第2期。

毕绪龙：《文化旅游发展政策及其趋势》，《河南教育学院学报》（哲学社会科学版）2013年第5期。

曹凤刚、杜晓琳、刘德辉：《促进哈尔滨市全域旅游发展的对策研究》,《经济界》2020 年第 2 期。

常菁:《我国体育旅游各区域发展现状和对策研究》,《运动》2018 年第 5 期。

陈国柱、王成勇:《四川省旅游经济的地区差异及收敛性研究》,《华中师范大学学报》(自然科学版) 2020 年第 1 期。

陈涵:《韩国旅游节庆对我国旅游节庆的启示——以盈德螃蟹节为例》,《商业经济》2019 年第 12 期。

陈慧英:《乡村旅游目的地文化遗产资源开发模式选择》,《中外企业家》2020 年第 9 期。

陈慧英:《乡村文化遗产资源开发与乡村振兴互动研究》,《中国管理信息化》2020 年第 5 期。

陈琳:《如何深入开发文化旅游资源》,《人民论坛》2019 年第 3 期。

陈秋竹、邓琳、马千惠等:《改革创新构建大格局旅游发展贡献新动力——四川旅游业对经济社会发展贡献分析》,《商业经济》2019 年第 6 期。

陈伟:《基于 SWOT 分析下的崇礼地区冰雪旅游发展前景研究》,《运动》2018 年第 3 期。

陈小平:《四川旅游产业转型升级研究——以成都为例》,《旅游纵览》(下半月) 2018 年第 22 期。

从佳琦:《崇礼滑雪产业发展困境与破解》,《经济论坛》2019 年第 8 期。

崔洋铭、卢梦薇:《古镇旅游发展的乌镇模式分析》,《旅游纵览》(下半月) 2017 年第 1 期。

戴鹏:《全域旅游下的乡村文化旅游发展对策》,《商讯》2020 年第 11 期。

邓清南、李红梅、梁中正:《文化提升四川旅游发展途径探讨》,《技术与市场》2017 年第 6 期。

丁军:《重点风口地区保护性旅游开发研究——以北京密云古北水镇为例》,《中国经贸导刊》(中) 2018 年第 20 期。

丁丽英:《浅谈中国的文化旅游》,《湖北社会科学》2002 年第 12 期。

董晓英：《基于文旅融合战略下的高等级景区规划设计研究——以德清新市古镇景区文化旅游景观设计为例》，《低碳世界》2019年第9期。

范晓君、徐红罡、代姗姗：《德国工业遗产的形成发展及多层级再利用》，《经济问题探索》2012年第9期。

范周、谭雅静：《文化创意赋能文化旅游产业发展》，《出版广角》2020年第6期。

冯嘉：《为什么古北水镇不可复制》，《中国房地产》2019年第14期。

冯巧娥：《论国内茶文化旅游景点标牌的英译策略》，《福建茶叶》2020年第2期。

傅才武：《论文化和旅游融合的内在逻辑》，《武汉大学学报》（哲学社会科学版）2020年第2期。

高静、齐天峰、章勇刚：《地方政府官方旅游网站营销功能实证分析》，《地理与地理信息科学》2007年第2期。

高云鹏：《大连市文化创意产业发展模式与布局优化研究》，博士学位论文，辽宁师范大学，2016年。

葛丹东、王虹：《景区小镇由服务型向自主发展型转变策略研究——以浙江省德清县莫干山镇"洋家乐"发展模式为例》，《建筑与文化》2015年第2期。

葛欣欣：《全域旅游背景下金华市非遗与旅游融合实施路径研究》，《智库时代》2020年第9期。

郝幸田：《让工业旅游更亮丽》，《企业文明》2018年第11期。

何妨：《乌镇蓝印花布旅游纪念品的创新》，《今传媒》2018年第26期。

贺小荣、陈雪洁：《中国文化旅游70年：发展历程、主要经验与未来方向》，《南京社会科学》2019年第11期。

侯爽、刘爱利、黄鸿：《中国文化旅游产业的发展趋势探讨》，《首都师范大学学报》（自然科学版）2019年第4期。

侯智勇、杨静、李婵：《四川调味文化旅游开发现状及发展对策研究》，《四川旅游学院学报》2020年第2期。

胡迎春：《工业旅游体验的具身障碍与场景组织研究》，博士学位论文，东北财经大学，2018年。

黄克:《文化旅游与旅游文化》,《山东旅游》1992年第2期。

黄敏、刘洪利:《山市县区域旅游可持续发展研究——以河北省崇礼县为例》,《商业经济》2010年第1期。

黄细嘉、周青:《基于产业融合论的旅游与文化产业协调发展对策》,《企业经济》2012年第9期。

黄晓星:《日本文化旅游机制创新的经验与启示》,《社会科学家》2019年第8期。

黄秀琳:《韩国文化旅游的发展经验及对我国的启示》,《经济问题探索》2011年第3期。

黄珍、刘婷:《基于游客体验视角的迪士尼文化与旅游融合发展研究》,《中国市场》2015年第51期。

江佳慧:《基于SWOT模型下中青旅的发展战略分析》,《商》2016年第17期。

江金波、梁方方:《旅游电子商务成熟度对在线旅游预订意向的影响——以携程旅行网为例》,《旅游学刊》2014年第2期。

金春梅、凌强:《文化软实力视角下的日本观光立国战略》,《世界地理研究》2014年第3期。

金婷:《新媒体视域下乌镇旅游推广路径研究》,《全国流通经济》2019年第30期。

郎润华、李丽:《"互联网+旅游"背景下四川旅游产业发展现状及对策分析》,《广西质量监督导报》2019年第10期。

郎玉屏:《未来旅游人才培养的方向和途径探索》,《西南民族大学学报》(人文社科版)2013年第10期。

李春梅:《巴厘岛全域旅游的特色及其启示》,《旅游纵览》(下半月)2018年第6期。

李春梅、刘祥恒:《国外文化旅游社区能力建设经验及启示——以巴厘岛圣猴森林景区为例》,《度假旅游》2019年第4期。

李进军、李晓:《四川特色旅游文化资源跨地域统筹与共享机制研究》,《国土资源科技管理》2018年第4期。

李进军:《四川旅游产业与白酒产业融合发展要素研究》,《经济师》

2019年第1期。

李焱焱、黄泓杰：《中国工业旅游发展优势、问题及对策》，《全国商情》（经济理论研究）2009年第11期。

李顺：《对我国文化旅游开发的几点思考》，《天津市职工现代企业管理学院学报》2004年第4期。

李文明、徐沅林：《英国戏剧文化旅游整合营销传播及其对国内的借鉴——以莎士比亚和汤显祖戏剧文化为例》，《中南林业科技大学学报》（社会科学版）2013年第1期。

李雪峰：《中国国家旅游度假区发展战略研究》，博士学位论文，复旦大学，2010年。

李亚娟：《"互联网+"时代四川旅游口碑营销研究》，《电子商务》2017年第5期。

李祗辉：《地方政府官方旅游网站信息服务评价研究——以30个地方政府官方旅游网站为例》，《江苏商论》2010年第3期。

李祗辉：《韩国文化旅游节庆政策分析及启示》《理论月刊》2013年第7期。

刘春玲、陈嘉琪：《滑雪旅游目的地游客社会及行为特征分析——以崇礼为例》，《石家庄学院学报》2017年第19期。

刘丹阳：《以文化旅游为导向的遗址保护与利用研究》，硕士学位论文，西安建筑科技大学，2014年。

刘芳：《全域旅游视角下景区品牌传播对周边新景点开发的影响研究——以乌镇对乌村的开发影响为例》，《西部皮革》2016年第38期。

刘宏燕：《文化旅游及其相关问题研究》，《社会科学家》2005年第S1期。

刘丽凤、刘鑫、张华：《四川旅游产业结构优化升级策略研究》，《当代教育实践与教学研究》2018年第12期。

刘丽华、何军：《"互联网+旅游"背景下旅游服务业重构问题探讨》，《商业经济研究》2015年第26期。

刘明广：《浅谈创意产业在旅游产业发展中的作用》，《投资与合作》2010年第10期。

刘霞：《文化旅游产业融合发展路径初探——以泰州市为例》，《长沙航空职业技术学院学报》2020年第1期。

刘学玲、冯淑华、马秋芳：《基于4C理论的"双十一"旅游产品网络促销研究——以携程网与中青旅为例》，《旅游研究》2016年第8期。

刘育蓓：《新兴的旅游项目——工业旅游》，《地理教学》2004年第6期。

柳瑶波、黄远水：《中国文化价值系统与旅游体验研究》，《合作经济与科技》2020年第7期。

吕萍、周星岚：《中青旅电子商务发展战略研究》，《中国集体经济》2010年第27期。

罗斌：《乡村旅游创新产品——"洋家乐"发展概况》，《商业经济》2013年第21期。

罗胡阳：《新时代背景下体育产业和文化旅游产业的深度融合发展》，《当代体育科技》2018年第32期。

罗梦贞、张建英：《浅析古镇景区人文旅游资源的开发利用与保护——以乌镇景区古建筑资源为例》，《全国流通经济》2019年第30期。

马大来、杨光明、张帆：《非物质文化遗产生态旅游开发研究》，《合作经济与科技》2020年第5期。

马静：《文化旅游目的地品牌的打造》，《内蒙古科技与经济》2011年第18期。

马骏：《基于文化旅游的白马藏族传统村落保护与发展研究》，硕士学位论文，西安建筑科技大学，2018年。

马凌：《旅游中的文化生产与文化消费》，《旅游学刊》，2020年第3期。

马振刚、李黎黎、杨润田：《崇礼滑雪旅游特征及发展战略》，《冰雪运动》2019年第41期。

蒙吉军、崔凤军：《北京市文化旅游开发研究》，《北京联合大学学报》2001年第1期。

邱枫：《红色文化传播研究》，硕士学位论文，中南大学，2012年。

冉笑涵、李祁、杨蕾：《特色小镇发展影响因素分析——以古北水镇与乌镇为例》，《时代经贸》2018年第7期。

申雷：《四川三国文化旅游资源开发探析》，《四川职业技术学院学报》2019年第3期。

施润周：《文化产业发展与旅游目的地形象建设——"酷日本"战略及其对海南的启示》，《四川旅游学院学报》2014年第4期。

施艳婷、李健、龚振浩等：《德清洋家乐的品质提升与模式创新》，《度假旅游》2018年第6期。

时坚：《辽宁工业旅游客源市场初探》，《商场现代化》2007年第31期。

宋立中、宋璟：《印尼巴厘岛非遗保护与旅游利用的二元结构及其启示》，《文化遗产》2019年第1期。

孙黄泓妤、王晓君：《我国乡村旅游发展的现状与分析》，《农家参谋》2017年第8期。

孙艳秋：《文化和旅游融合发展的意义及途径》，《中外企业家》2020年第11期。

陶汉军：《旅游文化与文化旅游》，《旅游文化》1990年第6期。

王海荣、王海凤：《体验经济背景下黑龙江省酒文化旅游资源开发研究》，《边疆经济与文化》2020年第3期。

王琪：《成都古镇旅游开发探讨》，《度假旅游》2018年第11期。

王文祥：《文化旅游产业国内外研究综述》，《学术交流》2010年第11期。

王文勋：《文化资源创新开发——日本文旅融合发展路径探析》，《北京文化创意》2019年第5期。

王璇君：《文化旅游资源体验式开发研究》，硕士学位论文，河南工业大学，2011年。

王震、张建国、庞赞：《基于"点—轴系统"理论的互联网旅游空间布局构建——以浙江德清旅游为例》，《湖南工业大学学报》（社会科学版）2019年第24期。

魏代俊、润生：《文化旅游概念研究综述》，《河南商业高等专科学校学报》2012年第2期。

魏翔、崔丹：《文化旅游：文化产业发展的新引擎》，《北京教育》（高教版）2012年第4期。

文袅、丁向华、王真真：《当前我国旅游业发展中的"变"与"不变"——基于"互联网+"嵌入旅游业的视角》,《商场现代化》2015年第17期。

翁文静、黄梦岚、许冰冰等:《福建省文旅融合发展对策研究》,《商业经济》2020年第2期。

吴光玲:《关于文化旅游与旅游文化若干问题研究》,《经济与社会发展》2006年第11期。

伍延基:《民族的传统的文化资源:营销中国的永恒主题》,《旅游学刊》2009年第6期。

武凤文、任腾飞、马靖宇:《基于SPSS/POI的北京旅游休闲型特色小镇塑造策略研究——以古北水镇为例》,《持续发展 理性规划——2017中国城市规划年会论文集(19小城镇规划)》2017年11月18日。

谢芳:《谈我国乡村旅游的发展现状及前景》,《旅游纵览》(下半月)2016年第12期。

谢凝高:《关于风景区自然文化遗产的保护利用》,《旅游学刊》2012年第6期。

熊元斌、王婷:《美丽乡村视角下度假旅游发展模式研究——以德清"洋家乐"为例》,《荆楚学刊》2016年第17期。

徐凤菊:《旅游文化与文化旅游:理论与实践的若干问题》,《旅游学刊》2015年第4期。

徐涛:《文化旅游概念辨识》,《企业技术开发》2014年第35期。

徐望:《中国文化创意的国际化路线实践探索——谈"迪士尼"的经验借鉴》,《文化创新比较研究》2019年第25期。

许春华:《武威市文化旅游开发与思考》,《重庆科技学院学报》(社会科学版)2010年第8期。

许春晓、胡婷:《文化旅游资源分类赋权价值评估模型与实测》,《旅游科学》2017年第1期。

许曦:《旅游移动运营平台的运营模式和未来发展建议——以携程、驴妈妈、途牛为例》,《中外企业家》2019年第34期。

许序雅:《民族文化内在特性论纲》,《社会科学》1988年第11期。

严贵清、李丽萍:《消费升级背景下中青旅控股股份有限公司盈利能力分析》,《现代商业》2019年第34期。

严国泰、宋霖:《风景名胜区发展 40 年再认识》,《中国园林》2019 年第 3 期。

杨睿:《文化创意产业与旅游产业融合发展研究——以昆明市为例》,硕士学位论文,云南财经大学,2018 年。

杨润田、徐腾达:《冬奥会背景下崇礼滑雪旅游产业的发展规模——基于经济预测的视角》,《沈阳体育学院学报》2019 年第 38 期。

杨燕:《"互联网+"背景下的四川古镇旅游品牌塑造的现状研究》,《现代商业》2019 年第 31 期。

杨永、朱娟辉:《美国西部文学对西藏旅游产品开发的启示》,《云梦学刊》2009 年第 1 期。

姚志高:《低碳背景下休闲旅游消费模式的开发探究——以莫干山"洋家乐"为例》,《中国商贸》2015 年第 51 期。

叶鹏:《浅析德国鲁尔区工业旅游开发举措与模式》,《当代经济》(下半月)2008 年第 8 期。

叶谦:《文化旅游开发潜力评价研究》,硕士学位论文,华侨大学,2011 年。

曾喜云:《红色文化资源开发利用中存在的问题、原因及对策》,硕士学位论文,华中师范大学,2008 年。

张波、范洪宇、李世天:《城市旅游文创产品开发探索——以济南为例》,《智库时代》2019 年第 16 期。

张国强:《风景名胜区类型的多样性》,《风景名胜工作通讯专刊:辉煌的历程——纪念中国事业二十周年》2002 年第 11 期。

张海燕、王忠云:《旅游产业与文化产业融合运作模式研究》,《山东社会科学》2013 年第 1 期。

张红娜:《我国民俗旅游发展模式与未来趋势探析》,《江西电力职业技术学院学报》2019 年第 5 期。

张梦瑶、普昀玥、王以成等:《旅游业改革创新对区域经济的影响——基于中青旅的实证研究》,《现代商贸工业》2018 年第 39 期。

张秦:《"洋为中用"——乡村旅游实现创新发展新模式——以浙江省德清县"洋家乐"为例》,《旅游纵览》(下半月)2015 年第 12 期。

张世满:《工业旅游开发简论——以山西为例》,《经济问题》2006

年第 12 期。

张葳：《节事旅游对目的地的影响效应研究——以崇礼国际滑雪节为例》，《商场现代化》2010 年第 6 期。

张葳、魏永旺、刘博：《河北省滑雪旅游资源深度开发和特色品牌建设对策研究——以崇礼为例》，《城市发展研究》2015 年第 22 期。

张魏、张锦贤、和丽春：《非物质文化遗产旅游开发系统的模型研究》，《中国商论》2020 年第 7 期。

张兴国、周挺：《2010 年"欧洲文化之都"活动——德国埃森鲁尔旧工业区转型新路径》，《新建筑》2011 年第 4 期。

张雪婷、李勇泉：《文化创意旅游街区游客创意体验对重游意愿的影响研究——基于一个有调节的中介模型》，《资源开发与市场》2018 年第 8 期。

张艳，张勇：《乡村文化与乡村旅游开发》，《经济地理》2007 年第 3 期。

张莹、叶海波、陈艳霞：《冬奥会背景下崇礼县滑雪场发展现状与前景》，《冰雪运动》2016 年第 38 期。

赵爱华：《辽宁省文化与旅游产业耦合发展研究》，《经营与管理》2020 年第 3 期。

赵蟲：《旅游产业与文化产业融合发展研究》，硕士学位论文，安徽大学，2012 年。

赵建强、权黎明、张晶杰：《文化旅游路径下民族传统体育文化资源开发研究》，《武术研究》2020 年第 2 期。

赵峻毅、周艳：《广西旅游与文化产业融合发展路径探究》，《现代商业》2020 年第 6 期。

赵盼、林妘、黄晓芳：《乡村振兴战略背景下贫困地区旅游开发研究——以龙州县彬桥乡为例》，《新西部》2020 年第 8 期。

郑洁：《山西省古村镇非物质文化遗产旅游发展研究》，《现代营销》（下旬刊）2020 年第 2 期。

郑静：《我国旅游度假村行业现状及发展趋势分析》，《商场现代化》2008 年第 34 期。

钟建辉：《文化与旅游联姻加快文化旅游产业发展》，《创造》2005

年第 9 期。

周红:《古北水镇的成功经验:整体产权开发+多元复合经营投融资》,《中国战略新兴产业》2017 年第 27 期。

周红:《说说古北水镇特色小镇融资案例》,《国际融资》2017 年第 9 期。

朱海艳:《旅游产业融合模式研究》,博士学位论文,西北大学,2014 年。

朱志红、徐贺:《中青旅经营业务分析与提升策略研究》,《时代金融》2018 年第 14 期。

祝向波:《以军民融合战略培育四川红色旅游发展新动能的建议》,《旅游纵览》(下半月)2018 年第 24 期。

三 政策、报告和新闻类

绵阳日报社,《新增 4 处"国保"》,https://www.sohu.com/a/346688734_203061.

绵阳市人民政府,《绵阳市新晋 13 处省级文物保护单位》,http://myzwgkml.my.gov.cn/detail.aspx?id=20190131114854-223611-00-000.

绵阳市人民政府,《非物质文化遗产》,http://www.my.gov.cn/mlmy/mygk/lswhua/1272521.html.

绵阳市统计局,《2018 年绵阳市主要经济指标》,http://tjj.my.gov.cn/tjsj/ndsj/2234481.html.

国家统计局,《2018 年全国旅游及相关产业增加值 41478 亿元》,http://www.stats.gov.cn/tjsj/zxfb./202001/t20200119_1723659.html.

国家统计局,《2018 年全国文化及相关产业增加值占 GDP 比重为 4.48%》,http://www.stats.gov.cn/tjsj/zxfb/202001/t20200121_1724242.html.

四川省人民政府,《2019 年四川省国民经济和社会发展统计公报》,http://www.sc.gov.cn/10462/10464/10797/2020/3/25/448a6d9b06bc40708c576e1af15d24ac.shtml.

成都市人民政府,《2019 年成都市国民经济和社会发展统计公报》,http://www.chengdu.gov.cn/chengdu/zfxx/article_xxgk.shtml?

id =2597506&tn =2.

绵阳市文化广播电视和旅游局,《北川"五突出"发展生态旅游》, http://wgl.my.gov.cn/ywbb/qxdt/22431351.html.

美联社,中国日报网译:《日本推出88个"动漫圣地",刺激旅游业发展》,http://language.chinadaily.com.cn/2016-09/20/content_26839811.htm,2016-09-20。

李志全:《从〈少林寺〉到〈魔戒〉电影+旅游升温》,https://www.chinanews.com.cn/yl/2016/05-25/7883094.shtml,2016-5-25。

蓝裕文化:《德国十大经典工业旅游》,http://www.lanyuwenhua.com/news_detail_350.html,2017-08-25。

摩梯文旅:《工业旅游,让德国鲁尔区绝境重生》,https://www.sohu.com/a/231538818_100172479,2018-5-14。

蓝裕文化:《发展工业旅游需要三方合力》,http://blog.sina.com.cn/s/blog_1670ab5690102yoo5.html,2019-8-25。

张振鹏:"三个经典案例读懂日本的农文旅融合",https://www.sohu.com/a/279241140_99902814,2019-11-3。

"漫步日本文旅商业街区的思考",http://blog.sina.com.cn/s/blog_b4e0bdb30102xnpn.html,2019-11-5。

"国外案例:旧厂房的旅游化改造提升",https://mp.weixin.qq.com/s?src=11&timestamp=1583207078&ver=2193&signature=u4X3P2IrARggrsw1kip8Z6r,2019-12-7。

蓝裕文化:《世界最全面的工业文化之旅:鲁尔的前世今生》,http://www.lanyuwenhua.com/news_detail_1780.html,2019-12-13。

"借鉴:马来西亚节庆旅游营销案例分享",https://mp.weixin.qq.com/s?src=3&timestamp=1583210154&ver=1&signature=n,2020-1-4。

"文旅融合型特色小镇建设:国外经典案例借鉴",https://www.sohu.com/a/342127379_509371,2020-2-6。

绵阳市统计局,《2013年绵阳市国民经济和社会发展统计公报》,2013年3月。

国家统计局,《2017年国民经济行业分类(GB/T 4754-2017)》,2017年9月。

国家统计局,《文化及相关产业分类（2018）》,2018年4月。

国家统计局,《国家旅游及相关产业统计分类（2018）》,2018年4月。

绵阳市统计局,《2018年绵阳市国民经济和社会发展统计公报》,2019年3月。

绵阳市统计局,《2009年绵阳市国民经济和社会发展统计公报》,2009年3月。

绵阳市统计局,《绵阳市八大重点服务业季报2018年第4季度》,2019年5月。

绵阳市政府,《2020年绵阳市政府工作报告》,2020年1月。

《2016—2020年全国红色旅游发展规划纲要（三期)》

《2004—2010年全国红色旅游发展规划纲要》

《2011—2015年全国红色旅游发展规划纲要》

《2016—2020年全国红色旅游发展规划纲要》

后　　记

《区域文化旅游发展战略研究——四川绵阳文化旅游考察报告》一书，是中国社会科学院2019年赴四川绵阳挂职团重大国情调研课题项目《中国区域文化旅游品牌塑造与资源整合路径的战略研究——四川绵阳文化旅游考察报告》的最终成果。本成果共有六个子项目，分别以六章的形式呈现出来，具体撰写分工如下。

第一章"中国文化旅游发展现状及其存在的问题"由余菁、陈永盛、兰正群负责。

第二章"绵阳市文旅产业发展现状与问题研究"由张友国、张方波、郭凌威负责。

第三章"国内典型文旅案例研究及其启示"由杨典、孙莹负责。

第四章"国外典型文旅案例及其启示"由吕耀东、程远负责。

第五章"绵阳文化旅游品牌塑造与资源整合路径研究"由贠杰、李书琴负责。

第六章"中国区域文化旅游品牌发展和资源整合的现状问题及对策"由唐晓峰、刘静烨负责。

每章第一撰写人分别为各子课题负责人，具体统筹组织各章研究成员从事相关内容研究撰写、召集各章课题研讨会及最后的统稿工作。第一章负责人余菁因来绵阳五个月后被组织安排赴中央党校学习，提前结束了挂职工作，因此本章后续工作由陈永盛主持。各课题参与人，主要在各子课题负责人领导下开展具体研究工作。

本国情调研课题由丁国旗任总负责人，项目主题及各章具体内容安排由丁国旗提出建议，经挂职团全体成员会议讨论后最终确定。丁国旗负责整个项目的日常研究和项目调研的总体推进和安排。课题成稿后，丁国旗通读了全稿，并就各章节内容及具体表述等提出了进一步修改意见，并分别安排相关课题组成员进行了多次修改完善，最终定稿。

本课题具体联络人由秦轲担任，具体负责各子课题之间、子课题负责人与课题总负责人之间的日常沟通与联系，协助课题总负责人处理与课题相关的调研安排、会议研讨、课题稿编印等工作。为更好地开展课题研究及调研等相关事宜，经全体挂职干部讨论通过，由刘静烨、陈永盛负责国情调研课题经费的使用安排与报销工作，由李书琴、张方波负责调研摄像及资料保存工作，由秦轲、孙莹、兰正群负责会议记录、简报编写等工作。

为更好地完成本课题调研工作和项目研究，在一年内，全体挂职干部集体深入到绵阳市涪城、游仙、安州3个区以及江油市、盐亭县、平武县、三台县、北川县等绵阳市所有市县区（市）共开展8次全员专题调研活动，多次组织课题专题研讨会。除此之外，各挂职干部还根据各自分管、负责的课题任务，单独或以小组及自由组合等形式多次开展有针对性的专题调研活动，以推动本课题项目的顺利完成。

本书稿是中国社会科学院赴绵阳挂职干部一年中关于绵阳文旅调查研究的重要成果，也是挂职团一年挂职生活的重要收获。在项目调研和研究过程中，得到了绵阳市委、市政府和市文化广播电视旅游局等各市级部门以及绵阳市各区县（市）文旅部门领导等的大力帮助。时任绵阳市市委书记刘超、市长元方、市人大主任马华、市政协主席张锦明、副市长罗蒙以及其他市委、市政府、人大、政协的领导等，都以不同方式参与或关心过挂职团的挂职工作和调研工作，在此向他们表示衷心地感谢！一年的挂职工作，中国社会科学院党组及院人事局、挂职干部所在研究单位的领导给予了大力支持，我们得到了包括中国社会科学院主要领导在内的院内各级部门领导工作上的悉心指导和生活上的细致关怀，本"考察报告"就是在院挂职专项调研经费的支持下顺利完成的。挂职期间，大部分挂职干部所在单位的领导还带队赴绵阳看望了挂职同志，送来了单位的温暖，在此也向所有关心挂职工作及本项目研究的院领导及院内各单位领导、同事表示真诚的谢意！

当然，由于挂职仅有一年，时间较短，加之各课题参与人都分别在绵阳市及下辖各市县区（市）担任着重要领导职务，要处理自己分管领域方方面面的工作。因此，实际上专门用来从事本国情调研项目的时间并不充分，很多时候他们都是利用节假日集中进行调研，对课题稿的撰写及修改也都是利用业余时间进行的，有些甚至是加班加点完成的。同时，本次赴绵阳挂职的各位研究人员，来绵阳之前基本上都没有接触或从事过与文旅相关的研究和调研工作，既没有太多管理经验，也谈不上学术上的优势，加之大家专业各异、隔山跨行，来绵阳之前大家之间几无交集，这些都给本国情调研项目的顺利开展增加了些许难度。由于这些原因，加之我们个人能力所限，本调研项目成果必将存在不少问题与不足，期待大家批评指正。

但不管怎么说，一年的挂职生活，在全体挂职团成员的共同努力下，我们最终拿出了自己还算满意的调研成果，这就足够了。一年的挂职生活和这本调研成果，让我们这些躲在书斋里的学者沉了下去，接了地气，走向了基层，了解了民情，这些都已成为我们终身难以忘怀的经历，也必将促使我们以此为契机，在今后的日子里，更加执着于自己的研究工作，更加关注人民群众的需要，以更加自觉主动的方式为国家和民族的繁荣发展、富强美丽做出更多、更大的贡献。

最后需要特别指出的是，本调研成果完成后，绵阳市文化广播电视和旅游局局长代宏、总规划师邓世红先后两次审读了书稿，并提出了很好的修改意见，总规划师邓世红还亲自动手修改了部分书稿，在此向他们表示深深的谢意！

转眼离开绵阳已三年有余，三年来国家的发展很快、变化很大，绵阳的发展也越来越好，挂职干部们也在各自的学术研究和工作岗位上取得了很多的成绩、有了很好的发展，这正是一个蒸蒸日上的新时代的应有气象。三年多来，全体挂职干部也一直在推动本调研报告的修改、出版工作，但由于种种原因，还是拖到了现在。希望本书的最终出版，能为绵阳市文旅事业的发展提供些许理论与决策方面的借鉴与参考，也希望本书作为全体挂职干部一段人生经历的见证，永远将我们对于绵阳的美好记忆、对于挂职生活的追叙和怀恋固定和保存下来，成为我们永远可以触摸到的真实的生活。

16个挂职干部在绵阳一年的挂职经历，那山、那水、那人，都给我们留下了刻骨铭心的记忆，绵阳一年，已成为我们一生的牵挂。

丁国旗

2020 年 5 月 11 日初稿

2022 年 6 月 19 日定稿